W0063086

Jürgen Roth

ABSTURZ

Jürgen Roth

ABSTURZ
Das Ende unseres Wohlstands

Piper München Zürich

ISBN 3-492-03657-0
© Piper Verlag GmbH, München 1997
Gesetzt aus der Times-Antiqua
Gesamtherstellung: Clausen & Bosse, Leck
Printed in Germany

INHALT

Einleitung

*Und die Mauer, die uns von diesem düsteren Reich der
Schatten trennt, erweist sich plötzlich als eine bloß
bemalte papierene Kulisse.*
Rosa Luxemburg

Schluß mit dem Kreidefressen. Angesagt ist jetzt Kapitalismus
pur, so wie ihn in der Vergangenheit der Internationale Währungsfonds (IWF) afrikanischen und lateinamerikanischen Ländern aufgepreßt hat. Sie mußten das Diktat der Gäubiger erfüllen, um in den Genuß von Krediten zu kommen. In Europa, in
Deutschland, geht es heute vordergründig um die Sicherung von
Arbeitsplätzen, in Wirklichkeit aber um das gesamte Netz der
sozialen Sicherheit, das mühsam erkämpft wurde. Das soll nun
wieder aufgelöst werden. Vorbild ist das Mutterland des ungezü-
gelten Profits, die USA. Dicke Renditen für millionenschwere
Aktionäre sind angesagt, und das bedeutet auch »Verarmung der
arbeitenden Bevölkerung. Dazwischen gibt es eine absterbende
Mittelklasse«, kommentiert Jürgen Mechelhof, Chefredakteur
der IG-Metall-Zeitung *Metall*, diese radikale Umwälzung aller
moralischen und ethischen Wertvorstellungen in Deutschland.
    Nachdem das Modell Globalisierung der Weltwirtschaft als
perfide Umschreibung für wachsende Armut von fast allen Parteien, teils ohnmächtig, teils begeistert akzeptiert wurde, ohne
nur einen Gedanken an den Aufbau anderer ökonomischer Alternativen zu verschwenden, war es ja tatsächlich nur eine Frage
der Zeit, bis sie alle aus ihren Löchern kamen, um die Segnungen
dieser neuen Klassengesellschaft predigen zu dürfen. Mit den
Hinweisen, Schlimmeres verhindern zu wollen, wird beim Bürger für Ruhe gesorgt und um Verständnis für die Plünderer ge-
worben.
    Seit Monaten bekommen viele zu spüren, was die konservati-

7

ven Kräfte unter Rettung des Sozialstaates verstehen: geringere Löhne und Gehälter, höhere Mieten, Streichung der Ausbildungsvergütungen, Selbstfinanzierung des Studiums und vieles mehr. Bislang sichere Berufsgruppen verschwinden, der Industriearbeiter hat keine Zukunft mehr, weil es immer weniger Arbeit geben wird. Städte verkommen zu Gettos, in denen nur der Haß blüht, und wer es sich leisten kann, der verzieht sich in streng bewachte Refugien. Wer von den Benachteiligten dann beispielsweise krank wird, der hat schlechte Karten. Nach Schätzungen des Bundesverbands der Krankenkassen weist jedes zehnte Krankenhaus derzeit Patienten aus Kostengründen ab. Besonders betroffen seien Aids- und Krebskranke, denen wegen der Ausgabenbegrenzung häufig die Aufnahme verweigert wird. Dabei ist das nur ein winziger Ausschnitt im Prozeß der sozialen Verrohung und gesellschaftlichen Zerstörung, die in Deutschland planmäßig betrieben werden kann. Und kaum jemand, von den Gewerkschaften, den Kirchen und einigen mutigen Politikern bei der SPD abgesehen, ist da, der dieser Entwicklung Widerstand zu leisten bereit ist.

Plötzlich schimmert in den politischen Diskussionen über den Zustand Deutschlands viel von dem durch, was bislang in Machtzirkeln des internationalen Kapitals selbst in den kühnsten Träumen nicht erwartet wurde. Prinzipien der Demokratie – daß der demokratische und soziale Rechtsstaat für alle Bürger gelte, Menschenwürde mehr ist als kümmerliches Dasein, soziale Gerechtigkeit ein Verfassungsprinzip ist –, sie werden nicht nur in Frage gestellt, sondern in atemberaubendem Tempo hinweggefegt. Alles unter dem fadenscheinigen Vorwand, daß es für Deutschlands Zukunft ansonsten keine Alternative gäbe, man doch das Beste für die Bürger wolle. Sichtbar wird für jene, die diesen Optimismus nicht teilen, dagegen eine Gesellschaft der Gnadenlosigkeit und der Unbarmherzigkeit. Es weht der eisige Wind des Manchester-Kapitalismus, der heute beschönigend mit dem Begriff der Globalisierung der Weltwirtschaft umschrieben wird.

»Mehr arbeiten oder weniger verdienen«, lautet das Verdikt des Präsidenten der Metallarbeitgeberverbände Werner

8

Stumpfe. In Wirklichkeit geht es darum, mehr zu arbeiten *und* weniger zu verdienen – das ist das Erfolgsrezept der smarten Chicagoboys in Deutschlands Unternehmerverbänden. Also propagiert man die Pflicht für jeden gut qualifizierten Arbeitnehmer, endlich einmal die Tätigkeiten anzunehmen, die bislang von unausgebildeten Hilfskräften übernommen wurden – zum entsprechend niedrigeren Lohn. Und wenn dieser Lohn nicht ausreicht, dann sollte es kein Problem sein, mehrere solcher einfachen Tätigkeiten zu übernehmen. Niedriglohn und sozialer Abstieg sind bereits programmiert. Deshalb beginnt man im Probelauf damit, den Millionen Arbeitslosen vorzuschreiben, daß sie jede Tätigkeit anzunehmen haben. Der hochqualifizierte Arbeitnehmer als Hilfskraft bei Aldi, warum nicht?

»Die US-Arbeiter schaffen rund 1900 Stunden im Jahr, 300 mehr als ihre deutschen Kollegen. Sie arbeiten härter als vor 20 Jahren«, lobt Wirtschaftsprofessor Rüdiger Dornbusch vom Massachusetts Institute of Technology. »Außerdem können sie das Wort Streik nicht buchstabieren.« Welch ein Erfolg! Kein Wunder, daß viele deutsche Arbeitgeber und konservative Politiker deshalb gerne die sozialen und gesellschaftlichen Verhältnisse in anderen europäischen Ländern anführen, um hier das gleiche zu erreichen. Großbritannien bietet sich als Beispiel an. Da hat ein japanischer Autokonzern Ende 1992 ein neues feines Werk eröffnet. Eingeweiht wurde es von dem damaligen britischen Industrieminister Michael Heseltine. Was das Werk auszeichnet? Es ist die erste britische Automobilfabrik, in der es keine Gewerkschaften gibt und keinerlei Verträge mit Gewerkschaften abgeschlossen werden.

Stolz erzählt Honda-Manager Andrew Jones: »Die Gewerkschaften stehen hier vor den Werkstoren und versuchen, mit unseren Mitarbeitern zu reden. Doch die interessieren sich nicht dafür, und wir halten es auch nicht für nötig, die Gewerkschaften ins Werk hineinzubitten.« Und die »lieben Mitarbeiter«, die wegen der hohen Arbeitslosigkeit froh sind, überhaupt eine Arbeit zu finden, wagen natürlich nicht aufzumucken. Denn, so Industrieminister Heseltine: »Die würden sonst zu den drei Millionen Arbeitslosen im Lande gehören.«

9

Besser irgendeine Arbeit als gar keine – damit kaschiert man gnädig den Absturz in die soziale und gesellschaftliche Unsicherheit. Die prüden Sozialromantiker, glücklicherweise ist deren Zeit endgültig vorbei, klammern sich noch an die Zeiten, als es einen breiten Konsens darüber gab, daß Arbeit auch etwas mit individueller Befriedigung zu tun hat, erinnern sich wehmütig der Zeit, da man von Humanisierung der Arbeit gesprochen hatte, von einer sinnerfüllten Tätigkeit, denken an die Verfassung, in der – noch – steht, daß die Würde des Menschen unantastbar sei. Das alles ist vergessen.

Willenlose Arbeitsmaschinen sind gefragt und, da die industrielle Arbeit ausgeht, auch die Bereitschaft, auf seine erkämpften Rechte zu verzichten. Halleluja, frohlocken die Verfechter dieser US-Kapitalstrategie in Deutschland, das ist genau das, was wir schließlich wollen: den letzten Widerstand gegen soziale Demontage brechen. Solidarität muß das Unwort der Gegenwart und Zukunft werden. DIHT-Präsident Peter Stihl fängt gezielt an. Am 24. Juli 1996 zitierte ihn die *Süddeutsche Zeitung*: »Durch höhere Arbeitskosten infolge von kürzeren Arbeitszeiten bei steigenden Löhnen sind Hunderttausende Stellen vernichtet worden. Die Gewerkschaften müssen endlich erkennen, daß es nur zwei Möglichkeiten gibt, den angeschlagenen Wirtschaftsstandort Deutschland wieder fit zu machen: entweder mehr Leistung oder weniger Geld.« Dem schließt sich das Institut der Deutschen Wirtschaft an. Von den Arbeitnehmern verlangt das Arbeitgeberinstitut eine Reallohnpause bis zur Jahrtausendwende. »Es gibt keine Zweifel: Die Reallöhne müssen und werden sinken«, diktiert gar Tyll Necker, der Präsident des Bundesverbandes der Deutschen Industrie.

Und warum das alles? Das erklärt Bundeswirtschaftsminister Günter Rexrodt: »Die Blütenträume der immerwährenden Prosperität sind längst zerplatzt. Leider gibt es noch sehr viele Menschen, die die Zeichen der Zeit nicht erkennen. Die Lohnfächer sind nach unten zu spreizen, um weniger qualifizierten Arbeitskräften eine Chance zu geben.«

Zwei Wörter in den Medien fallen in letzter Zeit besonders auf: »immer mehr«. Immer mehr Menschen, die ohne Arbeit sind, immer mehr Menschen, die unter katastrophalen Wohnbedingungen leiden, immer mehr Menschen, die nicht genügend zu essen haben, immer häufiger sind junge Erwachsene wohnsitzlos, immer mehr Kinder werden vernachlässigt (90 Prozent aller vernachlässigten Kinder kommen aus verarmten Familien): immer mehr Menschen, die in Armut leben. Doch was sagt das schon aus? Schaut in andere Länder, in die Länder der Dritten Welt, da habt ihr Armut, da ist das Elend greifbar – aber doch nicht hier, im Wirtschaftswunderland Deutschland, das *Der Spiegel* in einer Titelgeschichte ernsthaft als Schlaraffenland bezeichnet, mit dem es nun allerdings endgültig zu Ende sei. Ein Schlaraffenland für wen war denn Deutschland in den letzten Jahrzehnten? Für Hunderttausende Kinder, die das Wort Urlaub allenfalls von der Fernsehwerbung kennen? Für die Hunderttausenden Wohnungslosen, die auf der Straße vegetieren? Für das Millionenheer der Sozialhilfeempfänger oder der Arbeitslosen? Für diejenigen, die einst im abstrakten Soziologendeutsch Randständige genannt wurden?

Die Wände der Wohnungen sind naß, Schimmel überzieht die Tapeten, Kakerlaken wimmeln in der winzigen Küche, und die Gesichtsfarbe der Kinder ist aschgrau. Dafür glänzt die Fassade der Baracke, in der Frau S. seit fünf Jahren in Kaiserslautern lebt. »Die Hauptmahlzeiten der allermeisten Sozialhilfeempfänger am Ende des Monats«, so fanden Sozialwissenschaftler heraus, »bewegen sich stark auf die bloße Nahrungsmittelzufuhr fürs physische Überleben zu.« Tatsache ist, daß immer mehr Familien sich kalorienarme und vitaminreiche Kost überhaupt nicht leisten können.

Ein Sozialarbeiter aus Dortmund meint: »Das mit der Ernährung ist nicht das sichtbare Hungern oder Verhungern. Zum Beispiel ist es so, daß die oft die grobe Fleischwurst kaufen. Und wenn man sich anguckt, woraus die besteht, wundert man sich. Es knirscht richtig zwischen den Zähnen, wegen der Knochen. Da kommen die Knochen durch die Zentrifuge, die Weichteile werden ausgesondert, und dann vermengt man das alles zu einer Fleischwurst. Wenn man im Fernsehen sehen würde, wie die

Kinder in Brasilien auf den Müllhalden rummachen, dann würde man sagen, wie unmenschlich. Aber hier verwertet man so was und kriegt auch noch Geld dafür.« Was anderes als labberige Brötchen mit Fleischwurst essen die Kinder der Arbeitersiedlung in Kaiserslautern? »Erschreckende Hungererscheinungen sind mir aufgefallen«, äußert der Sozialarbeiter dieser Siedlung, nachdem er mit den Kindern auf einer vierzehntägigen Ferienreise war. Innerhalb dieser Zeit hatten die Kinder bis zu zehn Kilo zugenommen. Andere sind fett, aber nicht weil es ihnen zu gut geht, sondern weil den Eltern die Geldmittel fehlen, sich qualitativ gutes Essen zu leisten. »Sie bekommen Pommes und Currywurst und dann immer Füllspeisen.«

Die schlechte Ernährung hat auch andere Konsequenzen. Es ist bekannt, daß Fehlernährung, chronische Erregung und chronische Hoffnungs- und Hilflosigkeit für die Entstehung und den Verlauf vieler degenerativer Erkrankungen verantwortlich sind. Sie führen zu einer nicht unerheblichen Verkürzung der Lebenserwartung. Da wundert es nicht, daß in den deutschen Elendssiedlungen, den Obdachlosenunterkünften, die durchschnittliche Lebenserwartung um zehn Jahre geringer ist als im gutbürgerlichen städtischen Durchschnitt. Unhygienische Wohnverhältnisse und die qualvolle Enge vieler Wohnungen, Totgeburten, Kinder mit körperlichen und geistigen Behinderungen sind Folgen von Armut und Elend in der Dritten Welt und im gelobten Schlaraffenland Deutschland. Die Ernährungsgewohnheiten der Armen sind inzwischen nichts anderes als eine erschreckende Karikatur auf dieses Schlaraffenland, das derzeit ausgebeutet wird.

Ein 45jähriger Sozialhilfeempfänger beispielsweise gab »Toastbrot mit Ketchup und Marmelade« als Hauptmahlzeit an. »Gras-Spinat, geklaute Kartoffeln« helfen einem 50jährigen über die Runde, andere begnügen sich mit verfaultem Gemüse. Manche graben in den Abfalleimern nach irgend etwas Eßbarem. Deutscher Alltag. Doch von dem erfahren viele derjenigen nichts, die im luxuriösen Intercity, mit Dienst-Mercedes oder mit dem Flugzeug im wahrsten Sinne des Wortes über den Menschen schweben, die sie politisch zu repräsentieren vorgeben.

Das globale Elend und Deutschland oder: Dem Kapital das Fleisch, der Arbeit die Knochen

In Westdeutschland fehlen 600000 Kindergartenplätze und 36000 ausgebildete Erzieher.

Die Stiftung Lesen schätzt, daß allein in Westdeutschland zirka drei Millionen Menschen weder lesen noch schreiben können. Mehr als vier Millionen Menschen sind in der Bundesrepublik auf Sozialhilfe angewiesen.

Die Bundesanstalt für Arbeit zählt über vier Millionen Arbeitslose, weitere zwei Millionen Menschen werden umgeschult, befinden sich in Arbeitsbeschaffungsmaßnahmen oder im Vorruhestand.

Jeder zehnte US-Bürger, insgesamt 26,5 Millionen Menschen, kann sich nur mit Hilfe von Lebensmittelmarken ausreichend ernähren.

In den reichen Industrieländern, den OECD-Staaten, leben trotz hoher Pro-Kopf-Einkommen von 20000 Dollar, mehr als 100 Millionen Menschen unterhalb der nationalen Armutsgrenzen, sind mehr als fünf Millionen ohne Wohnung. Die Arbeitslosigkeit lag 1993 schon bei durchschnittlich acht Prozent; in Japan betrug sie 2,5, in Großbritannien zehn, in Finnland 18 und in Spanien 23 Prozent. Von Jütland bis zur italienischen Stiefelspitze schnellt die Zahl der Arbeitslosen in die Höhe. Düster prognostiziert der Chef der Europabehörde, Jacques Delors, für Ende dieses Jahrzehnts 30 Millionen Menschen, die in Europa ohne Arbeit sein werden. Schon jetzt sind 22 Prozent der Spanier ohne Job, bei den Jungen suchen 35 Prozent eine Arbeit. Irlands Arbeitslosenrate beträgt 19 Prozent.

Vierzig Millionen Menschen der 345 Millionen EU-Bürger leben an der Armutsgrenze, drei Millionen sind Obdachlose – ein Erfolg des neuen Wirtschaftskurses. Ist demnach der Weg zur neuen internationalen Wettbewerbsfähigkeit mit Arbeitslosen und Lohnsklaven gepflastert? »Heute«, so klagt François Jansens von der belgischen Gewerkschaft, »will man uns auf das Niveau der Portugiesen drücken.« Ein anderer Gewerkschafter meint sogar, »daß wir morgen für den Lohn in Osteuropa oder Südostasien arbeiten sollen«. Somit funktioniert die Erpressung mit Betriebsschließungen und Verlagerung der Produktion ins billigere Ausland geradezu perfekt, Arbeitnehmer in den verschiedenen europäischen Ländern werden gegeneinander ausgespielt, bis sie alle auf dem gleichen niedrigen Lohn- und Lebensniveau angelangt sind.

Auch beim Nobelwerk Mercedes sind diese Entwicklungen zu registrieren. Die Werksleitung hat den Beschäftigten einen »Horrorkatalog«, so Betriebsratsmitglied Jürgen Hesse, vorgelegt. Der sieht vor, daß an 24 Samstagen im Jahr zweischichtig ohne Mehrarbeitszuschläge gearbeitet werden soll, daß betriebliche Zuschläge für Samstags- und Sonntagsarbeit entfallen und daß die in Baden-Württemberg tariflich vereinbarten Erholzeiten bei Akkord gestrichen werden. Über einen dreijährigen Ausgleichzeitraum sollen Arbeitszeitschwankungen von 200 Stunden möglich sein. Der Krankenstand soll von acht auf vier Prozent gesenkt werden. Wenn nicht, droht der Mercedes-Vorstand, wird der Nachfolger der E-Klasse und der kurzen Variante der C-Klasse nicht mehr in Sindelfingen produziert, sondern in billigeren Regionen. Damit würden 15 000 der 35 000 Arbeitsplätze vernichtet.

Es ist ein Grundrecht, das jeder Deutsche auf Leben und Unversehrtheit genießt. Das kann er allerdings nur, wenn er, so die bis heute gültige Meinung, sich auf einen Arbeitsplatz verlassen kann und entsprechend entlohnt wird. Daß kein Arbeitsplatz auf Dauer mehr sicher sein wird, behaupten demgegenüber die internationalen Wirtschaftsführer und ihre politischen Apologeten. Industrie, Banken und andere Dienstleistungsbetriebe bauen weiter massiv Stellen ab, verlagern sie ins Ausland oder gestalten sie in das *office at home* um – ein gefälliger Ausdruck für Heimarbeit –, wo der isolierte Arbeitnehmer die Leistung in seiner Wohnung erbringt. Das ist schön. Denn die Freien kön-

14

nen sich vom Kugelschreiber über den Computer bis zum Bürostuhl alles selbst kaufen. Es gibt keine Arbeitsplatzüberwachungsinstanz mehr, wie Berufsgenossenschaften, und wer sich die Gesundheit ruiniert, der hat selbst schuld. Der Mensch ist nicht mehr Werkzeugbenutzer, Herr über sich selbst, so sagt es Professor Norbert Bolz, der an der Universität Essen Kommunikationstheorie lehrt, sondern »Schaltmoment im Medienverbund. Er rastet ein in Schaltkreise.«

Da erreichten die Aktien der Telekommunikationsriesen AT & T ungeahnte Höhen, bei dem so gerühmten Dienstleistungs- und Kommunikationsindustriezweig, aber erst, als der Abbau von 40000 Stellen angekündigt wurde. Entweder man findet sich, wie in Europa mit einer Arbeitslosenquote von zwölf Prozent ab, oder man akzeptiert, daß das mittlere Einkommen der Familien sinkt – im Fall der USA im Lauf der letzten zwei Jahrzehnte um zehn Prozent. Das ärmste Zehntel der Amerikaner muß mit 21 Prozent weniger Geld auskommen, während das oberste Zehntel heute 22 Prozent mehr zur Verfügung hat«, meldete die *International Herald Tribune* am 30. März 1996.

So bewegen sich die Reichen und Mächtigen am Ende in einem geistigen Universum, das sie sich ganz allein zusammengebastelt haben und das sich immer weiter von den Sorgen des »souveränen Volkes« entfernt. »Ein Konflikt zwischen diesen beiden sich einander entfremdenden Welten scheint unausweichlich«, schreibt Claude Juli in der *Le Monde diplomatique* im März 1996. Da sind in den USA doch so viele Arbeitsplätze geschaffen worden, hört man landauf, landab. Hinter der Gesamtzahl der neu geschaffenen Arbeitsplätze verbirgt sich jedoch eine strukturelle Entwicklung. Zwischen 1979 und 1995 sind in den USA über 40 Millionen Arbeitsplätze zerstört worden. Die meisten davon aus dem Bereich der gutbezahlten Facharbeiter, Handwerker und Angestellten. Im gleichen Zeitraum wurden zwar mehr Arbeitsplätze geschaffen, als aufgegeben wurden. Aber diese neuen Arbeitsplätze siedeln entweder im Niedriglohn-Bereich oder aber in den hochbezahlten Etagen der Ingenieure, Manager und High-Tech-Spezialisten. Was das bedeutet, haben die Arbeiter bei der Firma Diebold in Ohio am eigenen Leib erfahren.

Als Diebold, einer der führenden Hersteller von Kassenautomaten und Sicherheitseinrichtungen, in den sechziger Jahren umzustrukturieren begann, da wurde nicht nur entlassen, sondern die übriggebliebenen Beschäftigten wurden vor die Wahl gestellt, sich entweder mit weniger Lohn zu bescheiden oder ebenfalls die Arbeit zu verlieren. In der Geschäftsführung kursierte ein Gutachten, wonach eine Verlagerung der Produktion in den Süden der USA erhebliche Vorteile bei den Lohnkosten gebracht hätte. Die Arbeiter gaben nach; und so verdient heute ein Monteur, der 1983 mit rund zwölf Dollar die Stunde nach Hause gekommen ist, nur noch knapp zehn Dollar. Für die qualifizierten Arbeitskräfte bei Diebold hat sich die Kompromißbereitschaft bislang nicht ausbezahlt. Weder sind ihre Einkommen nennenswert gestiegen, noch kommen ihnen die neuen Arbeitsplätze zugute. Die sind hauptsächlich für Ingenieur- und Software-Spezialisten geschaffen worden.

Ähnlich gingen die Manager des hochprofitablen Staubsaugerproduzenten Hoover mit ihren Arbeitnehmern um. Sie stellten den Arbeitern, die im Schnitt 14,40 Dollar verdienten, ein Ultimatum. Entweder sie stimmen zu, daß alle Neueingestellten für 7,50 Dollar arbeiten, oder die geplante neue Produktionsstraße werde im Süden gebaut. Als die Gewerkschaftsmitglieder dies rundweg ablehnten, machte Hoover die Drohung wahr und wanderte nach Texas ab.

Das eigentliche Problem des amerikanischen Arbeitsmarktes, und das wird von dessen Hohenpriestern in Deutschland verschämt verschwiegen, ist der nahezu komplette Wegfall der stabilen Mittelschicht. Nach einer Untersuchung von Randi Ilg vom Amt für Arbeitsstatistik in Washington ist die positive Arbeitsplatzbilanz zum überwiegenden Teil Einfachjobs im Dienstleistungsbereich einerseits und hochbezahlten Spezialisten-Arbeitsplätzen andererseits zu verdanken. Für die mittleren Einkommensgruppen aus der Industrie konstatiert Ilg ein ständiges Minuswachstum. Was erwartet man also? Vom Facharbeiter- oder Ingenieursposten für einen Hungerlohn in die Küche von McDonald's zu wechseln. Für die große Masse gilt, daß sich die Arbeitssuchenden gegenseitig die Löhne herunterkonkurrieren. Das heißt, viele sind bereit, zu fast jedem Preis eine Stelle anzunehmen. Das also ist das Vorbild USA: Die Mittelschicht-Gesellschaft, das ökonomische und soziale Erfolgssystem Amerikas, beginnt auseinanderzubrechen. Und gleiches droht in Europa, in Deutschland.

Die renommierte Zeitschrift *The New Yorker* zog daraus den Schluß, daß die Gesellschaft künftig in vier Gruppen zerfallen wird: An der Spitze bilde sich eine immer reichere Elite heraus, der es so gut geht wie nie zuvor. Am anderen Ende entsteht eine »Unterklasse«, die sich mehr und mehr vom Rest der Gesellschaft fortentwickelt. Und zwischen diesen beiden Polen bilden sich zwei unterschiedliche Gruppen heraus, eine aus hochqualifizierten Spezialisten, denen es gutgeht, und eine deutlich größere Gruppe aus schlecht oder halb ausgebildeten Arbeitern, die mit fallendem Einkommen, stagnierendem oder geringer werdendem Lebensstandard und mit zunehmender wirtschaftlicher Unsicherheit leben muß.

Was in den USA vorgegeben ist, wird in Deutschland inzwischen auch praktiziert. So hat der Allendorfer Unternehmer Martin Viessmann zugegeben, daß er seinen Beschäftigten mit einem Bluff unbezahlte Mehrarbeit abfordert. Das Unternehmen hatte damit gedroht, die Gasthermen im tschechischen Myto bauen zu lassen, falls die Belegschaft nicht zu drei Stunden unbezahlter Mehrarbeit pro Woche bereit sei. Als Gegenleistung werde Viessmann den Erhalt der vorhandenen Arbeitsplätze zusichern. Zynisch taufte Viessmann dieses Modell »Bündnis für Arbeit«.

Erst auf massiven Widerstand der Gewerkschaft IG-Metall räumte Viessmann ein, daß die Investition in Tschechien nichts mit bestehenden Arbeitsplätzen zu tun hat. In einer Pressemitteilung widersprach er dem Vorwurf, er habe die Arbeitnehmer erpreßt: »Erpressen kann man doch nur denjenigen, der bei Nichterfüllung der Forderung Nachteile für sich zu erwarten hat. Das war bei unserem Bündnis nicht der Fall.«

Fazit der Entwicklung: Die wohlhabende Rechte klammert

sich an ihre Privilegien und an die ökonomischen Dogmen, die sie rechtfertigen sollen, und läßt, ihrer historischen Bestimmung getreu, keine Gelegenheit ungenutzt verstreichen, um diejenigen gegen sich aufzubringen, denen sie anrät, sich mit wenigem zufriedenzugeben. Unermüdlich erfindet sie aufs neue den Klassenkampf. Zum Beispiel Frankreich. Im unteren Bereich der Einkommenskala teilen sich 60 Prozent der Bevölkerung gerade 33 Prozent des Nationaleinkommens. An der Spitze sichert sich eine dreimal kleinere Schicht (20 Prozent der Bevölkerung) 43,85 Prozent. Das ist in Frankreich genauso wie in Deutschland.

Nicht alle verfügen über ein Einkommen wie die Kunden einiger deutscher Edelgeschäfte, die sich eine Il Destriero Scafusia-Nobeluhr im Wert von 500000 Mark leisten können. Dennoch blüht das Geschäft damit in letzter Zeit, bemerkt ein Uhrenhändler. Die sie tragen, gehören mehr oder minder zu der neuen eng vernetzten globalen Elite, die großen Reichtum und große Macht anhäuft.

Da die Demokratie ihnen weniger bedeutet als der Markt, basteln die Experten und Politiker unbeirrt an diesem Modell weiter. Und die USA weisen den Weg auf zwei Gebieten: Sozialwesen und Steuersystem. Der Demokrat und US-Präsident Bill Clinton hat sich eine von seinen republikanischen Gegnern initiierte Sozialreform zu eigen gemacht und ein Gesetz ratifiziert, das noch größere Teile der Bevölkerung ins Elend stürzen wird. »Dieses brutale Vorgehen, das von offizieller Seite angeordnet wurde, richtet sich gegen die, die immer schon beargwöhnt wurden; gegen die Armen, die Schwarzen, die Hispanics, gegen Jugendliche, Menschen ohne Ausbildung und legale Einwanderer«, kommentiert die *New York Times*.

In Deutschland gibt es bekanntlich ähnliche Vorstöße. »Sollen sich«, so der IG-Metall-Vorsitzende Klaus Zwickel, »die Arbeiter, ihre Familie, die Kranken und die Rentner schröpfen lassen, während Führungskräfte und Aktionäre weiterhin auf ihren Pfründen hocken?« Schwarz- oder Heimarbeit – die Armen rackern sich ab. Denn nicht an der Bereitschaft zu arbeiten mangelt es, sondern an Arbeitsplätzen, und vor allem an solchen, die sicher und einträglich genug sind, um eine Familie zu ernähren.

18

Seit einem Vierteljahrhundert stagniert der Durchschnittslohn, und der Mindestlohn sinkt unaufhörlich. Gleichzeitig hat die Zahl der unsicheren und schlechtbezahlten Gelegenheitsjobs im Dienstleistungssektor enorm zugenommen. Diese Verschlechterung der Lohnbedingungen ist der zweite wichtige Grund für die geringeren Lebenschancen jener, die am Rande des Arbeitsmarktes stehen, weil sie nicht qualifiziert sind.

1968 bekam in den USA ein Mindestlohnempfänger 1,40 Dollar pro Stunde, was 1996 6,70 Dollar entspräche und ausreichte, um einen Dreipersonenhaushalt 20 Prozent über der offiziellen Armutsschwelle zu unterhalten. Heute verdient ein Mindestlohnempfänger 4,25 Dollar. Wenn er Glück hat und das ganze Jahr hindurch in einem Vollzeitjob arbeitet, dann verfügt seine Familie über ein Bruttoeinkommen von 6375 Dollar, das entspricht nach Abzug der Sozialbeiträge, aber vor Steuern einem Nettoeinkommen von 5887 Dollar. Damit liegt er mehr als 50 Prozent unter der Armutsgrenze. Bei den für sie typischen Beschäftigungen (Kellnerin, Putzfrau, Verkäuferin, Stationshilfe) gibt es in zwei Dritteln aller Fälle weder Krankenversicherung noch bezahlten Urlaub. Fronarbeit ist gefragt. Die Zerstörung des sozialen Netzes bis hin zu seinem Verschwinden – das sind amerikanische Verhältnisse.

»Mentale Wüstenform«, nennt der Philosoph Jean Baudrillard diesen Zustand. »Die mentale Wüstenform, die die gereinigte Form der sozialen Verwüstung ist, wächst zusehends. Das Soziale vergißt sie, und sie vergessen sich selbst. Sie fallen aus dem Einzugsbereich und werden zu Zombies, der Vernichtung und den statistischen Kurven des Verschwindens preisgegeben. Die neue Gesellschaft konzentriert sich auf den Tausch, die Technologie und Elitegruppen. Wer damit nichts zu schaffen hat, fällt unweigerlich von der sozialen Stufenleiter. Wer mit der hochtechnischen Kommunikationsgesellschaft nicht vernetzt ist, wird exkommuniziert. Er flüchtet sich in Reserve und wird in Wüsten für neue Arme entlassen.« Jean Baudrillard beschrieb den gesellschaftlichen Zustand Amerikas 1986, als Ronald Reagan noch die USA regierte. Gegen die soziale Trostlosigkeit gibt es Schnaps oder anderen billigen Fusel.

Gebannt schauen einige Wirtschaftsführer nach China. Dort wird die größte Wirtschaftsmacht der Welt unter Bedingungen aufgebaut, mit denen eine demokratische Industrienation nicht konkurrieren kann. Mit niedrigen Löhnen, so gut wie keinen Sozialleistungen, mit Kinderarbeit, ohne unabhängige Gewerkschaften und vor allem ohne jede Lockerung der kommunistischen Diktatur wird investiert, gebaut und produziert. Denn »in einer Diktatur«, erklärt der Premierminister von Singapur in einem Interview mit der *Herald Tribune* ohne jeden Skrupel, »in einer Diktatur läßt sich Wirtschaftserfolg viel effizienter verwirklichen als in den westlichen Demokratien, in denen die Rechte und Würde des Menschen garantiert werden«.

Die Folgen sind offenkundig. In Frankreich beispielsweise ist die soziale Lage so angespannt wie noch nie seit dem Zweiten Weltkrieg. Der eher regierungsfreundliche *L'Express* sieht Frankreich als »Molotowcocktail«. Und der Publizist Jean-François Kahn vergleicht die Lage mit den dreißiger Jahren und prognostiziert den »Tod der französischen Wirtschaft«. »Ein Heer von mehr als sechs Millionen Arbeitslosen hat schon einmal, vor der nationalsozialistischen Machtergreifung maßgeblich das politische Schicksal Deutschland mitbestimmt – bis hin zur Katastrophe«, erinnert Volker Wörl in einem Kommentar in der *Süddeutschen Zeitung*. Im Herbst 1996 waren mindestens sechs Millionen Menschen ohne geregelte Arbeit. Tendenz steigend.

»Eine Zeitenwende von globaler Dimension ist angebrochen, da nicht Aufstieg und Wohlstand, sondern Verfall, ökologische Zerstörung und kulturelle Degeneration zusehends den Alltag der Menschheitsmehrheit bestimmen«, schreiben die *Spiegel*-Redakteure Hans-Peter Martin und Harald Schuhmann in ihrem Buch *Die Globalisierungsfalle*. Nicht zu vergessen das langsame Verschwinden des Mittelstandes, der in die Armut abrutscht. Mit dem starren Blick dogmatischer Globalisierungsfanatiker fallen bestimmte Probleme scheinbar in ein schwarzes Loch. Zum Beispiel die negativen ökologischen Dimensionen hemmungslosen Wachstums. Das Ozonloch hat bekanntlich den großen Vorteil, daß man es weder sehen noch riechen kann. Und wenn dann Jahrzehnte später bei den Menschen der Krebs wuchert, unheilbar geworden ist, dann sind die politisch Verantwortlichen schon lange im satten Ruhestand. Die im Zusammenhang mit dieser Globalisierung entstehenden neuen Reichtümer auf den Konten weniger korrespondieren nicht nur mit einer wachsenden sozialen und ökologischen Misere, sondern auch mit dem Abbau von Demokratie, gleichgültig, ob in den USA, in Lateinamerika oder in den europäischen Ländern. Jeder weiß, daß aufgeklärte demokratische Systeme sich nur auf dem Boden abgesicherter Bürgerrechte entfalten können. Das klappt nicht mehr, weil das materielle Fundament dieses Bodens angesichts wachsender Arbeitslosigkeit und unzureichender Mindestversorgung vielerorts zusammenbricht.

Wenn sich das Management einer Gesellschaft nur so verhalten darf, daß es den Wert der Aktien für seine Shareholder maximiert, dann läßt das zwar die Börsenkurse steigen, gleichzeitig aber die Arbeitslosigkeit und die Verelendung breiter Bevölkerungsschichten. Gesucht werden internationale Investoren, und die suchen Kapitalismus pur wie in Indien oder Südkorea. Da spielt es keine Rolle mehr, aus welchen trüben Quellen dieses Kapital stammt. Höhere Renditen sind das Leitmotiv auch für kriminell erwirtschaftetes Kapital, das nach der sogenannten Legalisierung giert.

In Frankreich haben 150 Ökonomen unter 45 Jahren einen Appell unterzeichnet, in dem sie die vorgegebene Ausweglosigkeit aus ökonomischen Sachzwängen aufs Korn nehmen. Die konservative *Neue Zürcher Zeitung* hat einen Artikel über das Plädoyer wider die Darwinisierung der Sitten veröffentlicht, wonach das Prinzip des Shareholder Value zur Privatisierung der Gewinne und Sozialisierung der Lasten führt. Die Produktion erfolgt in Niedriglohnländern, der Firmensitz befindet sich in irgendeinem Steuerparadies, und die Kapitaleigner und Topmanager leben in einer europäischen Villengegend, wo sie selbstverständlich alle Vorteile hervorragender staats- oder gemeindefinanzierter Infrastruktur und Landschaftspflege genießen. In den USA schließlich mehren sich die Stimmen, die dem globalen Kapitalismus Turbulenzen vorhersagen, die noch dazu führen würden, daß Karl Marx, »der in seinem Grab liegt und heute beinahe vollständig ignoriert wird, ein Lächeln über das Gesicht huscht«, so der Historiker Paul Kennedy.

Jüngst erschien in der amerikanischen Zeitschrift *Foreign Affairs* ein flammender Artikel des Politökonomen Ethan Kapstein, der in die Fragestellung mündet:»Es könnte sein, daß die Welt unaufhaltsam auf eine dieser tragischen Situationen hinsteuert, über die spätere Historiker rätseln werden. Warum hat man nicht rechtzeitig eingegriffen? Haben die ökonomischen und politischen Eliten denn damals nicht begriffen, wie elementar die Zerstörungen waren, die diese wirtschaftlichen und technologischen Umbrüche einer großen Zahl von Menschen zufügten? Was hat sie davon abgehalten, die notwendigen Schritte zu tun, um diese soziale Krise globalen Ausmaßes zu verhindern.«

Die Wirtschaftspolitik muß sich wieder primär an den Bedürfnissen der arbeitenden Bevölkerung orientieren, meint der Forschungsdirektor des Council on Foreign Relations in New York.»Doch das geschieht nicht. Statt dessen schielen die Industriestaaten ausschließlich auf eine starke Währung und ausgeglichene Haushalte, diese heiligen Kühe der Wirtschaftspolitik, ohne sich um die Sorgen der Arbeitnehmer zu scheren. Es gibt so viele Möglichkeiten, den Arbeitsmarkt den Arbeitenden bzw. den Arbeitslosen wieder zu öffnen, für gerechtere Verhältnisse zu sorgen – bessere Ausbildung, bessere Umschulung, öffentliche Subventionsprogramme, Steuererleichterungen. An Ideen hapert es nicht, doch an politischem Willen, sie durchzusetzen.«

Tatsache ist, daß viele Phänomene des amerikanischen Kontinents mit etwa zehnjähriger Verzögerung auch in Europa Bestandteile des Alltags werden.»Nun, nachdem in Deutschland die Spuren des Zusammenbruchs unseres Sozialstaates immer deutlicher werden«, konstatiert Jochen Sander von der Ökumenischen Fördergemeinschaft für soziale Dienste in Köln, »glaube ich auch, daß wir die Gesetzmäßigkeiten des Marktes nicht mehr ignorieren können, und der Verlaß auf die humane, dem guten Menschenbild verpflichtete politische Landschaft, keine Gewähr zur Sicherung der Aufgaben für soziale Gerechtigkeit bietet. Mit Ablauf des Jahres müssen wir uns vom Heilpädagogischen Dienst, vom Sozialen Dienst und vom Bürgertreff trennen, wenn kein Wunder geschieht.«

Die Konsequenz: Zum einen werden vier Mitarbeiter entlassen, die zum Teil seit über 15 Jahren den Dienst am Menschen für sozialen Frieden und Gerechtigkeit praktiziert haben. Damit verbunden ist aber, daß nun die Kinder aus den sozialen Brennpunkten nicht mehr betreut werden. Sie können nicht mehr für wenigstens zwei Wochen im Sommer in ein Feriendorf in die Eifel fahren, um etwas anderes zu erleben als die Enge ihrer Wohnungen, die quälenden Sorgen der Eltern, nichts anderes erfahren als die Frustration und Aggression ihres sozialen und kulturellen Umfeldes.

Verzicht auf Beschäftigungsprogramme, Kürzungen bei Arbeitslosengeld und Sozialhilfe, Steuergeschenke für Unternehmer werden immer mehr Menschen in Not und Armut treiben und den Staatshaushalt weiter zerrütten. Die als »Sparoperationen« getarnte Kahlschlagpolitik, die Angriffe auf Tarifverträge, die Forderungen nach längerer Arbeitszeit und untertariflicher Bezahlung für gemeinnützige Arbeiten gleichen bis zum Tüpfelchen auf dem i der Katastrophenpolitik eines Reichskanzlers Brüning, die den Anfang vom Ende der Weimarer Republik einleitete.

BDI-Präsident Tyll Necker fordert harte Sparmaßnahmen im Sozialbereich, »wir müssen die Chance der Krise nutzen«, und Daimler-Benz-Finanzchef Gerhard Liener weiß, daß man jetzt »einige Dinge geradeziehen« kann. Denn das sei nur in Phasen deutlichen Abschwungs, einer Rezession, möglich. Es wird gespart bis aufs Blut. Deshalb fragt der französische Europapolitiker Jacques Delors: »Ist Deutschland jetzt wirklich davon überzeugt, daß das britische Sozialmodell dem deutschen Modell vorzuziehen sei?«

An Warnungen fehlt es nicht. EU-Kommissionspräsident Jacques Santer etwa erklärte am 29. April 1996 in Brüssel, daß der gegenwärtige Zustand einfach unhaltbar sei, weil angesichts von 18 Millionen Arbeitslosen der Zusammenhalt unserer Gesellschaftsordnung akut gefährdet sei.

Achtzehn Millionen Arbeitslose und rund 53 Millionen Arme innerhalb der Europäischen Union, das sind Dimensionen einer Strukturkrise, die Antworten sucht. Das Weltwirtschaftsforum im schweizerischen Davos hat seinen Jahresbericht über die weltweite Wettbewerbsfähigkeit erstellt. Die Schlußfolgerungen hätten auch von der OECD, vom internationalen Währungsfonds, von der Weltbank, von der *Financial Times*, von der französischen Staatsbank und anderen stammen können, meint zynisch Serge Halimi. »All jene Länder, die kleine, offene Ökonomien haben, in denen der Staat nur eine bescheidene Rolle spielt und die Steuerbelastung niedrig ist«, werden als besonders wettbewerbsfähig eingestuft. Vorbilder der neuen Weltordnung dürften dann wohl Staaten wie Singapur, Hongkong, Luxemburg oder die Schweiz sein. Andere Länder der »alten Welt«, das heißt jene Nationen, die keine Fluchtburgen für legales und illegales Kapital sind, werden entsprechend ins Hintertreffen geraten, denn sie sind, wie etwa Frankreich, Deutschland und Schweden, für diese neue Ordnung eine Belastung.

Damit das nicht geschieht, werden überall und auch in Deutschland Strukturanpassungen vorgenommen. In Deutschland geht es denjenigen an den Kragen, die den Sozialetat übermäßig belasten: den Alten, Kranken, Arbeitslosen und den kinderreichen Familien. Warum auch nicht, fragt sich ein Wirtschaftskorrespondent der *Welt*. Denn der Sozialstaat Deutschland hat mit seinen »Wohltaten nach dem Gießkannenprinzip zu massiven Mißbräuchen und zu Demoralisierung geführt«. Diesen Klotz am Bein im Wettlauf auf dem Weltmarkt muß man natürlich so schnell wie möglich abschütteln.

Italien verschärft die rigide Sparpolitik weiter, die 1993 mit der Abkopplung der Löhne von der Preisentwicklung eingeleitet und mit Haushaltskürzungen sowie einer radikalen Reform des Rentensystems fortgesetzt wurde. Die konservative Regierung in Spanien will die Politik der haushaltspolitischen Anpassung vollenden, indem sie die Ausgaben sogar für das Bildungswesen kürzt und, wie überall, Stellen für Staatsbedienstete einspart, Subventionen für Unternehmen der öffentlichen Hand abbaut. Das Ganze wird mit spürbaren Steuersenkungen für die

Privatwirtschaft garniert. In Belgien wurde der Premierminister vom Parlament mit einer Sondervollmacht ausgestattet, um unter dem Schlagwort »Modernisierung« sein Sparpaket durchzusetzen. In Frankreich führt die Regierung ihre Pläne zur Aushöhlung des öffentlichen Sektors weiter fort. Dazu zählen die Privatisierung und Liquidierung staatlicher Unternehmen, die zunächst finanziell saniert und mit Kapital ausgestattet werden müssen und deren Schulden auf Kosten des Steuerzahlers getilgt werden. Sie alle wollen mit diesen Privatisierungsmaßnahmen die Finanzwelt überzeugen und das Vertrauen der Märkte gewinnen, indem der Bevölkerung zusätzliche Opfer abverlangt werden.

Endlich gute Nachrichten, beglückwünschen sich die Spekulanten; sie gieren nach den saftigen Gewinnen aus der Privatisierung von staatlichen Unternehmen und Dienstleistungsbetrieben, die erst mit dem Geld der Allgemeinheit finanziert wurden und jetzt überall in Europa feilgeboten werden. Unterdessen wird auf allen Finanzplätzen das sogenannte Geierkapital (das von angelsächsischen Experten als *vulture fonds* bezeichnete Geld, das häufig aus den Ersparnissen kleiner Leute für die Altersvorsorge besteht) für zweifelhafte Hypothekenforderungen von Banken und Bauträgern eingesetzt, die diese zu niedrigem Preis erwerben, nachdem die gigantischen Verluste durch die Steuerzahler gedeckt wurden – eine der größten Verschwendungsaktionen kollektiver Mittel in diesem Jahrhundert.

Selbst SPD-Politiker stimmen in den Chor der Globalisierung der Weltwirtschaft und der damit verbundenen Konsequenzen für den Nationalstaat mit ein. Da gibt es in Niedersachsen den Ministerpräsidenten Gerhard Schröder. Er ist davon überzeugt, daß moderne Wirtschaftspolitik nur dann gemacht werden kann, wenn die »Ruhe an der ökonomischen Basis« hält und die Wirtschaft als »Reich der Notwendigkeit« betrachtet wird. Arbeit und soziale Sicherheit, wendet Ingomar Hauchler, Sprecher der SPD-Bundestagsfraktion für Weltwirtschaft ein, wären allerdings nur zu gewährleisten, wenn die Politik sich den Gesetzen der globalisierten Ökonomie unterwirft. Zur Not müßten eben immer mehr Straßen gebaut, immer mehr Waffen produziert,

Menschen flexibilisiert, Sozial- und Umweltstandards auf Weltniveau heruntergebracht und staatliche Subventionen in die Höhe geschraubt werden, um die Konkurrenzfähigkeit der deutschen Wirtschaft zu sichern.

Denn, so Gerhard Schröder: »Geht es der Wirtschaft gut, fällt für uns mehr ab. Geht es der Wirtschaft schlecht, sind wir die zuerst Gekniffenen.«

Hier leistet ein Sozialdemokrat den Offenbarungseid. Politik wird durch die Wirtschaft erpreßbar, und die Politiker »müssen sich mit der Rolle begnügen, die Bilanzen der großen Konzerne aufzubessern«, hält Ingomar Hauchler dagegen. Daß in diesem Kampf um den Marktanteil in der Weltwirtschaft keine Rücksicht mehr auf Moral (Waffenexporte), Solidarität (Lohnkonkurrenz), Kultur (Medientrivialität) und Zukunft (Ökologie) genommen wird, versteht sich von selbst. »Wenn es heißt, daß in der liberalisierten international integrierten Ökonomie auf einzelstaatlicher Ebene kein Handlungsspielraum mehr vorhanden und jede Forderung nach demokratischer Regulierung der Marktwirtschaft unrealistisch und utopisch sei, so wird umgekehrt ein Schuh daraus«, warnt der Wirtschaftswissenschaftler Otto Kreye. »Die Globalisierung ökonomischer Aktivitäten ist sicherlich eine unaufhaltsame Tendenz, ihre uneingeschränkte Liberalisierung dennoch kein politisch hinzunehmender Sachzwang. Die Globalisierung erfordert mehr denn je ein Mindestmaß an sozial und ökonomisch gebotener Regulierung des internationalen Handels- und Zahlungsverkehrs. Globalisierung der ökonomischen Aktivitäten und ihre Regulierung im Interesse von Beschäftigung, Sozialabbau, Umweltschutz und internationalen Umverteilungen und zur Verhinderung von sozialem und ökologischem *dumping* und zur Unterbindung von Finanzspekulationen sind miteinander vereinbar; es muß nur politisch gewollt sein.« Genau das ist in Deutschland von der konservativen Regierung kaum zu erwarten. Bedenkenlos beugt man sich in Bonn dem Willen der großen Konzerne.

Globalisierung heißt natürlich auch, daß weniger die nationalen Parlamente und Regierungen die politischen Rahmenbedingungen festlegen, sondern die über 40000 multinationalen Konzerne den Lauf der Welt bestimmen. Deregulierte globale Finanzmärkte und das Spekulationskapital spielen längst erfolgreich demokratisch legitimierte Regierungen gegeneinander aus. Und so wird die neue Wirtschaftsgesellschaft von Werten geprägt, die die Interessen der Aktionäre und damit des Kapitals bestimmen, den Shareholder Values, und nicht von dem Interesse aller und ihrer Partizipation an Arbeit und Wohlstand, was neumodisch Stakeholder Values genannt wird.

Was das in die konkrete Politik übersetzt bedeutet, macht das SPD-regierte Niedersachsen derzeit vor. Die Zahl der Planstellen für Lehrer wird um tausend verringert, während die Schülerzahl um 20000 steigt. Die Selbsthilfegruppen erhalten keine Förderung mehr, ebensowenig Schuldnerberatungsstellen, Flüchtlingshilfe, Umweltschutz, Kultur. Und, so meint Schröders cleverer Wirtschaftsberater Alfred Tacke, die Politik müsse global agierenden Konzernen die besten Rahmenbedingungen anbieten. Die Deutschen könnten sich künftig nicht mehr erlauben, doppelt soviel Urlaub zu machen wie andere. Schul- und vor allem Studienzeiten müssen verkürzt, die Dienstleistungen der Hochschulen und der Krankenhäuser kommerzialisiert werden und der Staat müsse sich auf seine Kernkompetenzen beschränken, an erster Stelle auf die innere Sicherheit. Weise Sprüche, die sich in nichts von dem unterscheiden, was aus der konservativen Ecke seit langem gepredigt wird.

Denn trotz aller Kürzungen und Vorschläge – der Kapitalismus ist dabei, die Arbeit abzuschaffen. Jedes industrielle Wachstum führt heute automatisch zu einem Abbau von Arbeitsplätzen. Die Kommission für Zukunftsfragen der Länder Bayern und Sachsen hat errechnet, daß das verfügbare Volumen der Erwerbsarbeit seit zwanzig Jahren rapide abnimmt, und zwar in fast allen hochindustrialisierten Ländern. In den USA oder in Großbritannien waren vor zwanzig Jahren 80 Prozent der erwerbsfähigen Bevölkerung im klassischen Sinne vollbeschäftigt. Heute ist es nur noch ein Drittel. Zwei Drittel müssen sich hingegen mit irgendeiner Form der Unterbeschäftigung begnügen, mit dem Temporärjob, in prekären Arbeitsverhältnissen, als Teil der stillen Arbeitsreserve. »Die Flexibilisierung der Erwerbsarbeit«, erhellt Professor Ulrich Beck, »verdeckt nur das Geschwür Arbeitslosigkeit.«

Es ist seit langem ein Spiel mit verteilten Rollen. Bereits 1983 wollte der damalige Ministerpräsident Niedersachsens, Albrecht, einer der geistigen Vorläufer von Gerhard Schröder, die arbeitenden Menschen den Unternehmern zur willkürlichen Nutzung zur Verfügung stellen.

Im selben Jahr trug der sozialpolitische Sprecher der CDU/ CSU-Bundestagsfraktion, Heimo George, seine »persönlichen Denkanstöße« zur Behebung des Arbeitsmarktproblems vor. Angeblich beschäftigungshemmende Schutzbestimmungen für Frauen und Jugendliche sollten abgebaut, der Kündigungsschutz für Arbeitnehmer gelockert, die Löhne und Gehälter unter Tarif gedrückt, die Verkürzung der Arbeitszeit verhindert werden. Dagegen gab es damals heftige Proteste, woraufhin die Denkanstöße flugs wieder in der Schublade verschwanden. Doch unvermutet legte Albrecht mit seinen zehn Thesen nach. Die deutsche Wirtschaft habe die Fähigkeit eingebüßt, auf veränderte wirtschaftliche Bedingungen schnell und adäquat zu reagieren, behauptete er. Der soziale Klimbim, erstritten durch gewerkschaftliche Verträge, müsse endlich weg. Sozialpläne, Kündigungsschutz, Mitbestimmung und Jugendschutz engten die Unternehmen zu sehr ein, weil sie zur »Verkrustung unseres wirtschaftlichen und gesellschaftlichen Systems beitragen«. Und das jahrzehntealte Ritual nahm seinen Lauf: »Der Faktor Arbeit ist zu teuer geworden.« Dies gelte weniger für die direkten Löhne, sondern mehr für die Lohnnebenkosten, einschließlich der Kosten, die durch Urlaub, Krankheit und sonstige Fehlzeiten entstünden. Selbstverständlich fand Albrecht auch »unser soziales System« zu »teuer und unwirtschaftlich«.

Mit der Last, die die Arbeitnehmer bei der wachsenden Arbeitslosigkeit zu tragen haben, beschäftigten sich seine Thesen natürlich nicht. Er mußte ja auch nicht seine Familie als Arbeitsloser mit 1000 Mark über die Runden bringen. Für Arbeitnehmer hatte er dagegen Weisheiten wie: Es ist einfacher, das soziale Netz für eine Kur in Anspruch zu nehmen, als das Geld für eine entsprechende Ferienreise zu verdienen. Mit am nachdrücklichsten forderte er die Senkung der Arbeitskosten. Er dachte vor allem an eine »Eingrenzung der Fehlzeiten im weitesten Sinne«.

Dagegen äußerte noch der stellvertretende Vorsitzende der CDU-Sozialausschüsse, Vogt: Albrechts ›Gesundungsmenü‹ stamme aus den Kochbüchern neokonservativer Köche: »dem Kapital das Fleisch und der Arbeit die Diät«. Das damals verkündete Naturgesetz, daß die Lasten wirtschaftlicher Krisen die Arbeitnehmer zu tragen haben, die Arbeitslosigkeit ein Fegefeuer sei, durch das die Arbeitnehmer leider durchmüssen, die Gewinne hingegen heilig seien und ihnen alles untergeordnet werden müsse, dieses Gesetz kokelte 15 Jahre lang im verborgenen und wird jetzt als politisches Rezept verschrieben.

Und die Medien röhren dabei kräftig mit. Zum Beispiel die Illustrierte *Stern*. Am 12. August 1996, einen Tag bevor der Bundestag die Kürzungen im Sozialbereich gegen den Widerstand der Opposition und die Mehrheit der Bevölkerung durchgedrückt hat, titelt ein *Stern*-Redakteur in einer Reportage über Neuseeland: »Waren Sie schon mal in Neuseeland, Herr Waigel?« Dort feiert man die totale Privatisierung kommunaler Stadtregierungen. Und ohne den Zynismus zu bemerken, schreibt der Autor: »Das alles hat natürlich Konsequenzen. Etwa 30 Prozent der Stellen wurden gestrichen. Viele Arbeitnehmer, wie Frie van der Krabben, der den Fuhrpark managt, mußten auf bis zu 20 Prozent ihres Gehaltes verzichten.« Anschließend hebt der Autor lobend hervor: »Die Müllabfuhr ist um ein Drittel schneller geworden. Das liegt daran, daß die Müllmänner jetzt neben den Fahrzeugen herlaufen und wie im Akkord die Abfallsäcke auf den Lkw werfen.«

Gern als Vorbilder zitiert werden auch die paradiesischen Zustände in Ungarn. Dabei hat man weniger die Pußta-Romantik im Auge, sondern ausschließlich die niedrigen Löhne im ehemaligen Ostblockland. In kleinen Klitschen haben sich Tausende Handwerks- und Produktionsbetriebe angesiedelt, die billige Zulieferprodukte für die deutsche Industrie herstellen. Eine blühende Wirtschaft entstand, mit dem für die Kapitalbesitzer perfekten Vorteil, daß es keine Arbeitsschutzbestimmungen gibt,

29

Tariflöhne und Steuergesetzgebung allenfalls auf dem Papier stehen. Niedrige Löhne und schlechte Sozialleistungen machen Ungarn für ausländische Investoren attraktiv. Doch obwohl das Einkommen der Beschäftigten in den Niederlassungen der West-Konzerne höher ist als im Landesdurchschnitt, können sich viele, wie zum Beispiel Audi-Arbeiter, nicht einmal einen gebrauchten Trabbi kaufen. Was nicht weiter verwunderlich ist, denn in den ungarischen Metall- und Elektrobetrieben liegt der monatliche Durchschnittslohn für Arbeiter derzeit bei umgerechnet etwa 350 Mark.

Aus diesem Blickwinkel betrachtet, ist verständlich, daß die deutschen Arbeitgeberverbände einen »echten Niedriglohnbereich« fordern. »Mit einem echten Niedriglohnbereich« können nach Meinung der Bundesvereinigung der Deutschen Arbeitgeberverbände bis zu 3,5 Millionen zusätzlicher Arbeitsplätze für weniger Qualifizierte oder weniger Leistungsfähige geschaffen werden, sozusagen als Einstiegsmodell, um das Einkommensniveau der abhängig Beschäftigten generell zu drücken.

Dann wird auch in Deutschland Normalität, was in den USA längst gang und gäbe ist. »Es wird viele Zweit-, Dritt- und Viertjobs auf 590-Mark-Basis im Dienstleistungsbereich geben«, davon ist Klaus Brunnstein vom Informatik-Institut in Hamburg überzeugt.

Ohne Respekt vor dem Alter und den beruflichen Qualifikationen degradiert und deklassiert die Industrie mit Rationalisierungen und Verlagerungen in Niedriglohnländer komplette Belegschaften. Auch Ingenieure und Facharbeiter sind davon betroffen. Ob sie je wieder eine Chance haben werden, ist ungewiß. Langzeitarbeitslose sind ein Indikator dafür, daß die Betroffenen mit hoher und zunehmender Wahrscheinlichkeit dauerhaft von der Erwerbsarbeit ausgeschlossen werden. Die düsteren Zukunftsaussichten hinterlassen bei den Arbeitnehmern ihre Spuren, das Gespenst der neuen *underclass* geht um und zerstört jegliches soziale und solidarische Verhalten in den Betrieben.

Da die Zukunftsprognose pessimistisch ist und Millionen Menschen in den nächsten Jahren arbeitslos bleiben werden, wachsen Frustration und Verzweiflung. »Bei hoher Arbeitslosigkeit und individuell düsteren Beschäftigungsperspektiven«, hat das Schweizer Prognos-Institut gewarnt, »entsteht ein hohes Potential der Unzufriedenheit mit den politischen und gesellschaftlichen Bedingungen.« Statt öffentlich finanzierte Programme zu fördern und Arbeitslosen sinnvolle Tätigkeiten anzubieten, wurden die Mittel für diesen Sektor gekürzt. So werden Bezieher von Arbeitslosenhilfe für 25 Mark am Tag zu Ernteeinsätzen abkommandiert, gegen eine Aufwandsentschädigung sogenannte Gemeinschaftsarbeiten verrichtet und in Arbeitsbeschaffungsmaßnahmen (ABM) untertarifliche Löhne akzeptiert.

»Was soll ich sagen«, meint der 56jährige Arbeiter. »Ich habe von jeher bescheiden gelebt. Im Vergleich zu den Entwicklungsländern geht es uns gut. Aber wenn man andererseits sieht, wie die Unternehmer Pelze, Jachten und so weiter kaufen. Ich kaufe mir überhaupt keine neuen Sachen mehr. Holz zum Brennen sammle ich mir selbst. Ins Kino gehe ich sowieso nicht. Ich gehe spazieren in der Natur, die ist am ehrlichsten.« Und eine Selbständige, die einst dachte, Meilen von diesem Arbeiter entfernt zu sein: »Ich merke das, wie man behandelt wird im Haus, als wenn man ein Mensch zweiter Klasse wäre. Ich spüre das, wenn ich auf das Arbeits- oder Sozialamt hinkomme, wie man über die Schalter weg abgefertigt wird.« Ein anderer auf dem Arbeitsamt in Frankfurt: »Wenn man still und heimlich nachts sterben würde, das wäre am schönsten.«

Gleichzeitig demontiert man den öffentlichen Dienst und tut so, als wüßte man nicht, daß die privatisierten Unternehmen nichts Eiligeres zu tun haben, als Hunderttausende Beschäftigte auf die Straße zu setzen und sie durch billige und gebrochene Arbeitnehmer zu ersetzen. Es ist eine zerstörerische Logik, die derzeit zur offiziellen Politik erklärt wird und in vielen bundesdeutschen Gemeinden Beifall findet.

Das soziale und seelische Trümmerfeld

»Diese Wertedebatte ist gespenstisch. Und wenn die Politiker einfach nachplappern, daß individuelle Leistung sich wieder lohnen muß, dann ist das angesichts der verfestigten Massenarbeitslosigkeit fast eine Form von Regierungskriminalität«, stellt Friedhelm Hengsbach nüchtern fest.

»Jetzt ist es soweit. Was in den siebziger und achtziger Jahren herbeigeredet wurde, steht nun im vereinten Deutschland zur Bewältigung an: die neue Armut«, meldete die *Frankfurter Allgemeine Zeitung* am 23. Februar 1993. Welch ein Hohn. Die Armut wurde herbeigeredet, war also bislang kein Thema. Ganz plötzlich soll es Armut geben, zehn Millionen sollen mindestens davon betroffen sein. Der Wahrnehmungsverlust hat einen Grund. Lange Zeit ging man davon aus, daß im Wirtschaftswunderland Deutschland ja jeder seine Chance hatte. Die Euphorie des Wiederaufbaus erzeugte im Verein mit der Ideologie der freien Marktwirtschaft die herrschende Einstellung, jeder sei seines Glückes Schmied. Daß in der gleichen Zeit erneut soziale Klassen entstanden, wurde verschämt verschwiegen.

Die Wiederaufbauphase in Deutschland erfolgte bekanntlich unter großen Opfern. Leiden und das massenhafte Elend wurden geduldig ertragen. Hunger, Wohnungsnot, keine Bildungschancen, Krankheit und Arbeitslosigkeit waren in den ersten Nachkriegsjahren für breite Schichten der Bevölkerung gemeinsame Erfahrungen. Die in den folgenden Jahren geleistete Aufbauarbeit in der sozialen Marktwirtschaft verstellte lange Zeit den Blick auf die wieder entstehende soziale Ungleichheit. So war es denn auch nicht weiter verwunderlich, daß im Bewußtsein deutscher Politiker und der von ihnen abhängigen Sozialforscher, die sich mit dem Problem Armut befaßten, Armut vor allem als eine Nachwirkung der Kriegs- und Nachkriegsjahre, der sozialen Umwälzung, gesehen wurde.

32

Nach einer damals weitverbreiteten Ansicht, die sich bis heute am Leben erhalten konnte, sind die Opfer der Armut in ihren extremen Erscheinungsformen vor allem Kranke, alte Personen und jene marginalisierte Gruppe, die sich nicht an die neue Welt der Nachkriegszeit und des Wiederaufbaus anzupassen vermochten, sowie einige kinderreiche Familien, die Opfer einer Verkettung von Schwierigkeiten und Problemen, insbesondere der Wohnungsnot, wurden. Die Identifizierung von Armut und Wohnungsnot ging so weit, daß man Armut ausschließlich auf Obdachlosigkeit reduzierte. Man sprach von den »sozial Ausgeschlossenen«. Hier hat auch die vorherrschende Pathologisierung der Armut ihre Ursachen. In einer Gesellschaft, in der es verpönt war, von sozialen Klassen zu sprechen, man statt dessen Begriffe wie Schichten, Gruppen und schließlich den der nivellierten Mittelstandsgesellschaft einführte, durfte es die Armut als Klassenproblem nicht geben, sondern nur als pathologische Erscheinungsformen bestimmter Gruppen.

Jeden Morgen das panische Gefühl, kurz vor dem Abgrund zu stehen. Er hört sein Herz wie wild schlagen und zieht die Decke über seinen Kopf. Peter K., 40 Jahre, ist ein kleiner Unternehmer, handelt mit Computern. In den letzten vier Jahren ist er mit seinen Umsätzen und bescheidenen Gewinnen immer über die Runden gekommen. Doch seit einem Jahr türmen sich die Schulden vor ihm wie eine mächtige Eisbarriere auf. Die Bank, mit der er über 15 Jahre eng zusammengearbeitet hat, will ihn nicht mehr als Kunden, hat den Kreditrahmen gekündigt. Jetzt weiß er weder ein noch aus. Plötzlich klingelt es an der Haustür. Peter K. zuckt zusammen, versteckt sich noch tiefer in seinem Bett. Ist es der Gerichtsvollzieher? fragt er sich. Wieder klingelt es. Das Herz schlägt bis zum Hals. Er ist wie gelähmt – nichts soll an ihn herankommen, als könnte ihn die Dunkelheit der Bettdecke vor der Wirklichkeit schützen. Nach einer Stunde wagt er aufzustehen, schlurft mit bleiernen Füßen zum Briefkasten und ist überglücklich, daß der leer ist – keine Nachricht von irgendwelchen Gläubigern, keine Benachrichtigung eines Gerichtsvollziehers.
Ein neuer trister, sorgenbelasteter Tag beginnt für ihn, wie für

Hunderttausende anderer Bundesbürger, die dem klassischen Bild des hungernden, zerlumpten und abgestumpften Armen überhaupt nicht entsprechen. Peter K. gehört zwar nicht zu denjenigen, die in den letzten Jahren ein großes Vermögen angehäuft haben, aber es ist ihm auch nicht schlecht gegangen. Doch seitdem er von den Schulden erschlagen wird, steht er vor dem Abgrund, sieht er keinen Ausweg. Und in seinem Kopf jagen sich die Gedanken. Werde ich meine Wohnung behalten können? Wie bekommen meine beiden Kinder eine einigermaßen vernünftige Schulausbildung? Wie sieht meine Zukunft aus, mein weiteres Leben?

Ein seelisches Drama spielt sich bei Millionen Bundesbürgern ab, abgekapselt in jedem Individuum: Was passiert, wenn ich die Arbeit verliere, krank werde, mit den Ratenzahlungen in Rückstand gerate, die Wohnung nicht mehr bezahlen kann, auf der Straße lande?

Gedanken, die sich heute all jene machen, die das Leben in Armut bislang allenfalls aus dem Fernsehen kannten. Sie gehören zu denjenigen, die geradezu reflexartig in den Medien beim Aufzeigen sozialer Mißstände abgeschaltet haben, hin zur leichten Unterhaltung, Ablenkung.

Angst vor sozialem Elend – das war für Millionen Deutsche etwas Exotisches. Plötzlich greift diese Angst massenhaft in das gesellschaftliche Leben ein, plötzlich befindet sich eine bislang stabile Mittelschicht in Deutschland auf einer Rutschbahn, auf der mehr und mehr Bürger immer weiter nach unten gleiten, ohne daß sie eine Möglichkeit haben, ihren sozialen Absturz zu bremsen.

Jetzt kann sich auch Peter K. ausmalen, wie die Angst vor dem Abstieg eine unerklärliche Lähmung aller Initiative nach sich zieht. Ihm geht es wie den vielen Armen, die sich verkriechen, von der Außenwelt abschotten wollen. Er fühlt sich als Außenseiter, Isolierter, der den nächsten Tag herbeisehnt, damit der so schnell wie möglich vorübergeht, ohne daß neue Last ihn erdrückt. Wenn so mein künftiges Leben aussieht, sagt er sich, dann ist es keines für mich. Geld, ja wenn man irgendwie an Geld herankommen könnte – dieser Gedanke beherrscht sein Denken. Und die Schwelle, für Geld alles zu tun, wird immer niedriger. Er ist bereit, sich zu verbiegen, unter allen Umständen, um der drohenden finanziellen Last zu entgehen.

Christa Wölfel ist Krankenschwester. Sie arbeitet vorwiegend nachts, damit sie während des Tages ihre Kinder versorgen kann. Tagsüber Kinder, Haushalt und die vergebliche Flucht vor dem dröhnenden Lärm, der von der Durchgangsstraße in die Wohnung hinaufdringt. 670 Mark Miete zahlt sie für ihre beiden Zimmer mit Küche und Bad. Nach Abzug aller festen Kosten, Miete, Versicherungen, Monatskarten, Rundfunkgebühren und Telefon bleiben ihr 600 Mark im Monat übrig. Für Lebensmittel, Kleidung, Freizeit und Taschengeld für sich und ihre beiden Söhne. Sie wandte sich an das Sozialamt um Beihilfe für Schulbücher und Schulhefte. »Was wollen Sie denn«, hat mir der Sachbearbeiter gesagt, »wenn Sie schon Sozialhilfe beziehen, müssen Sie Ihre Söhne ja nicht unbedingt auf das Gymnasium schicken.« Sie fürchtet sich vor den nächsten Tagen, und abends geht ihr manchmal der Gedanke durch den Kopf: hoffentlich essen die Kinder nicht noch ein Wurstbrot. »Armut ist für mich, wenn ich ständig zugucken muß.« Arm zu sein, das bedeutet, Armut zu bekämpfen. Man kämpft darum, daß bestimmte Dinge nicht eintreten. Das Nichtereignis ist dann der Erfolg: »Der Strom wird nicht abgestellt, die Kinder müssen nicht hungern, die Räumung wird nicht vollzogen, der Gerichtsvollzieher kommt nicht ins Haus«, so Johannes Boettner vom Duisburger Institut für Sozial- und Kulturforschung.

Das Gespenst des Absturzes

Langsam aber sicher reißt das Gespenst des Elends unserer Gesellschaft die Maske der Wohlanständigkeit vom Gesicht; ihre Ehrbarkeit erweist sich als die Schminke einer Dirne. *Plötzlich zeigt sich, daß unter dem äußeren Rausch und Tand der Zivilisation ein Abgrund der Barbarei, der Vertierung gähnt, Bilder der Hölle steigen auf, wo menschliche Geschöpfe im Kehricht nach Abfällen wühlen, in Todeszucken sich winden und verreckend ihren Pesthauch nach oben senden.* (Rosa Luxemburg)

Solange in Deutschland der Wohlstand regierte, war es schwer aufzuspüren, wo sich Ohnmacht und Zorn, Ärmlichkeit und Knappheit, Mißstände, soziale Ungerechtigkeit und subjektive Erfahrungen einer elenden Situation, wie Ausgeliefertsein und Verlassenheit, manifestieren. In Zeiten der Krise scheint man nun für Erkenntnisse über Verelendung anfälliger zu sein.

Doch Armut und Elend haben schon seit Jahrzehnten in Deutschland Millionen Menschen geprägt. Über Armut spricht man nicht, dem Elend des Lebens steht der Glorienschein einer Geldwertgesellschaft entgegen, der – noch – alles überstrahlt. Genausowenig spricht man natürlich von den Kapitalflüchtigen, denjenigen, die ihr Gold und Geld in den Tresoren Schweizer Banken horten oder in anderen Steueroasen bunkern, den Subventions- und Investitionsbetrügern, den korrupten Geiern dieser Gesellschaft. Ganz zu schweigen von den politischen Hasardeuren, die mit Hilfe der organisierten Kriminalität Wohlstand scheffeln. Die einen, die unten sind, haben keine Öffentlichkeit, weil sie in Einsamkeit und Verlassenheit leben, in einem Asyl des Elends. Die anderen breiten über ihr Handeln den Mantel des Schweigens oder verschleiern geschickt ihre mehr oder weniger illegalen beziehungsweise kriminellen Aktivitäten. Von Verelendung sprechen heißt: Aufspüren, wo sich Ohnmacht und Zorn, Ärmlichkeit und Knappheit, soziale Mißstände, Ungerechtigkeit, Ausgeliefertsein und Verlassenheit manifestieren.

Sozialer Alltag in Deutschland ist bekanntlich mehr als das Verweisen auf marginale Gruppen. Es ist eine Lebenssituation, von der Millionen Bundesbürger betroffen sind. Dazu gehört, daß systematisch Illusionen zerstört werden. Illusionen über den demokratischen Sozialstaat.

Da lodern vor Werkstoren Feuer in Blechkanistern, in denen Holz oder Kohle verbrannt wird. Arbeiter protestieren gegen die Schließung ihrer Firma mit Flammen, die das Licht der Kameras anziehen. Sie ernten nicht mehr als kurzfristige sentimentale Aufmerksamkeit. All ihr Widerstand hat nichts genutzt – viele, die davon träumten, etwas bewirken, verändern zu können, sind ins soziale Elend abgerutscht, weil sie keine neue Arbeit mehr gefunden haben, seit Jahren arbeitslos und auf Sozialhilfe angewiesen sind. Sie sind heute vergessen, ihr Protest ist allenfalls für die Sozialstatistik eine dokumentierte Widerstandsaktion. Sie selbst, die Betroffenen, haben sich in die Isolation der Alltäglichkeit des Elends zurückgezogen.

In Rheinhausen zum Beispiel. 1987 hatten die Stahlarbeiter von der Ruhr erfolgreich für den Erhalt des Werks Rheinhausen protestiert. 1993 kam dennoch die Schließung. Auch die Nacht der tausend Feuer, ein Protestmarsch von 27000 Arbeitern, die Solidarisierung der gesamten Region, konnte die Schließung des Werks nicht verhindern. »Die Verbitterung und die Resignation Arbeitsloser können den inneren Frieden und das gesellschaftliche Miteinander beeinträchtigen. Arbeitslosigkeit ist auch ein Nährboden für Gewaltbereitschaft, Radikalismus und Fremdenfeindlichkeit«, meint die Evangelische Kirche Deutschlands, EKD, in einem Vorentwurf für ein »Gemeinsames Wort zur wirtschaftlichen und sozialen Lage in Deutschland«.

Duisburg-Rheinhausen ist heute eine tote Stadt. Bewegungsmelder befinden sich hinter rostigen Stahlträgern, der Werkschutz patrouilliert über die Straßen und leuchtet in Schuttberge und blinde Hallen. Das Gelände ist größer als 260 Fußballfelder und weitläufiger als das Zentrum von Rheinhausen. Einst waren hier Tausende Arbeiter beschäftigt, jetzt ist das Werk zur Industrieruine verkommen, geopfert auf dem Altar des Profits. In den umliegenden Kneipen hocken noch manchmal die ehemaligen Arbeiter. Einst hatten sie sich vehement gegen die Zerstörung ihrer Zukunft zur Wehr gesetzt. Mitte Februar 1993 wurde der letzte Ofen abgestellt, die letzte Walzstraße geschlossen. Insgesamt 16000 Arbeiter verloren ihren Arbeitsplatz. Zumindest die Luft ist seitdem besser geworden. Was man aber kaum sieht: derzeit beträgt in Duisburg die Arbeitslosenquote 16 Prozent. Im Norden Duisburgs lebt jeder zweite Arbeitnehmer von der Sozialhilfe, und wer noch Arbeit hat, ist häufig hoch verschuldet. In Duisburg-Bruckhausen brauchen sich die Armen ihre Lage nicht gegenseitig zu erklären. Jeder weiß, wie es ist. Not und Mangel müssen vor den Nachbarn nicht mehr versteckt werden. Und es gibt viel Zeit. Aber sie, die sich nicht mehr beeilen müssen, beginnen auch nichts mehr und gleiten allmählich aus einer geregelten Existenz ins Ungebundene und in die Leere ab. Wenn sie Rückschau halten über einen Abschnitt dieser freien Zeit, dann will ihnen nichts einfallen, was der Mühe wert wäre, erzählt zu werden.

Dreitausendfünfhundert Lohnpfändungen gibt es jährlich bei den 25000 Beschäftigten von Thyssen-Stahl. Von rund 520000 Einwohnern haben nur noch 170000 einen Job mit Sozialversicherungspflicht. Verslumungstendenzen machte der Industriepfarrer Jürgen Widera in Duisburg aus und erklärt, »die Leute sind ängstlich geworden«. Jene also, die glaubten, durch ihren Widerstand und Streik ihre Arbeitsplätze erhalten zu können. Weggewischt haben sie die Erinnerungen. Am Steuer des Taxis sitzt ein italienischer Gewerkschafter. Er fährt einen alten Mercedes, 15 Stunden lang, um überhaupt etwas zu verdienen. »Manchmal treffen wir uns noch mit Kollegen. Aber alle sind abgestumpft.«

In der *Frankfurter Rundschau* erschien im Sommer 1996 eine große Anzeige. »Druck von unten. Für Arbeit und soziale Gerechtigkeit«. Gewerkschafter haben die Anzeige finanziert. »Wir wehren uns gegen die Einschränkungen der Leistungen für Arbeitslose«, verkünden sie und führen im einzelnen auf:

»Wir wehren uns gegen die reduzierte Lohnfortzahlung im Krankheitsfall

Wir wehren uns gegen die Einschränkung des Kündigungsschutzes

Wir wehren uns gegen die Heraufsetzung des Rentenalters

Wir wehren uns gegen die Verschiebung der Kindergelderhöhung

Wir wehren uns gegen die Zerschlagung der Arbeitsförderung. Wir wehren uns gegen den Abbau des Sozialstaates!«

Sie wagen es nicht mehr, auf die Straße zu gehen, und glauben, daß Anzeigenkampagnen überzeugenden Druck auf diejenigen ausüben, die schon lange beschlossen haben, auf diese Stimmen nicht mehr zu hören.

Wünsche? »Ich würde gerne einmal in Urlaub fahren, etwas anderes erleben«, erzählt die 35jährige Mutter von zwei minderjährigen Kindern. Das Gesamteinkommen der Familie beläuft sich am Monatsanfang, wenn der Lohn überwiesen wird, auf 2500 Mark netto. Das entspricht in etwa dem Durchschnittsverdienst der normalen Fabrikarbeiterin. Ihre Tochter, 16 Jahre, macht gerade eine Schneiderlehre. Lehrlingsvergütung pro Monat 240 Mark. Für die Miete ihrer Dreizimmerwohnung blättert sie 820 Mark hin. Das ist ein Drittel des Monatslohns, dennoch liegt sie noch unter dem Satz, den die Verfechter des freien Wohnungsmarktes favorisieren, daß man ruhig die Hälfte des Lohnes für die Miete berappen kann.

Wünsche? »Ich würde gern mit meinem Mann und den Kindern einmal ein Theater besuchen. Aber womit soll das bezahlt werden.« Ihren Mann sieht sie nur selten. Er arbeitet in Frankfurt, vierzig Kilometer von ihrer Wohnung in einer Kleinstadt entfernt. Das heißt tägliche Fahrzeit mindestens drei Stunden. Das Doppelte an Fahrzeit sei zumutbar, wird heute von Unternehmern gefordert. Was bleibt da noch an Zeit für ein Familienleben übrig? Sie leben – aber wie?

Nein, arm sind wir nicht, sagt empört die junge Mutter, obwohl sie so viele unerfüllbare Wünsche hat. Doch was geschieht, fragt sie sich verzweifelt, wenn am Ende des Jahres ihr Mann keine Arbeit mehr haben wird? Sein Betrieb ist in Konkurs gegangen. Ja, Wünsche, sinniert sie, das ist eben etwas, von dem man hofft, es sich einmal erfüllen zu können, ein paar Tage abschalten, weg aus dem ewigen Allerlei, das einen ständigen Kampf ums Überleben darstellt. Doch das ist derzeit so unerreichbar wie ein Lottogewinn.

Nennen wir ihn Peter Lustig. Er ist eine Kunstfigur, könnte aber genausogut ein Mensch wie du und ich sein. Er ist ein Dauerarbeitsloser, seitdem in Duisburg die Hütten dichtgemacht haben und der gelernte Maschinenbauschlosser wegen Arbeitsmangels entlassen wurde. Anfangs konnte er es vor den Kindern vertuschen, inzwischen weiß jeder in seinem Wohnblock, daß er keine Arbeit hat. Er gehörte früher zu jenen, die vollmundig verkündeten:»Einer, der Arbeit will, der bekommt sie auch.« Mehr als sechzig Bewerbungen hat er geschrieben, wurde fünfmal zu einem Gespräch eingeladen. Es gelang ihm nie, mit den jüngeren Mitbewerbern zu konkurrieren. Er ist 50 Jahre, und seine Tage verbringt er auf dem Sofa. Armut – »Nein, arm bin ich nicht. Ich weiß nur nicht, was ich mit meinem Leben noch anfangen soll.«

Kleine Unternehmer, die ihren Betrieb, Ärzte, die ihre Praxen aufgeben müssen – sie alle sind potentielle Opfer der sozialen Krise, und für viele geht es, wenn nach wenigen Monaten oder ein paar Jahren ihre Ersparnisse aufgebracht sind, um die nackte Existenz. 1996 war das Jahr der Pleitenrekorde. Die Zahl der Firmeninsolvenzen werden auf 26 400 geschätzt, für das Jahr 1997 wird sogar mit knapp 30 000 Firmenpleiten gerechnet. Selbst hochqualifizierte Wissenschaftler müssen sich inzwischen in Deutschland als Taxifahrer verdingen, stehen damit am Rande des Elends. Immer sind es soziale Abstiegskarrieren, an die vor einigen Jahren niemand im Traum gedacht hatte.

Die Stufen des Niedergangs

Der Leiter für Personalbeschaffung bei BASF darf einem arbeitslosen Chemieingenieur bescheinigen, daß er mit 35 Jahren zum alten Eisen gehört. Eine 48jährige Ökonomieingenieurin erhält vom Personaldezernenten der Stadt Köln den Rat, »gute Bewerbungen« zu schreiben. Mehr Risiko, Phantasie und Innovation wird gefordert. Seitdem sind beide auf Sozialhilfe angewiesen. Eine Firma aus Bayern bietet in einer Anzeige einen sicheren Arbeitsplatz an. »Schlechte Bezahlung, wenig Freizeit, die Kinder sagen Onkel zum Vater, aber sicherer Arbeitsplatz. Kraftfahrer, Führerscheinklasse 2 und 3, Fernverkehr.« Es haben sich viele gemeldet, weil sie sonst arbeitslos geblieben wären.

Leben in Containern zu Billiglöhnen – das wünscht sich anscheinend mancher. Dabei kann man es auf den Großbaustellen in Deutschland überall sehen: Zum Niedriglohn werden Bauarbeiter aus England, aus Portugal, aus Lettland angeworben. Sie haben ihr Essen dabei, weil sie sich mit dem Lohn in Deutschland kein ordentliches Essen leisten können. Für acht Mark die Stunde verdingen sie sich und bieten sich, wie die Prostituierten, auf dem Frankfurter Arbeiterstrich an. Der ist an der Frankfurter Großmarkthalle zu beobachten. Am frühen Morgen stehen dort bis zu 200 junge Männer mit Plastiktüten in der Hand und warten. Warten darauf, daß eine schicke Limousine hält, ein Mann die langsam Hin- und Hergehenden mustert und dann blitzschnell eine Entscheidung trifft. Den und den nehme ich. Für irgendwelche Arbeiten auf dem Bau. Abgaben werden natürlich nicht bezahlt, Arbeitsunfälle sind das Risiko der freien Unternehmer.

»Wenn du die dann siehst, wie sie rumsitzen und Wasser saufen, weil das Bier zu teuer ist – sind arme Hunde, die werden nur ausgenutzt von der ganzen Bau-Mafia«, erzählte Ignaz Gürtler einem Journalisten der *Süddeutschen Zeitung*. Er selbst hat vierzig Jahre auf dem Bau gearbeitet, war einst jüngster Maurermeister Bayerns. Zuletzt arbeitete er als Bauführer einer Münchner Firma mit 270 Mitarbeitern. Jetzt ist er arbeitslos. 17mal hat er sich vorgestellt und die Reaktion: »Null. Zu alt, zu teuer. Kannste vergessen. Was soll ich machen. Ist ja nicht meine Schuld. Ich war ja fleißig in den letzten vierzig Jahren. Hab gearbeitet wie ein Ochse, Tag und Nacht.« Manchmal trifft er Kollegen, die mit 1600 Mark Arbeitslosengeld auskommen müssen. »Arme Hunde. Die weinen. Die weinen manchmal wenn wir uns treffen. Erwachsene Männer weinen. Weil sie nichts kriegen, weil sie nichts dafür können.« Er weiß, wovon er redet. Allein in Bayern liegt die Zahl der Arbeitslosen auf dem Bau bei 100 000. Das bedeutet, daß fast jeder zweite der insgesamt 250 000 bayerischen Bauarbeiter arbeitslos ist.

»Wie Sie wissen«, so alarmiert im Sommer 1996 die IG-Metall Verwaltungsstelle in Halle die Öffentlichkeit, »ist die Beschäftigungssituation aufgrund der Auftragslage mehr als prekär. So hat Siemens in der Geschäftsstelle Halle im letzten dreiviertel Jahr 500 Monteure entlassen, und nun sollen noch einmal 130 Monteure zusätzlich entlassen werden.«

Begründet wurde diese Entlassungswelle von hochqualifizierten Fachkräften mit der mangelhaften Auftragslage im Bereich Verkehrstechnik. Denn es setzt sich immer mehr durch, daß Betriebe, die sich an Gesetz und Tarifvertrag halten, deshalb bestraft werden, weil sie mit den Dumping-Anbietern, die sich keinen Deut um Gesetz und Tarifvertrag scheren, nicht konkurrieren können. Da macht auch die zu 100 Prozent vom Bund getragene Aktiengesellschaft, die Deutsche Bahn AG, mit. »Wie ist es sonst zu verstehen«, so der Betriebsrat von Siemens in Halle, »daß nach unseren Informationen zu Dumping-Preisen Aufträge an Firmen in Frankreich und Österreich vergeben werden und wir aufgrund völliger Chancenlosigkeit, was die Dumping-Anbieter betrifft, bereits über Monate Kurzarbeit und Entlassungen unserer Beschäftigten realisieren müssen.« Lauft doch durch Deutschland, irgendwo werdet ihr Arbeit finden, raten viele Unternehmer den Arbeitnehmern, die sie gerade auf die

Straße geworfen haben. Und wer da nicht mithalten will oder kann, der kann sehen, wo er bleibt.

1994 brachte die Bundesregierung ein neues Arbeitszeitgesetz durch den Bundestag. Es ermöglicht längere Arbeitszeiten und erlaubt Sonn- und Feiertagsarbeit nicht nur dann, wenn es zum Erhalt eines Unternehmens nötig erscheint, sondern auch zur besseren Auslastung der Maschinen. Mit dem neuen Gesetz wurde das bisher verfassungsrechtlich garantierte Sonntagsarbeitsverbot außer Kraft gesetzt. Wochenendarbeit, insbesondere Sonntagsarbeit, ist jedoch nicht im Interesse von Arbeitnehmern. Gemeinsame Freizeit, gemeinsame Aktivitäten, Sport und Kultur – wen interessiert das noch. Das »einstige Kulturgut«, so die IG-Metall, »ist einem Gesetz gewichen, das ebenso familienfeindlich wie sozial unausgewogen ist und die Freizeit- und Kulturgewohnheiten der Mehrheit der Bevölkerung ignoriert.«

Bundeswirtschaftsminister Rexrodt fordert nun, die Leistungen für jene Arbeitslose zu kürzen, die mehrmals eine vom Arbeitsamt vermittelte Stelle ablehnen. Gleichzeitig empfiehlt er, die sogenannte Zumutbarkeitsanordnung der Bundesanstalt für Arbeit konsequent anzuwenden. So hält er beispielsweise eine Fahrzeit von zweieinhalb Stunden zur Arbeitsstelle für durchaus zumutbar. Die Reaktion der Bundesanstalt für Arbeit auf des Ministers Ordnungsruf: Die Stellensuchenden müssen zum Teil auch noch längere Pendelzeiten in Kauf nehmen. »Auch früher sind Lehrlinge und Gesellen auf Wanderschaft gegangen und zumeist auch wieder nach Hause gekommen«, meint Tyll Necker, Chef des Bundesverbandes der Deutschen Industrie. Ihm stößt auf, daß die Arbeitnehmer immer noch nicht flexibel genug sind. Dabei ruinieren jetzt schon Millionen Pendler ihre Gesundheit, und das meist unfreiwillig. Ihre Mobilität wird durch Betriebsstillegungen, hohe Mieten in den Städten und schlechte Arbeits- und Aufstiegschancen auf dem Land erzwungen. »Die Belastungen, die durch das Pendeln entstehen, sind eines der größten gesellschaftlichen Probleme der Zukunft«, meint Professor Willi Ott. Immer stärker prägten sie auch die Einstellung der Menschen zur Arbeit. »Unzufriedenheit, Motivationsverlust und Resignation werden sich weiter ausbreiten«, prophezeit der

Wissenschaftler. Das hingegen ist dem Mainzer Finanzwissen-schaftler Rolf Peffekoven, Mitglied des Sachverständigenrats, einer der sogenannten fünf Weisen, nicht genug. Er tritt vehe-ment für die vergleichsweise unspektakuläre Forderung, die Ki-lometerpauschale für Arbeitnehmer zu kürzen, ein. Sein Credo: Jeder kann frei entscheiden, ob er auf einem billigen Grundstück und in guter Luft leben will oder in der Nähe seiner Arbeitsstelle. Man könnte aber keinen Ausgleich vom Staat beanspruchen. Das ist bei einer Zahl von über vier Millionen Arbeitslosen und Arbeitnehmern, die teilweise stundenlange Wege auf sich neh-men müssen, um zu ihren Arbeitsplatz zu kommen, ein beson-ders perfider Vorschlag.

Unverfroren agieren die Arbeitgeber mit den Ängsten der von ihnen Abhängigen vor dem Absturz in das soziale Elend. Da gibt es im Lübbeckke/Westfalen eine Firma, die Beleuchtungsein-richtungen für Kaufhäuser und Tankstellen produziert. Das Unternehmen will 26 der 66 Arbeitsplätze in die Slowakei verla-gern. Davon erfuhren die Beschäftigten per Aushang im Be-trieb. Das Ersatzangebot? Sie dürfen in die Slowakei mitkom-men, für ein »durchschnittliches monatliches Entgelt zwischen 350 und 500 Mark, bei einer Sechs- oder Siebentagewoche«.

Dank der Billiglohnarbeitskräfte im benachbarten Ausland glauben heute viele Arbeitgeber, sich alles erlauben zu können. Jegliche soziale Verantwortung oder ethisches Bewußtsein sind verlorengegangen.

»Friedliche Sekretärin, ohne Urlaubsanspruch, nie krank, fle-xibel, belastbar, schreibt, telefoniert, organisiert für Sie täg-lich«, so bietet man sich heute in Stellenanzeigen an. Derweil werden in den Betrieben autoritäre Strukturen geschaffen, in de-nen es zur regelrechten Mutprobe wird, sich zu wehren. »Ich habe große Angst, daß diese Gesellschaft durch Demokratiever-lust und Abstiegsängste zum Pulverfaß wird«, bekennt die ar-beitsmarktpolitische Sprecherin der Bundestagsfraktion Bünd-nis 90/Grüne, Annelie Buntenbach. In den Betrieben selbst geht es entsprechend ruppig zu. »Ab dem 1. Juli 1996 wird ausschließ-lich Akkord entlohnt«, steht in einer internen Anweisung der Firma Kabeltechnik Wickede an der Ruhr. »Keine Kompromisse, keine Entschuldigungen, keine Ausnahmen, schlechtes Material, schlechte Verarbeitung, komplizierte Arbeitsgänge etc. sind nicht Sache des Personalwesens, sondern der Fertigungsabläufe. Die Mitarbeiter müssen unter sich ausmachen, wie sie günstige Arbeitsbedingungen für den Akkord schaffen.«

In dem Schreiben einer Rechtsanwaltskanzlei an die Angestellten heißt es wiederum: »Hiermit wird die bereits mehrfach erteilte Anordnung wiederholt, wonach ab Anfang Mai 1996 die Wochenstunden von 40 auf 45 Arbeitsstunden erhöht wurden. Diese Anordnung gilt für alle angestellten Vollzeitbeschäftigten. Eine jede Nichtbeachtung dieser Anordnung zieht arbeitsrechtliche Maßnahmen nach sich.«

»Bedenken Sie bitte, sofern sie sich wieder gesund fühlen, brauchen Sie nicht zu warten, bis der Arzt Sie wieder gesundgeschrieben hat oder Ihre Krankschreibung terminlich ausläuft. Wenn im Durchschnitt jeder erkrankte Mitarbeiter zwei Tage früher als krankgeschrieben wieder bei der Arbeit erscheint, sparen wir 20 % der gesamten Lohnfortzahlung im Krankheitsfall«, schreibt die Firma Stabila-Meßgeräte an ihre Mitarbeiter. Wer nicht pariert, dem flattert ein Schreiben der Firma Gardena auf den Tisch. »Im Hinblick auf die stark gestiegenen Krankheitszeiten und -fälle im vergangenen Jahr möchten wir wissen, wie die weitere Entwicklung sein wird. Dazu benötigen wir von Ihrem behandelnden Arzt eine Zukunftsprognose. Wir werden dann mit Ihnen einen Termin bei unserem Betriebsarzt vereinbaren.«

Welches Wohlverhalten beim Kampf um Produktionsstandorte von Beschäftigten und Betriebsräten erwartet wird, macht das Beispiel des neuen Dieselmotorenfertigungswerkes von Opel in Kaiserslautern deutlich. Den Zuschlag für die angestrebte 500-Millionen-DM-Investition erhielt das Werk nur wegen der Zustimmung des Betriebsrates zu längeren Maschinenlaufzeiten von 120 Stunden pro Woche, aufgrund einer massiven Reduzierung der Fehlzeiten und eines 15prozentigen Zuschusses zu den förderungsfähigen Investitionsaufwendungen aus der Gemeinschaftsaufgabe »Verbesserung der regionalen Wirtschaftsstruktur«. Fünfzehn Prozent Investitionszuschuß bedeuten lockere 65 Millionen, die vom Steuerzahler aufzubringen sind.

Nachdem die Sparparole einmal ausgegeben ist, können auch die Staatseinnahmen minimiert werden. Der BDI fordert nicht weniger als die Halbierung der Gewerbesteuer, den Wegfall der betrieblichen Vermögens- und Gewerbekapitalsteuer, eine erhebliche Senkung der Einkommens- und Körperschaftssteuer. Des weiteren sollen die Steuern, die Abgaben und die Staatsquote auf das Niveau von 1989 gesenkt werden.

Das Bundeskabinett folgt den Ratschlägen der Herren des Kapitals. Die Staatsquote wird durch den Abbau von Personal und Subventionen erreicht. Den Tarifparteien wird Mäßigung bei Lohnabschlüssen empfohlen. Kürzere Planungs- und Genehmigungsverfahren und weniger Vorschriften beim Hausbau sind ebenso vorgesehen wie eine Kürzung der Schul- und Ausbildungszeiten. Dringend notwendig ist natürlich auch eine Änderung des geistigen Klimas, das Investitionen verhindert. Es kann nicht mehr angehen, daß »Minoritäten mit ihrer Technologieangst und ihrer Gegnerschaft gegen technischen Fortschritt bei uns unverhältnismäßig großen Einfluß haben. Diese geistige Situation ist der wohl wichtigste und grundlegende deutsche Standortnachteil für Investitionen in die neue Hochtechnologie«, kritisiert die Zukunftskommission Wirtschaft 2000.

Und da die Unternehmen schon dabei sind, wollen sie im Rahmen der Standortdebatte alle Freistellungsmöglichkeiten überprüft wissen: Bildungsurlaub, Freistellung von Betriebsräten, Ausbildungsvergütung während der Berufsschulzeiten und bei Untersuchungen, bezahlte Arbeitsbefreiung bei der Teilnahme an berufsgenossenschaftlichen Ausbildungsveranstaltungen, Freistellung für Wehrübungen. Das sind zwar alles Punkte, die in den Tarifverträgen ausgehandelt wurden, aber die umgeht man inzwischen, indem die laufenden Tarifverträge einseitig gekündigt oder die Arbeitgeber zunehmend aus den Arbeitgeberverbänden ausscheren. »Bei uns in Halle gibt es kaum einen Betrieb, der nicht versucht, die betrieblichen Vereinbarungen einfach zu ignorieren«, klagt der IG-Metall-Bezirksleiter.

Bereits 1993 reiste das Vorstandsmitglied des Bremer Vulkan-Konzerns quer durch die Republik, um die örtlichen Regenten seiner eilig zusammengekauften Maschinenfabriken auf Sparkurs zu bringen. Die Methode war immer die gleiche. Bei der am 1. Oktober 1993 erworbenen Schiess-AG in Sachsen-Anhalt ließ der Unternehmer dem Betriebsrat die Pistole auf die Brust setzen. Die noch 350 Beschäftigten sollten ihren gültigen Sozialplan um die Hälfte abspecken, das Weihnachts- und Urlaubsgeld bis 1998 zinslos stunden, auf künftige Tariferhöhungen verzichten und dafür fleißig unbezahlte Überstunden leisten. Als Gegenleistung bot er eine Beschäftigungsgarantie bis Ende 1995. Falls der Betriebsrat sich weigerte, würde der ganze Standort geschlossen. »Wir sollen täglich zehn Stunden schuften«, kritisierte der Betriebsratsvorsitzende diesen Erpressungsversuch. Während einzelne Betriebsräte von Vulkan-Tochterunternehmen ablehnten, wurden in anderen Unternehmen, so in Mönchengladbach, Chemnitz und Hannover entsprechende Betriebsvereinbarungen unterschrieben – gegen die gültigen Tarifverträge. »Der Vulkan-Konzern entwickelt sich zum Vorreiter beim Bruch von Tarifverträgen und der Aushebelung von Gewerkschaften«, beschwerten sich die IG-Metall-Bezirksleitungen in Hannover und Hamburg. Doch es hat nichts genutzt. Jetzt stehen alle auf der Straße.

Dabei war auch die Schließung der Werft eine Tragödie der Verdrängung. Als im Sommer 1996 endgültig feststand, daß die Werft am Ende war, kam es zu großen Kundgebungen in Bremen, der Bremerhavener Hauptbahnhof wurde eine Stunde lang besetzt, und immer waren die Medien dabei. Die Werftarbeiter kämpften nicht nur für sich, sondern für eine ganze Region, in der es außer der Schiffbauindustrie und ihren Zulieferern kaum andere Arbeitgeber gibt und schon heute jeder fünfte Erwerbstätige sein Geld vom Arbeitsamt erhält. Aber die soziale Misere ist auch hier hinter den adretten Fassaden der Wohnhäuser, der überdachten Einkaufspassagen verborgen. Alles sieht wohlhabend aus. Und jetzt müssen immer mehr Familien, die das alles aufgebaut haben, aus ihren Wohnungen ausziehen.

Rund 3000 Mark netto brachte ein Werftarbeiter im Monat nach Hause. Davon gehen mit allem Drum und Dran für Versicherungen, Nebenkosten für Müll und Strom und notwendigen

Restarbeiten fast 2000 Mark für das Haus drauf. Bleiben für die vierköpfige Familie rund 1000 Mark zum Leben. Davon müssen noch der Kindergarten für die Tochter und die Schulbücher bezahlt werden.

»Singapur und Malaysia liegen jetzt direkt nebenan«, freute sich hingegen Anton Schneider, das Ex-Vorstandsmitglied der Bremer Vulkan, der inzwischen mit hohen Abfindungen einen neuen wohldotierten Managerposten hat. Daher klingen seine Äußerungen den Arbeitnehmern bei der Bremer Vulkan besonders zynisch: »Statt durchschnittlich 6578 Mark im Monat wie in Westdeutschland muß ein Unternehmer einem Industriearbeiter etwa in der Tschechei nur 401 Mark zahlen, sämtliche Lohnnebenkosten inklusive.« Nehmt euch ein Beispiel, will er sagen.

Die Zukunft vieler Arbeitnehmer könnte, wenn es keinen organisierten Widerstand mehr gibt, wie im gelobten Singapur, in Malaysia, in den osteuropäischen Niedriglohnländern oder vielleicht so aussehen, wie derzeit in der deutschen Seeschiffahrt. Die Unternehmer, in diesem Fall die Reeder, flaggen ihre Schiffe bekanntlich gerne in Steuerparadiesen wie Liberia, Panama oder Antigua aus, wo Arbeitsplatzsicherheit keine Rolle spielt und Arbeitskräfte billig sind. Arbeitslosigkeit und sozialer Abstieg unter deutschen Kapitänen, Offizieren und Matrosen sind die Konsequenz der Praxis, daß deutsche Reeder ausländische Besatzungsmitglieder verpflichten. Die sind von jeglichen Sozialleistungen ausgeschlossen und erledigen die gleiche Arbeit wie deutsche Seeleute, aber für extrem wenig Geld.

Wie diese »kostengünstige Alternative« für die Unternehmer sich auf die abhängig Beschäftigten auswirkt, belegt eine Studie der Universität Bremen. Sie untersuchte die Wirklichkeit an Bord von Zweitregisterschiffen – auch deutschen. So ließ eine deutsche Reederei Heuerverträge unterschreiben, in denen sich die philippinische Besatzung verpflichten mußte, mindestens ein Jahr an Bord zu bleiben – ohne Landgang, damit niemand abhauen konnte, an 30 Tagen im Monat war zu arbeiten und waren unbezahlte Überstunden zu leisten. Die Verträge enthielten obendrein ein »Strafregister« mit 51 Vergehen, die mit sofortiger Kündigung geahndet werden konnten. Eines der wesentlichen

»Vergehen« wäre, wenn ein Seemann einer Gewerkschaft beitritt oder »jede Art Handlung, die zur Unzufriedenheit oder zu Unstimmigkeiten bei den Besatzungsmitgliedern führt«. So leben die einst sozial gesicherten deutschen und die leicht ausbeutbaren ausländischen Seeleute harmonisch in einem Boot – dem der Armut. All das sind Indizien für eine eindeutige Entwicklung:

Die Armut bedroht inzwischen immer häufiger auch die sogenannten Mittelschichten. Ein Drittel der befragten Caritas-Klienten hat angegeben, daß ihre wirtschaftliche Lage vor dem Hilfeersuchen bei der katholischen Wohlfahrtseinrichtung gut oder sogar sehr gut gewesen sei. Und trotzdem sind sie fast über Nacht wirtschaftlich abgestürzt, in jedem zweiten Fall wegen Arbeitslosigkeit. Münchens Ex-Oberbürgermeister Kronawitter sieht bei den exorbitanten Mieten in seiner Stadt sogar bis zu 50 Prozent der Bevölkerung in der Gefahr, das Leben nicht mehr bezahlen zu können. Da müsse ein Familienvater mit zwei Kindern schon 8000 Mark brutto im Monat verdienen, um klarzukommen.

Im vierten Stock eines Miethauses in Frankfurt-Bornheim ist eine Wohnung freigeworden: 35 Quadratmeter, Küche, Wohnzimmer und ein langer Flur. Miete: 600 Mark. Für einen gutverdienenden Single kein Problem. Doch für die arbeitslose Angestellte Maria, 40 Jahre, geht damit fast die Hälfte der Arbeitslosenhilfe drauf. Da bleiben zum Leben pro Tag nicht mehr als 15 Mark.

Mit Schrecken stellen heute bisher gutgestellte Bankschalterangestellte, solid bezahlte Lokführer und Verwaltungsangestellte fest, daß der Stuhl, auf dem sie sich sicher wähnten, bedenklich wackelt. Ihre Stelle ist nicht mehr sicher. Ihre Krankenversicherung wird ständig teurer. Bisher waren bei Rezessionen die Arbeiter im blauen Kittel Opfer von Unsicherheit. Jetzt geht die Angst auch in den Büros, in Amtsstuben, beim Gewerbe und in technischen Werkstätten um. Der ganze Mittelstand kommt unter die Räder. Und der galt bislang als eine Art Rückgrat der Nation.

Es sind technische Großbetriebe, wie die Telekom, die einen

Arbeitsplatzabbau von über 20000 Angestellten plant, die fast immer die Einkommensbezieher aus dem Mittelstand plötzlich auf die Straße setzen. Ohnehin hat man sich an Nachrichten über Entlassungen bei bisher sicheren Unternehmen gewöhnen müssen. In den Banken, meinen übereinstimmend alle Experten, werden in den nächsten Jahren über 200000 Angestellte entlassen werden, betroffen sind auch leitende Angestellte. Schließlich sei es ja nicht primäre Aufgabe der Arbeitgeber, Arbeitsplätze anzubieten, sondern Mehrwert in Form von Gütern und Dienstleistungen zu schaffen, die eine ausreichende Zahl zufriedener Kunden finden, so die Äußerung eines Frankfurter Unternehmers. Hinzu kommt: Signale der Kürzungen, ob im Sozialbereich oder im Lohnbereich, machen angst. Und Angst lähmt – auch den Konsum, und damit verschärft sich wiederum die Wirtschaftskrise. Ein teuflischer Kreislauf.

Familie Schneider lebt in Saarbrücken in einem schmucken Einfamilienhaus. Der Vater ist Angestellter in einer Consulting-Firma, die Mutter mit dem fünfköpfigen Nachwuchs zu Hause genügend beschäftigt. Anspruchsvoll sind sie nicht, und es wird penibel kalkuliert. Allein für das Haus, das sie auf Kredit abstottern, gehen monatlich 1500 Mark drauf. Grundnahrungsmittel werden wöchentlich per Großeinkauf besorgt. Einmal war die Familie in den vergangenen Jahren sogar gemeinsam auf Urlaub – in Südtirol. Die Schneiders sind Mittelstand. Beide haben eine gute Ausbildung, Peter Schneider sogar Abitur. Das Risiko, den Arbeitsplatz zu verlieren, war gering, und so konnten alle Kosten auch berechnet werden. Doch seit einigen Monaten wird es eng. Denn unerwartet hat man dem 45jährigen Angestellten gekündigt, zusammen mit fünf weiteren Angestellten.

So wie ihn erreicht die Krise den gesamten Mittelstand und das soll so lange wie möglich verborgen bleiben. Man lebt in geordneten Verhältnissen, hat ein Dach über dem Kopf und trägt die Kleider keinesfalls in Fetzen. Die neuen Armen fehlen zuerst am Strand und dann im Kino, Theater und in den Buchhandlungen. Dazu meint *Die Zeit*: »Die Mittelschichten sind von einem sozioökonomischen Erdrutsch bedroht, einer oft nach außen kaschierten Verarmung.« Gespart wird generell bei langlebigen und Luxusgütern. Als bei Familie Schneider der Fernseher seinen Geist aufgab, wurde kein neuer mehr angeschafft – das Geld fehlt. Das Auto würden sie auch gerne abstoßen, aber wenn Schneider wieder Hoffnung haben will, muß er mit dem Auto zur Arbeit fahren.

Niedriglohn ist auch bei den Familien angesagt, die scheinbar behütet im bayerischen Landkreis Münchberg leben. Es ist eine Region mit einer Monostruktur – Porzellan und Textilindustrie. Aber, so der Gewerkschaftssekretär der IG Textil aus Münchberg, »hier herrscht ein gewaltiger Druck auf den Menschen«. Die Arbeiterinnen verdienen im Durchschnitt 16 Mark die Stunde und kommen auf ein Nettogehalt von 1400 bis 1600 Mark im Monat. Damit kann man leben, nagt nicht am Hungertuch. Wer zur Miete wohnt – die Preise sind in den letzten Jahren auf das Normalniveau gestiegen – zahlt 600 bis 700 Mark im Monat. Weniger Einkommen bedeutet aber auch, daß bei Arbeitslosigkeit die Hilfen geringer sind; da wirkt sich jede staatliche Kürzung so aus, daß die Leute nur noch mit Sozialhilfe überleben können. Und hier haben die Arbeitgeber das Heft fest in der Hand. »Wenn's euch nicht paßt, dann gehe ich rüber«, mit dieser Drohung zwingt man die Arbeitnehmer in die Knie.

Rüber, das heißt in das nicht weit entfernte Tschechien. Dort arbeiten die Menschen für ein Zehntel der Löhne, die im Westen üblich sind, also für 1,50 oder 1,70 Mark die Stunde. Folglich trifft man immer häufiger auf Joint-Venture-Unternehmen der besonderen Art. Die Arbeitgeber in Franken stellen die Maschinen und die Rohstoffe zur Verfügung. In Tschechien wiederum sind die Arbeitsplätze und die Arbeiter. Kontrolliert wird alles von den im Westen ansässigen Betrieben, und sie fahren auch die Gewinne ein. »Seid still im Betrieb. Nehmt das Wenige zur Kenntnis. Wir können nicht mehr machen«, damit treibt man die Arbeitnehmer in die soziale Immigration. Es gibt anscheinend keine Alternative zum Kampf um die Arbeitsplätze. Dabei hängt davon alles ab: das Haus, die Kinder, die Existenz. Andere Arbeitsplätze gibt es nicht. Selbst die Preise für Schwarzarbeit, sagt ein Arbeitnehmer, seien in den Keller gerutscht. Früher gab es 25 Mark die Stunde, heute seien es gerade mal 15 Mark.

»Sehr geehrter Herr Peters. Auch wir sind nach reiflicher Überlegung zu dem Entschluß gekommen, Ihnen unsere durch Sie verursachten Kosten in Rechnung zu stellen. Diese Vorstellungsgespräche wurden durch Ihre schriftliche Bewerbung veranlaßt. Da Sie um ein Gespräch gebeten haben, bitten wir Sie, die uns entstandenen Kosten in Höhe von 575 DM auf eines unserer untenstehenden Konten zu überweisen«, schreibt die Firma Feustel Immobilien in Haßfurth an Bewerber um einen der knappen Arbeitsplätze.

Und wer arbeitslos bleibt – dessen Schicksal ist vorgezeichnet. Häuser wurden in besseren Jahren mit Darlehen errichtet, eine Einrichtung auf Kredit gekauft, Autos zu überzeugenden Leasingkonditionen übernommen. Die Raten wollen bedient sein. Der Wegfall eines Einkommens war in der Lebensplanung nicht vorgesehen. Eben war da noch der Traum vom kleinen Glück, dann kam der Karriereknick.

Solide Mittelstandsfamilien werden nach Scheidungen oder weil einer der Partner seinen Arbeitsplatz verliert zu *working poor*, wie das Phänomen in den USA seit einigen Jahren genannt wird: Sie sind fleißig und doch bettelarm. Und sie schämen sich deshalb. Denn der Schein muß nach außen gewahrt werden, berichten viele Lehrer, wenn sie in der Klasse mitbekommen, daß sich manche Kinder plötzlich nicht mehr an Ausflügen beteiligen.

»Die ökonomischen Absteiger geraten in ein gesellschaftliches und psychologisches Niemandsland«, schreibt Martin Doehlemann in seinem Buch über die *Kunst des Verlierens*. In Dutzenden Interviews mit Angehörigen des Mittelstandes hörte der Soziologe immer die gleiche, besorgte Frage heraus: »Repräsentiere ich mir und anderen gegenüber meine Vergangenheit oder meine Gegenwart?« Nur wenige Absteiger aus dem vermeintlich soliden Mittelstand, stellte er fest, kommen mit ihrer neuen Situation zurecht. »In dieser Armutskultur zu leben setzt Kenntnisse, Fähigkeiten und Fertigkeiten voraus, die ein durchschnittlicher Herabkömmling gar nicht mitbringt. Es bedarf großen Mutes, die eigene Verzweiflung offen einzugestehen.«

Als »Lebensniederlage« empfindet etwa der hochqualifizierte Wissenschaftler J. D. jene finanziellen Nöte, in die ihn die Sparmaßnahmen im Kulturetat der Stadt Frankfurt gestürzt haben. Er verlor mehr als ein Drittel seines ohnehin niedrigen Einkommens als freier Lektor. Leitsprüche für vermeintlich erfolgreiche Lebensplanung gelten nicht mehr oder haben sich umgekehrt: Bildung ist Ohnmacht? Selbst akademische Abschlüsse versprechen nicht mehr zwangsläufig ökonomische Sicherheit. Ohne Fleiß kein Preis? In Wirklichkeit gibt es jedoch immer weniger Geld für immer mehr Leistung. Familien, die am Fuße des Wohlstandsberges zu Hause sind, müssen solche Härten als erste akzeptieren. Vorschläge, die ersten Krankheitstage vom Gehalt oder Urlaub abzuziehen, sind da nur konsequent. »Alle reden von Arbeitern, die angeblich blaumachen«, ärgern sich die Gewerkschaften und weisen immer wieder darauf hin, daß die Zahl derjenigen, die sich trotz Krankheit ins Büro schleppen, unendlich höher sei als die der sogenannten Blaumacher.

Der psychologische Masseneffekt ist aber erreicht. Mit dem Wissen im Hinterkopf, daß der erreichte Wohlstand nicht mehr aufrechterhalten werden kann, jeder Arbeitnehmer erhebliche Abstriche machen muß, wächst bei ihm die Angst, daß er, wenn er wegen Krankheit zu Hause bleibt, noch die bescheidene Lebensgrundlage verliert, er duckt sich, paßt sich an. Gewerkschaftliches Engagement oder Aufbegehren werden ausgetrieben. Übrig bleibt der Rückzug ins Private, die Individualisierung.

Es sind diese Individualisierungstendenzen, die auch die Armut verstecken und schwer meßbar machen. Der Politikwissenschaftler Stefan Wallner in einer Studie aus dem Jahr 1995: »Armutsgefährdung schiebt sich weit in die Mittelschichten hinein. Und diese fallen dann oft ins nächsttiefere Einkommensnetz, das den Absturz nur vorübergehend bremst.« Um das zu verhindern, gehen immer mehr Menschen, insbesondere Frauen, prekäre Arbeitsverhältnisse ein. Dazu zählen ganz sicher jene geringfügig Beschäftigten mit einem Monatseinkommen unter 590 Mark. Ihre Zahl steigt rasant. Hunderttausende leben derzeit mit solchen nicht sozialversicherten Minimaljobs, um den Familien eine Überlebensgrundlage zu bieten. Für die Hälfte der betroffenen

Frauen ist das keineswegs nur ein Zubrot, stellte in Österreich, wo das gleiche Phänomen zu beobachten ist, die Arbeiterkammer fest. »Der geringfügige Job ohne Sozialrecht ist tatsächlich ihr einziger.«

Der Absturz: Reguläre Anstellungsverhältnisse und normale Reallöhne gehen zurück – dafür entstehen Arbeitsplätze zu Dumping-Tarifen als einzige Alternative. Kommen in dieser Situation zusätzliche Kostenbelastungen hinzu, beispielsweise durch Mieterhöhungen, ist die Grenze zwischen »Normalverdiener« und dem »Armen« kaum mehr auszumachen. Die Leidtragenden sind dann zum Beispiel die Krankenschwester, der Busfahrer, der Feuerwehrmann, die alle nicht über stattliche Gehälter verfügen. Auch hier wird mit einem gesetzgeberischen Federstrich der Absturz herbeigeführt, wenn die Löhne und Gehälter eingefroren werden oder nur so gering steigen, daß gerade die Inflationsrate ausgeglichen wird. Es sind Welten der sozialen Sicherheit, die da zerbrechen und deren letztes Auffangnetz die Sozialhilfe ist.

In Berlin steigt laut Caritas die Sozialhilfebedürftigkeit wie eine Flutwelle an, gegen die keine Dämme mehr helfen. Auch hier sind immer neue Bevölkerungsgruppen bis hinein in den Mittelstand betroffen. Hermann Pfahler, Sozialarbeiter bei einer von Caritas und dem Diakonischen Werk betriebenen Beratungsstelle konnte die Ausdehnung der Armut in den letzten Jahren hautnah beobachten. »Als ich 1981 hier anfing, war Armut vor allem ein Altersphänomen, viele der Betroffenen waren auch Alkoholiker oder hatten andere psychische Probleme. Heute geht es um schlichte materielle Not.« Betroffen sind mehr und mehr alleinstehende Frauen mit kleinen Kindern, Jugendliche, Arbeitslose und Ausländer. Zunehmend kommen auch Menschen mit höherem Schul- oder gar Hochschulabschluß, das soziale Spektrum dehnt sich bis weit in den Mittelstand hinein. Für viele bleibt die gesellschaftliche Ausgrenzung endgültig. Der Sozialberater der Caritas, Pfahler: »Man kann richtig zusehen, wie die Leute, die erst noch hoffnungsvoll zu uns kommen, unter psychischen Druck geraten, abbauen und dann verelenden – das geht bis zu Wahnvorstellungen oder Selbstmord.«

Besonders im Osten ist zu beobachten, daß viele über 100000 Mark Verschuldete lediglich ein Einkommen unterhalb der Pfändungsgrenze haben. Da gibt es den 50jährigen Handwerker H. K. Er ist mit einem Betrag von gerade mal 3000 Mark überschuldet. Es begann damit, daß sein Chef zwei Monate keinen Lohn zahlte. Weil Kunden ihre Rechnungen nicht beglichen, stand der Kleinbetrieb vor dem Aus. H. K. überzog also sein Girokonto, nur vorübergehend, wie er glaubte. Bei 2700 Mark minus jedoch kündigte die Bank den Dispokredit, die nächste Lohnüberweisung von 1500 Mark rechnete sie sofort gegen die Schulden auf. Mit kaum noch Geld in der Tasche wandte er sich ans Sozialamt, und das verwies ihn an eine Schuldnerberatungsstelle. Sicher ist – und das betrifft nicht nur H. K.:

Wer im harten Wettbewerb auf dem Arbeitsmarkt versagt, landet früher oder später in der untersten Masche des sozialen Netzes – dort, wo die Not am größten und die Unterstützung durch die Gesellschaft am geringsten ist.

Keine Überstunden mehr, Kurzarbeit, steigende Preise, höhere Steuern und Abgaben – plötzlich fehlt überall das Geld, schildern Betriebsräte in ostdeutschen und westdeutschen Unternehmen übereinstimmend die Situation vieler Arbeitnehmer. Es fehlt auf einmal das Geld, mit dem man fest gerechnet hat. Überall streichen Firmen bisher gewährte Sozialleistungen zusammen.

Das Gefühl der wirtschaftlichen und sozialen Sicherheit ist mit einemmal weggewischt. Seit den achtziger Jahren, so die Beobachtung des Sozialwissenschaftlers Ditmar Bock, werden die Nivellierungstendenzen der alten Bundesrepublik durch Polarisierungstendenzen nicht nur dort abgelöst, wo sich Armut und Arbeitslosigkeit verfestigen, sondern gerade an der alten Nahtstelle zwischen Arbeiterschaft und Kleinbürgertum. »Denn immer mehr Menschen können sich immer weniger von dem leisten, was zu den von allen vollwertigen Gesellschaftsmitgliedern erwarteten Standards gehört.« Neue gesellschaftliche Entwicklungen produzieren zwangsläufig neue Formen der Armut und verhindern zugleich, daß sie politisiert werden können. Ulrich Beck spricht von der Individualisierung sozialer Ungleichheiten:

»Auf dem Hintergrund eines vergleichsweise hohen materiellen Lebensstandards und weit vorangetriebener sozialer Sicherheiten wurden die Menschen in einem historischen Kontinuitätsbruch aus traditionellen Klassenbindungen und Versorgungsbezügen der Familie herausgelöst und verstärkt auf sich selbst und ihr individuelles (Arbeitsmarkt)Schicksal mit allen Risiken, Chancen und Widersprüchen verwiesen.«

Wo einer allein mit 5000 Mark brutto pro Monat Frau und Kinder ernähren muß – und das ist die überwiegende Mehrheit der Bundesbürger –, bleiben nach Abzug von Steuern, Sozialabgaben und Miete durchschnittlich noch 200 bis 300 Mark über dem Sozialhilfesatz für den Lebensunterhalt übrig. »Eltern mit einem Durchschnittseinkommen von 60 000 Mark und zwei Kindern«, stellt Jürgen Brochert, Richter am hessischen Landessozialgericht fest, »sind am Rand der Sozialhilfe angelangt.« Im Osten verdienen bereits zwei Drittel der Alleinerziehenden so wenig Geld, daß sie keine Steuern zahlen können; im Westen sind es mehr als die Hälfte.

Ein Facharbeiter, 58 Jahre, der nach dreißig Arbeitsjahren in einem Installationsbetrieb auf die Straße flog, bekennt in einem Interview: »Grausam ist das. Ich habe eine Familie, zwei Kinder. Zwölfhundert Mark im Monat Arbeitslosengeld. In drei Monaten läuft das aus, dann kriege ich Arbeitslosenhilfe. Ich müßte dann zum Sozialamt. Im Kühlschrank ist selten mal was drin. Erholung vor allem für die Kinder, mal in den Zoo gehen, Sachen kaufen, ein Konzert besuchen oder gemeinsam ins Kino gehen – das ist alles nicht mehr drin. Man schränkt sich immer mehr ein.«

Wie paßt angesichts solcher Verhältnisse das Angebot von Wirtschaftsminister Günter Rexrodt ins Bild, der meint, daß Arbeitnehmer zur Sicherung von Arbeitsplätzen ihre Jahresarbeitszeit verkürzen können? Rexrodt nennt als Beispiel drei Monate Urlaub ohne Lohnausgleich. Mit diesem Vorschlag stellt sich der Minister selbst ein Armutszeugnis – der anderen Art – aus.

Aus dem Blickwinkel eines Facharbeiters stellt sich das folgendermaßen dar:»Gesellschaftliche Dinge, das fällt ganz aus. Die jährliche Urlaubsreise entfällt jetzt. Auch die Geschenke für die Kinder, zum Beispiel, sind fast bei Null gelandet. Ich bin aus den Vereinen ausgetreten, weil ich die Jahresbeiträge nicht mehr zahlen konnte. Ganz abgesehen von den Spannungen zu Hause. Immer das gleiche Thema: Geld, was essen wir, die Kinder wollen ein Eis, warum können wir das nicht.«

Claudia Völker, Arbeiterin, 34 Jahre, vier Kinder:»Wenn ich da (aufs Arbeitsamt) hinkomme, werden immer die gleichen Fragen gestellt: Wie alt sind Sie? Wie viele Kinder? Wie alt sind die Kinder? Da haben die schon immer den Eindruck, ›bei so vielen Kindern haben Sie keine Chance mehr für den Arbeitsmarkt‹.«

Detlef König ist seit einem Jahr arbeitslos – ohne Zukunft. Dabei ist er mit seinen 52 Jahren ein hochqualifizierter Angestellter gewesen. In einem Elektronikunternehmen war er für die Produktentwicklung zuständig, verdiente im Jahr 100 000 Mark, fuhr einen komfortablen Dienstwagen. Als die Firma Pleite machte, stand er von einem Tag auf den anderen auf der Straße. Schleichend, ganz allmählich, brach für ihn eine gesicherte Welt zusammen. Zuerst glaubte er, es könne kein Problem sein, wieder eine Arbeit zu finden. Selbst auf dem Arbeitsamt wollte er die schonungslose Wahrheit:»Bei dem Alter haben Sie es schwer, etwas zu finden«, lange Zeit nicht wahrhaben. Zunächst bezog er knapp 2600 Mark Arbeitslosengeld, vergleichsweise viel. Er lebt mit seiner Frau in einer 80 Quadratmeter großen Wohnung und zahlt dafür inzwischen 1400 Mark – nach Mietsteigerungen von 200 Prozent in den vergangenen 16 Jahren. Dann ist da noch ein Kind aus erster Ehe, für das er Unterhalt zahlt, eine Tochter, die studiert, und ein kleines Auto.
Seitdem das Arbeitslosengeld ausgelaufen ist, erhält er Arbeitslosenhilfe. Auf einmal hat er nur noch 1800 Mark zur Verfügung und damit die Armutsgrenze bereits unterschritten, die bei einem Nettoeinkommen von weniger als 2075 angesetzt wird. Angst befällt ihn bei dem Gedanken, daß die Arbeitslosenhilfe

eines Tages zu Ende sein und er auf Sozialhilfe angewiesen sein wird. »Das kann ich mir noch nicht vorstellen. Ich würde mich schämen, glaube ich. Beim Arbeitsamt ist es eine Versicherung, die ich selbst eingezahlt habe. Beim Sozialamt ist es ein Almosen.« So hofft er weiterhin, daß er doch noch Arbeit findet, auch damit er bei seinen Nachbarn wieder angesehen ist. Langsam gehen derweil die Ersparnisse zu Ende. Die Wochenendausflüge sind gestrichen, das Auto wird so wenig wie möglich bewegt, die Vollkaskoversicherung ist gekündigt. Vielleicht kommt er ja bei einem derjenigen Unternehmen in Deutschland unter, die die wirtschaftliche Notlage skrupellos ausnutzen.

Wirtschaftsminister Günter Rexrodt aber verkündet: »Es gibt Leute, die holen beim Arbeitsamt mehr heraus als bei ihrem Job.«

Bei einer Razzia der Bundesanstalt für Arbeit, die bereits 1994 stattfand, aber sie ist beispielhaft, wurden 41 Firmeninhaber beschuldigt, 350 Arbeitnehmer zu Stundenlöhnen zwischen zwei und acht Mark zu beschäftigen und damit gegen das Tarifrecht zu verstoßen. Noch sind davon überwiegend ausländische Arbeitskräfte betroffen. Gleichwohl haben auch sie ein Recht auf gesichertes Leben im »Sozialstaat Deutschland«.

Der Wechsel von relativer Wohlhabenheit hin zu strikter Bescheidenheit vollzieht sich manchmal innerhalb weniger Monate. Und die, die sich einmal zur Mittelschicht zählten, sacken in die Armut, auch wenn die meisten ihre Misere nur für einen vorübergehenden Tiefpunkt halten. Armut macht sich demnach nicht nur in Schichten ohne Ausbildung, die unqualifizierte Arbeiten verrichten, breit, sondern auch unter gut ausgebildeten, aber nicht verwertbaren Arbeitskräften. Selbst Angestellte städtischer Betriebe müssen das leidvoll erfahren.

Der Straßenbahnfahrer Armin S. aus Düsseldorf ist Alleinernährer seiner Familie mit drei Kindern, und er hat am Monatsende gerade mal 250 Mark zum Leben übrig. Nur geringfügig hat sich sein Gehalt in den letzten Jahren verändert. Dafür stiegen die Preise für Energie, Steuern, Mieten und Telefon – auch wenn es sich bei ihm immer nur um »Kleckerbeträge« handelte. Aber sie summierten sich. Jetzt lebt er mit Schulden, die er nicht mehr zurückzahlen kann, nachdem er krank geworden ist.

Da gerade Angehörige der Mittelschicht nicht mit einem Verarmungsprozeß gerechnet oder ihn zumindest für überwindbar gehalten haben, geraten sie nun in einen sich rasant beschleunigenden Sog. Es ist ein Prozeß, der in der Vergangenheit jene Arbeitnehmer erfaßt hat, die ebenfalls glaubten, daß sie mit den Armen eigentlich nichts zu tun haben, obwohl bei ihnen die Grenze zwischen normalem Leben und Leben am Existenzminimum schon immer fließend war. Barbara Dribbusch hat in der *Tageszeitung* eine Aufstellung der Berufe gemacht, die insbesondere bei Frauen häufig vorkommen.

Eine Topfspülerin im Saarland bekommt monatlich laut Tarif 1190 Mark netto für ihren Vollzeitjob; ihre Kollegin in Sachsen muß mit 1050 Mark netto über die Runden kommen; eine Auffüllerin in Schleswig-Holstein, die im Supermarkt die Regale bestückt, kann mit einem Tariflohn von 1280 Mark netto abgespeist werden; die Friseurin in Rheinland-Pfalz erhält nach der Lehre 1200 Mark netto; der Jungkoch in Nordrhein-Westfalen hat als Berufsanfänger 1360 Mark netto; die Verkäuferin in West-Berlin verdient nach sieben Jahren Berufserfahrung laut Tarif monatlich 2050 Mark netto; die Krankenschwester im öffentlichen Dienst, 28 Jahre alt, verheiratet, bringt es nach acht Berufsjahren auf 2380 Mark netto. Das ist immerhin mehr als die freiberufliche Hebamme, die für 2000 Mark netto 60 bis 70 Wochenstunden arbeiten muß. Solche Gehälter scheinen ganz nach dem Geschmack der Arbeitgeber zu sein. Schließlich, so sagen sie, kann man ja damit auch leben.

Hans Peter Stihl, Präsident des Deutschen Industrie- und Handelstages, forderte bereits 1994 die »Möglichkeit, geringwertige Arbeit auch geringer bezahlen zu können«. Dieser Traum der Unternehmer wird wohl bald Wirklichkeit. »Der Markt wird immer weiter nach unten ausgequetscht«, stellt Reinhard Dombre, für Tarife zuständiger Referatsleiter beim DGB, fest. Nicht nur Schwarzarbeit und Leiharbeiter führen zum Lohn-Dumping. Durch den sogenannten zweiten Arbeitsmarkt will man es nun auch politisch zementieren. Hier sollten notwendige Arbeitsleistungen, die gegenwärtig niemand finanzieren kann oder will, billiger angeboten werden. Also die Löhne noch weiter drücken. Der Kölner Wissenschaftler Fritz W. Scharpf, Direktor des Max-Planck-Instituts für Gesellschaftsforschung, hat dieses »Rezept« gegen die Arbeitskrise noch um eine »soziale« Variante bereichert. Er will die Minilöhne durch staatliche Zuwendungen aufstocken. Klar, daß auch Bundeswirtschaftsminister Günter Rexrodt für einen »Niedriglohnsektor« schwärmt; schließlich will er nicht hinter den Arbeitgebern oder gar dem Berliner Senator für Wirtschaft und Technologie, dem Sozialdemokrat Norbert Meisner, herhinken.

Der Senator, den die Sorge umtreibt, wie die Arbeitslosigkeit eingedämmt werden kann, sieht gerade im »unteren Lohnbereich« noch ungeahnte Beschäftigungsmöglichkeiten. Diese Vermutung teilt er mit Professor Scharpf. Um Arbeitslose von der Straße zu holen, will der Wissenschaftler sie zum Beispiel in den Bus verfrachten, als Schaffner. Außer in öffentlichen Verkehrsmitteln sieht er zusätzliche Betätigungsfelder etwa im Einzelhandel oder in Gaststätten, in Pflegeheimen, in der Altenarbeit, in Sportstätten, Kindergärten, in der Garten- und Landschaftspflege und »allen Arten arbeitsintensiver und kundennaher handwerklicher und industrieller Fertigung«. Die Jobs, die er und seine Gesinnungsgenossen sich vorstellen, sind allerdings nicht die qualifizierten Tätigkeiten, wie Köche, Pfleger, Erzieher, Sportlehrer oder Landschaftsgestalter, nicht die Mechaniker, die kaputte Autos reparieren, sondern die jetzt überall in Erscheinung tretenden Männer, zum Beispiel an der Tankstelle, die für ein Taschengeld die Mückenreste von der Autoscheibe wischen. Tätigkeiten also, die aufgrund ihrer geringen Arbeitsproduktivität so schlecht bezahlt werden, daß Arbeitnehmer nicht mehr davon existieren können.

In den Gewerkschaften, meldete Sylvia Koppelberg in der IG-Metall-Zeitschrift *Der Gewerkschafter* (10/94), sei Scharpfs Vorschlag scharf kritisiert worden. So hielt es zum Beispiel Klaus Lang, ehemaliger Leiter der Tarifabteilung der IG-Metall, für unwahrscheinlich, daß ein Niedriglohnsektor zusätzliche Arbeitsplätze schaffe. Untersuchungen über die Lohn- und Arbeitsmarktentwicklung im vielbeschworenen Beschäftigungswunderland USA untermauern solche Bedenken. Sie bestätigen, daß »zwischen niedrigen Löhnen und Beschäftigungszunahme kein Zusammenhang besteht, auch wenn das immer wieder behauptet wird«.

Lang befürchtete zudem, daß die Billigjobs mangels Attraktivität kaum angenommen würden, wenn nicht zusätzliche Zwangsmaßnahmen angedroht werden, zum Beispiel Kürzen von Arbeitslosengeld und Sozialhilfe. Diesen ist durch die gezielte Abkehr vom Sozialstaatsprinzip bereits Tür und Tor geöffnet. Fast unbemerkt von der Öffentlichkeit wurde bereits 1993 ausdrücklich ins Gesetz geschrieben, daß Regelsätze plus Miete und Heizung auch bei Familien mit drei und mehr Kindern stets unter den niedrigen Tariflöhnen liegen müssen. Damit ist eine der wichtigsten Säulen der Sozialhilfe, die bekanntlich ein menschenwürdiges Leben garantieren soll, erschüttert worden.

All diese Kürzungen verfolgten nur ein Ziel: Die niedrige Sozialhilfe ist die Voraussetzung für die ebenfalls geplante Absenkung des Arbeitslosengeldes um drei Prozent. Es lag, je nach Familienstand, bei 63 bis 68 Prozent des letzten Nettoeinkommens. Genauso sah es Wirtschaftsminister Rexrodt: »Es muß ein deutlicher Abstand da sein. Bei den Niedriglöhnen müßte er bei 20 bis 30 Prozent liegen.« Nun gibt es auf dem »freien Markt« durchaus noch niedrigere Löhne als die Anfangsentgelte der untersten Lohngruppen des Hotel- und Gaststättengewerbes in Hessen, die die Bundesbank zugrunde legte. Auch Bundeskanzler Helmut Kohl war unzufrieden: »Es ist nicht in Ordnung, wenn jemand im Bereich der Sozialhilfe ohne eine Leistung zu erbringen, mehr im Monat von der Solidargemeinschaft bekommt, als derjenige, der arbeitet.« Dieses Ziel entsprach den Wünschen der Bundesvereinigung der Deutschen Arbeitgeberverbände. Das von CDU und FDP geforderte neue Lohnabstandsgebot war also nur ein Durchgangsstadium zu noch massiveren Kürzungen. Noch weiter geht Bundesfinanzminister Theo Waigel mit seiner Forderung, daß der Sozialhilfebedarf nicht unter dem geringsten Lohn, sondern auch unter der Arbeitslosenhilfe liegen muß.

Die Arbeitslosenhilfe lag 1996 bei 57 Prozent des Lohns, auch des geringsten Lohns. Was dann noch von der Sozialhilfe übrigbleibt, kann man sich leicht vorstellen. »Das neue Lohnabstandsgebot ist ein tiefer Einschnitt in die Sozialhilfe. Es ist die bedeutendste Veränderung der Sozialhilfe der Nachkriegszeit. Es ist nur zu vergleichen mit dem Abbau der Richtsätze der Fürsorge in der Weltwirtschaftskrise 1929–1933«, kritisiert Professor Rainer Roth die Debatte um den Abstand zwischen Niedriglohn und Sozialhilfe.

Man kann natürlich von der Bundesregierung nicht erwarten, daß sie den Opfern des bevorstehenden sozialen Schlachtfestes vor der Schlachtung reinen Wein einschenkt. Deshalb wird Bundesgesundheitsminister Seehofer nicht müde zu betonen, daß keinerlei strukturelle Kürzungen geplant seien, und bekämpft diesbezügliche Behauptungen als »böswillige und ungeheure Unterstellungen«. Beweise für die Richtigkeit seiner Beteuerung bleibt er allerdings schuldig. Man muß seinem Ehrenwort glauben. SPD und Grüne lehnen das Lohnabstandsgebot ab und üben allenfalls in internen Kreisen Kritik daran. Auch die Wohlfahrtsverbände klären nicht über die Folgen auf. »Sie wissen, daß das Lohnabstandsgebot katastrophale Folgen hat. Aber die Anwälte der Armen verschweigen ihren Klienten, was die Stunde geschlagen hat, und kritisieren die Folgen, wie es z. B. der Caritasverband angeblich gemacht hat, nur in internen Gesprächen mit dem Ministerium. Sie sind von staatlichen Zuschüssen abhängig und sollen den sozialen Frieden durch die Verbreitung der Tatsachen nicht stören.« Das ist das Fazit von Rainer Roth.

Seit Helmut Kohl sich darüber ausgelassen hat, daß kinderreiche Sozialhilfeempfänger gelegentlich besser leben als Arbeitnehmer, werden, so DGB-Sozialexperte Wilhelm Adamay, »Arbeitnehmer gegen Sozialhilfeempfänger ausgespielt«.

Die Diskussion um den Abstand zwischen Lohn und Sozialhilfe ist eine zynische Debatte über die verschiedenen Formen der Verelendung. Da, so die gängige These, die Sozialhilfe so

Zynische Debatte u— Abstand
zwischen Lohn u. Sozialhilfe   Ergebnis ist
eine
finanzielle
Verschlechter-
ung

hoch wie oder noch höher als manche Löhne sei, müsse sie gekürzt werden; auf keinen Fall dürfe sie weiter ansteigen. Das
Institut der Deutschen Wirtschaft in Köln meint dazu, daß der
Abstand zwischen einer vierköpfigen Familie, die Sozialhilfe bezieht, und jener, die Arbeitseinkommen hat ziemlich gering sei.
Ein Durchschnittsverdiener kam 1992 unter Einrechnung von
Kinder- und Wohngeld auf 3095 Mark, davon habe er im Durchschnitt 720 Mark Miete bezahlt. Die Differenz zur Sozialhilfe belief sich gerade noch auf 100 Mark pro Haushaltsmitglied.

Ein 1993 vom Bundeskabinett verabschiedetes Gesetzespaket
sah Kürzungen vor, die dem Bund Einsparungen in Höhe von
15,4 Milliarden Mark brachten – auf Kosten der Arbeitslosen
und Sozialhilfeempfänger. Im einzelnen: Kurzarbeitergeld, Ein-
gliederungsgeld, Schlechtwettergeld und Arbeitslosenhilfe wurden um drei Prozent gekürzt, Arbeitslosengeld wurde von
68 Prozent beziehungsweise 63 Prozent pro Quartal Arbeitslosigkeit um einen Prozentpunkt gesenkt, so daß der Bedürftige
nach einem Jahr Arbeitslosigkeit 64 beziehungsweise 59 Prozent
des Nettoentgeltes der letzten sechs (bisher drei) Monate erhält.
»Durch die degressive Gestaltung wird ein Anreiz gegeben, sich
möglichst schnell um einen neuen Arbeitsplatz zu bemühen«,
begründete das Finanzministerium diesen Einschnitt. Die abstrakten Globalzahlen bedeuten, daß ein Arbeitsloser nach
einem Jahr Arbeitslosigkeit mit einem monatlichen durchschnittlichen Arbeitslosengeld von 1377 Mark im Westen (ohne
Kind) mit einem Minus von 87 Mark auskommen muß. Im Osten
werden von 925 Mark 54 Mark weggekürzt.

Mit den Kürzungen bei der Sozialhilfe und bei Arbeitslosengeld beziehungsweise -hilfe glaubt man nun genügend Spielraum
für Lohnkürzungen zu haben. »Die Korrekturen bei den Sozialausgaben sind nach meiner Einschätzung erforderlich, um gegenüber den Gewerkschaften Lohnzurückhaltung durchsetzen
zu können. Die Abstriche bei Arbeitslosengeld und Arbeitslosenhilfe sollen Anreize schaffen, wieder eine Arbeit aufzunehmen«, bläst Norbert Walter, Chef-Volkswirt der Deutschen
Bank ins Horn des Finanzministeriums, wohl wissend, daß in
den nächsten zehn Jahren noch mindestens 300000 Arbeits-

63

plätze abgebaut werden. Der wirtschaftspolitische Sprecher der CDU / CSU möchte daher auch bei Neueinstellungen einen Dumping-Lohn eingeführt wissen.

Wirtschaftsminister Rexrodt verfolgt logischerweise das Ziel, das Arbeitslosengeld generell bei 20 bis 30 Prozent unterhalb niedriger Tariflöhne anzusiedeln, damit will er die Arbeitslosen zwingen, ohne langen Verzug auch weniger anspruchsvolle Niedriglohnjobs zu akzeptieren. So schließt sich der Kreis, bemerkt *Der Spiegel.* »Die Sozialhilfe muß sinken, damit das Arbeitslosengeld gekürzt werden kann und als nächster Schritt ein Einfrieren der Löhne möglich wird.« Kürzungen bei der Sozialhilfe, der von der Bundesvereinigung der Deutschen Arbeiterverbände die Wirkungsweise eines Mindestlohns zugesprochen wird, führen zwangsläufig zu Kürzungen bei Lohnersatzleistungen und Löhnen. Um dieses Ziel zu erreichen, betreibt die Bundesregierung das Prinzip Denunziation (Mißbrauch von Sozialleistungen), Disziplinierung (verschärfte Meldepflicht) und schließlich Einsparung, Kürzung von Arbeitslosengeld, Sozialhilfe. Und der Worthülsenkönig unter den deutschen Politikern, Norbert Blüm, glaubt daher, »daß in einer Zeit, da die Raffinesse, den Sozialstaat auszunutzen, größer geworden ist, viele den Umweg über Arbeit scheuen und gleich zur Sozialhilfe gehen.«

Zur Abkehr vom Sozialstaatsprinzip zählt sicher auch, die Arbeitslosenhilfe künftig nur noch für zwei Jahre zu zahlen. Nach Ablauf dieser Frist werden die Empfänger von Arbeitslosenhilfe zwangsläufig in die Sozialhilfe abgeschoben. Dieser Schnitt ist für Finanzminister Theo Waigel »ordnungspolitisch begründet«. Ebenfalls ordnungspolitisch begründet sind dann die Auswirkungen: Neue Armutskarrieren sind vorgezeichnet. »Angesichts dieses bedrückenden Bildes verweist der Finanzminister darauf, daß von den derzeit etwa 900000 Menschen, die Arbeitslosenhilfe beziehen, schätzungsweise nur ein Drittel betroffen sein werde. Immerhin heißt dies, daß künftig etwa fünf Millionen Bürger in dieser Republik auf Sozialhilfe angewiesen sein werden«, kritisiert Klaus Schwehn im Berliner *Tagesspiegel* diese Entwicklung.

Um die Zumutbarkeitsschraube bei Arbeitslosen noch fester anzuziehen, fordert die Mittelstandsvereinigung der CDU, daß bei der ersten Ablehnung einer zumutbaren Arbeit das Arbeitslosengeld sofort um ein Drittel gekürzt werden müsse. Im Wiederholungsfall müsse das zweite Drittel abgezogen werden, und bei einer nochmaligen Ablehnung dürfe der Arbeitslose gar keine Bezüge mehr erhalten. »Zumutbar ist im Grunde genommen jede Arbeit«, meint der niedersächsische Landesvorsitzende Siegbert Martin, denn wer sich »vorsätzlich aus der deutschen Leistungsgesellschaft verabschiedet, darf nicht mit Leistungen der Solidargemeinschaft rechnen«.

Auch mit tariflichen Mindestlöhnen sollen Hunderttausende an den Rand gedrängt werden. »Wir haben schon Einkommen, wo man sich wirklich fragt, ob es sich lohnt zu arbeiten«, klagt ein IG-Metaller auf einer Betriebsversammlung. Immerhin 5,8 Millionen Arbeitnehmer, also fast ein Viertel der sozialversicherungspflichtigen Beschäftigten in Westdeutschland, haben keine Berufsausbildung.

»Was heißt denn hier Sozialabbau«, fragt dagegen Herbert Henzler, Direktor der Unternehmensberatung McKinsey. »Wenn die Leistungsfähigkeit der sozialen Systeme nicht mehr zu finanzieren ist, weil weniger zum Verteilen vorhanden ist, dann wird doch nicht abgebaut. Es ist einfach weniger da. Über den angeblich drohenden sozialen Kahlschlag kann ich nur den Kopf schütteln. Unser Sozialbudget beträgt etwa 1,2 Billionen Mark; wenn ich da 30 Millionen rausnehme, ist das doch kein Kahlschlag. Natürlich müssen Anpassungen sozialverträglich erfolgen. Wir reden aber auch von einer Gesellschaft, die rund zwölf Billionen Mark an privaten Vermögen hat.« Nur, wer hat wieviel von den zwölf Billionen?

Und so plädiert er vehement für das Prinzip von Angebot und Nachfrage mit Mindestlöhnen wie in den USA. Denn, so sagt er, die gibt es hier auch längst – auf dem boomenden Markt für Schwarzarbeit.

Achtunddreißig Jahre ist Petra S. alt, Mutter von zwei Kindern. In Rostock-Lichtenhagen wohnt sie in einer der öden Plattenbausiedlungen. Vor zehn Jahren ist ihr Mann – Werftarbeiter – bei einem Arbeitsunfall ums Leben gekommen. Nach der Wende arbeitete sie in einer Leuchtröhrenfabrik, die von Investoren aus Westdeutschland aufgekauft wurde. »Sie haben versprochen, daß die Arbeitsplätze sicher sind«, sagt sie in ihrer 50 Quadratmeter großen Zweizimmerwohnung. Doch bald wurden immer mehr ihrer Kolleginnen und Kollegen entlassen. Später blieben die Lohnzahlungen aus, manchmal zwei Monate lang. Dann wurde nur der halbe Lohn bezahlt. Sie fügte sich, wie alle anderen Beschäftigten auch, wußten sie doch, daß sie ansonsten auf der Straße stehen würden. Die Besitzer fuhren derweil mit dem dicken Mercedes vor, und wieder wurde vertröstet: »Wenn wir diese Produktion rechtzeitig schaffen, dann können wir die ausstehenden Löhne bezahlen«, es war geradezu ein Ritual. So ging es über Monate hinweg – doch die regelmäßigen Kosten wie 700 Mark für die Miete mußten bezahlt werden. Wie ihr ergeht es Hunderttausenden in den neuen Bundesländern. Die Unternehmer sahnen ab und setzen auf die Duldsamkeit der Arbeitnehmer. Tarifliche Verpflichtungen werden außer Kraft gesetzt, und es werden nur noch maximal 70 Prozent des früheren tariflichen Lohnes bezahlt. Jetzt muß sie mit 1410 Mark Nettolohn auskommen, der liegt gerade ein paar Prozent über dem Arbeitslosengeld. Und die Frage stellt sich, wie können Frauen wie sie überleben, wenn sie monatelang nur den halben oder gar keinen Lohn bekommen? Was wird aus der Rente?

Immerhin, so der IG-Metallbezirk Berlin-Brandenburg im November 1995, halten sich die Tarifbrüche bei den tarifgebundenen Unternehmen mit etwa 20 Prozent in Grenzen. Aber gleichzeitig wird eingeräumt, daß nur rund ein Drittel aller Betriebe Mitglied im Arbeitgeberverband ist und damit der Tarifbindung unterliegt.

»Viele zweifeln, ob sich Arbeit noch lohnt, wenn sie hören oder in ihrem persönlichen Umfeld erleben, daß es in manchen Fällen kaum noch Abstände zwischen Sozialhilfe, Lohnersatzleistungen und Arbeitsentgelt gibt«, meint Bundeskanzler Kohl. Eine Weisheit, die man an der Realität messen sollte.

Gern wird die Steigerungsrate des Eckregelsatzes der Sozialhilfe zwischen 1980 und 1991 mit der Steigerungsrate der durchschnittlichen Nettolohn- und Gehaltssumme verglichen, denn prozentual ergibt sich dabei eine Steigerung der Sozialhilfe um 48 Prozent gegenüber nur 42 Prozent beim Nettolohn. Der Eckregelsatz lag allerdings 1980 bei nominal 310 Mark, 1991 bei 460 Mark. Die durchschnittlichen Nettolöhne lagen 1980 nominal bei 1765 Mark, 1991 bei 2501 Mark. Belief sich 1980 der Abstand zwischen Eckregelsatz und durchschnittlichen Nettolöhnen noch auf 1455 Mark, lag dieser 1991 bei 2041 Mark. Wer dabei von einer Verringerung des Abstandes von Löhnen und Sozialhilfe redet, der treibt ein böses Spiel. In den fünf neuen Bundesländern kann es tatsächlich dazu kommen, daß die Sozialhilfe die Höhe von Löhnen oder Lohnersatzleistungen erreicht. Der Eckregelsatz der Sozialhilfe bewegt sich im Osten fast auf dem gleichen Niveau wie im Westen, da sich die Preise im Osten von den Preisen im Westen kaum noch unterscheiden und die Sozialhilfe dem Bedarfsdeckungsprinzip folgen soll. Bekanntlich bewegen sich die Löhne und demgemäß die Lohnersatzleistungen auf einem wesentlich niedrigeren Niveau als in Westdeutschland.

Der 13. September 1996, als schwarzer Freitag in die Sozialgeschichte Deutschlands eingegangen, hat zu weiteren Kürzungen geführt. Das Renteneintrittsalter für Frauen wird vom Jahr 2000 an stufenweise von jetzt 60 auf 65 Jahre im Jahr 2004 heraufgesetzt. Männer müssen bereits vom Jahr 2001 an bis zum 65. Lebensjahr arbeiten. Wer dann vorzeitig in Rente gehen will, muß pro Jahr eine Einbuße seiner Bezüge in Höhe von 3,6 Prozent akzeptieren. Die Lohnfortzahlung im Krankheitsfall wird von derzeit 100 auf 80 Prozent des Entgelts gekürzt. Der Kündigungsschutz gilt vom 1. Oktober 1996 an nur noch für Betriebe mit mehr als zehn Arbeitnehmern, bisher waren es fünf. Und die Lohnersatzleistungen werden 1997 nicht entsprechend der Lohnentwicklung erhöht. Kuren dürfen vom 1. Januar 1997 an nicht länger als drei Wochen dauern und werden nur noch im Abstand von mindestens vier Jahren – statt bisher zwei Jahren – gewährt. Je Kurwoche werden überdies zwei Urlaubstage abgezogen. Zuschuß zum Zahnersatz bekommen nur noch Versicherte, die vor 1979 geboren sind. Der 20-Mark-Zuschuß für Brillengestelle entfällt.

Dabei muß man sich rückerinnern, was in der Vergangenheit schon gekappt wurde:

1982: Die Förderung bedürftiger SchülerInnen wird beseitigt. Bafög für Studenten wird am Wintersemester 1983/1984 nur noch als Darlehen vergeben. Ab 1990 wieder 50 Prozent Zuschuß.

1983: Der Anspruch auf Arbeitslosengeld wird stärker nach der Dauer der Beitragsleistung bemessen. Das Übergangsgeld bei berufsfördernden Leistungen zur Rehabilitation wird von 90 Prozent (mit Kindern) beziehungsweise 75 Prozent (ohne Kinder) auf 80/70 Prozent des vormaligen Nettoentgelts gekürzt. Ein individueller Krankenversicherungsbetrag für Rentnerinnen wird stufenweise eingeführt (1.7.83 – 1 %, 1.7.84 – 3 %).

Eine Zuzahlungspflicht bei Krankenhausaufenthalten (5 Mark pro Tag für maximal 14 Tage pro Jahr) und Kuren (10 Mark pro Tag für maximal 30 Tage pro Jahr) wird eingeführt.

Die Regelsatzanpassung der Sozialhilfe wird um ein halbes Jahr verschoben. Staffelmietverträge werden zugelassen, der Kündigungsschutz bei neuen Zeitmietverträgen entfällt.

1984: Die Arbeitslosenhilfe, das Arbeitslosen-, Kurzarbeiter- und Schlechtwettergeld für LeistungsempfängerInnen ohne Kinder werden gekürzt. Der Bezug von Erwerbsunfähigkeitsrenten wird erschwert. Die Kosten einer Unterkunft von Sozialhilfeempfängern werden nur noch bis zur Mietobergrenze des Wohngeldgesetzes übernommen.

Rentenversicherungsbeiträge für Schwerbehinderte, die in Behindertenwerkstätten arbeiten, werden von 90 auf 70 Prozent reduziert. Der Personenkreis mit Anspruch auf kostenlose Beförderung im öffentlichen Nahverkehr wird eingeschränkt.

Verlängerung der maximalen Jugendarbeitszeit von acht auf neun Stunden pro Tag beziehungsweise von zehn auf elf Stunden auf Bau- und Montagestellen.

1985: Sperrzeiten beim Leistungsbezug aus der Arbeitslosenversicherung, zum Beispiel bei Eigenkündigung werden von acht auf bis zu zwölf Wochen verlängert. Krankenversicherungsbeiträge für Rentner werden weiter erhöht (1. 7. 85 – 4,5 %, 1. 7. 86 – 5,2 %, 1. 7. 87 – 5,9 %).

Befristete Arbeitsverträge bis zu 18 Monaten dürfen künftig auch ohne sachliche Begründung abgeschlossen werden. Der Kündigungsschutz für Beschäftigte in Kleinbetrieben wird aufgeweicht.

1986: Der Kündigungsschutz für Schwerbehinderte wird erst nach Ablauf von sechs Monaten und nicht mehr ab Beschäftigungsbeginn wirksam. Der Bund zieht sich aus dem sozialen Mietwohnungsbau zurück.

1988: Ausgaben für die Sprachförderung von Aussiedlern und Asylberechtigten werden vom Bund auf die Bundesanstalt für Arbeit verlagert. Gleiches gilt für die Förderung der Berufsausbildung benachteiligter Jugendlicher. Ausländische Seeleute auf deutschen Schiffen dürfen nach ausländischem Arbeitsrecht behandelt werden.

1989: Der Rechtsanspruch auf Kostenerstattung bei der Teilnahme an beruflichen Bildungsmaßnahmen wird in eine »Kannleistung« umgewandelt. Kürzung der ABM-Sätze: der Höchstförderungssatz beträgt nur noch 75 Prozent der Lohnkosten, die ausnahmsweise zulässige Vollförderung wird von 35 auf 15 Prozent begrenzt. Der Einarbeitungszuschuß für schwer vermittelbare Arbeitslose wird von 70 auf 50 Prozent gekürzt. Bei Medikamenten wird die Zuzahlung von zwei auf drei Mark pro verordnetes Arzneimittel erhöht. Für Brillengestelle zahlt die Kasse nur noch einen Zuschuß von 20 Mark. Bei Zahnersatz wird eine Kostenerstattung von 50/60 Prozent anstelle des Sachleistungsprinzips eingeführt.

1991: Die Mieten in den neuen Bundesländern werden um zirka 250 Prozent erhöht.

1993: Die Förderung junger Arbeitsloser durch die Bundesanstalt für Arbeit zum Nachholen eines Hauptschulabschlusses wird gestrichen. Der Einarbeitungszuschuß wird von 50 auf 30 Prozent reduziert und auf ein halbes Jahr begrenzt. Die Sozialhilfe wird in den nächsten drei Jahren nur um zwei bis drei

Prozent erhöht. Für Haushalte mit mindestens vier Personen wird ein Lohnabstandsgebot festgeschrieben. Wer sich weigert, »zumutbare Arbeitsgelegenheiten« anzunehmen, verliert seinen Anspruch auf Hilfe. Erneute Mieterhöhung in den neuen Bundesländern um bis zu 2,10 Mark pro Quadratmeter. Kündigungsfristen für ArbeiterInnen und Angestellte werden auf vier Wochen herabgesetzt.

1994: Arbeitslosen-, Kurzarbeiter- und Schlechtwettergeld werden von 68/63 Prozent auf 67/70 Prozent, Arbeitslosenhilfe von 58/56 auf 57/53 Prozent gekürzt.

1995: Auch von Lohnersatzleistungen werden künftig Pflegeversicherungs- und Solidaritätsbeiträge erhoben.

Und so wird es wahrscheinlich Jahr für Jahr weitergehen.

Die Pfändungsstufe

»Das Beste was, uns passieren kann, ist eine labile Wirtschafts-
lage«, freut sich Joachim Struck, der Vorsitzende des Zentral-
verbandes des deutschen Pfandkreditgewerbes. Geschätzte
600 Millionen Umsatz wurden für das Jahr 1995 gemeldet,
50 Millionen mehr als 1994. Das sorgt in dieser Wachstums-
branche natürlich für gute Laune, insbesondere bei der tollen
Rendite : vier Prozent Monatszins, 48 Prozent im Jahr. Mit der
Armut werde kein Geschäft gemacht, versichert er, schließlich
komme die Klientel aus dem Mittelstand: rund 80 Prozent des
Umsatzes werden mit Schmuck gemacht, und, so Struck, »arme
Leute haben keinen Schmuck«. Schuldenfalle: Immer mehr
Kunden aus dem Mittelstand kommen, um ihre Wertgegen-
stände zu verpfänden. Den meisten Umsatz machen die Leih-
häuser zu Monatsende und am Monatsanfang. »Wenn das Konto
leer ist, bringen die Leute die goldenen Manschettenknöpfe, und
wenn der nächste Monatslohn oder die Rente da ist, lösen sie
diese wieder aus.«

Auch Gerichtsvollzieher haben Hochkonjunktur. Im Osten
Berlins beispielsweise schnellte die Zahl der Zwangsvollstrek-
kungen sprunghaft in die Höhe. Im gesamten Stadtgebiet arbeiten die Gerichtsvollzieher bei einem Anstieg der Verfahren um
134 Prozent am Rande der Belastungsgrenze. Im Landgerichts-
bezirk Rostock waren im ersten Quartal 1993 »nur rund
5500 Anträge auf Zwangsvollstreckung« eingegangen, im Zeitraum Oktober bis Dezember des gleichen Jahres waren es schon
mehr als 10000. In neun von zehn verschuldeten Haushalten
gebe es ohnehin nichts zu pfänden, weiß eine Gerichtsvollziehe-
rin im thüringischen Ghota.

Zum Beispiel in Kaiserslautern: Da klingelt der Gerichtsvollzieher an der Tür eines dreigeschossigen Hauses. Die Fernsehge-
bühren sollen eingetrieben werden. Eine 60jährige Frau öffnet
ihm die Tür. »Die Nachbarn sollen nichts mitkriegen«, flüstert

sie und führt den jungen Gerichtsvollzieher in den kärglich eingerichteten Raum, der gleichzeitig als Küche und Schlafzimmer dient. Auf einem Stuhl sitzt ihr schwerbehinderter Mann und löffelt ein Eintopfgericht. Es ist eine peinliche und nichtsdestotrotz alltägliche Situation. »Früher habe ich meinen Schwestern drüben in Leipzig immer zu Weihnachten zehn Mark und Kaffee geschickt. Jetzt kriegen wir die Päckchen«, sagt die Frau. Der Gerichtsvollzieher weiß, daß er hier nichts holen kann. »Das passiert mir immer öfter. Es ist nichts mehr zum Pfänden da.«

Im Landkreis Esslingen werden 396 Privathaushalte, zu denen nahezu 500 Kinder gehören, von der Schuldnerberatungsstelle betreut. Es sind mehr als je zuvor, und wenn man berücksichtigt, so die Schuldnerberatungsstelle, »daß nur etwa fünf Prozent der Überschuldeten den Canossagang zu einer Beratungsstelle auf sich nehmen, wird deutlich, daß dies nur die Spitze eines Eisbergs ist«. Noch deutlicher wird das bei einer genaueren Betrachtung von zwei Beratungsstellen.

Die eine ist in Bernhausen: »Die Nachfrage nach Schuldnerberatung nimmt stetig zu. Die Wartezeit liegt derzeit zwischen vier und sechs Monaten, die Mitarbeiter der Beratungsstelle sind vollkommen überfordert.« Die meisten Ratsuchenden sind Frauen, zwischen 20 und 50 Jahre alt und verheiratet. Längst nicht alle sind Sozialfälle, 29 der 68 Personen sind Lohn- beziehungsweise Gehaltsempfänger. Als Grund für die Verschuldung nannten sie vor allem ihre eigene Wirtschaftsführung, ihre gescheiterte Selbständigkeit, die Trennung vom Partner und erst an fünfter Stelle den Arbeitsplatzverlust. Die meisten trugen eine Last von mehr als 100 000 Mark mit sich herum.

Die Beratungsstelle des Roten Kreuzes in Kirchheim-Nürtingen meldet ähnliche Erfahrungen. »Aufgrund des hohen Nachfragedrucks konnte ein großer Teil der Klienten nur eine Einmal- oder Kurzberatung erhalten. Durch die immense Verschuldung – meist mehr als 50 000 Mark – leben 45 von insgesamt 65 betreuten Personen an der Pfändungsgrenze, dem Sozialhilfesatz. Fazit der Beratungsstellen: »Die Wirtschaftskrise mit den damit verbundenen Einkommensverlusten und die

Wohnungsmarktproblematik werden einen immens zunehmenden Arbeitseinsatz der Schuldnerberaterinnen erfordern.«

Parallel zu Lohnkürzungen und Arbeitslosigkeit wachsen zwangsläufig die Schuldenberge. Jeder elfte Arbeitslose in den alten Ländern ist mit der Miete im Rückstand, jeder sechste verschuldet. Insgesamt, schätzt der DGB, sind rund 1,5 Millionen westdeutscher Privathaushalte in den roten Zahlen – vor allem einkommensschwache jüngere Familien, alleinerziehende Frauen und Männer sowie Arbeitslose. In 1,5 Millionen Haushalten ist das Leben verpfuscht. Wie für Herrn A. mit 35000 Mark Schulden, der zwei Selbstmordversuche hinter sich hat. Oder für eine fünfköpfige Familie mit 124000 Mark Schulden, deren Bank meint, die Familie könne mit 800 Mark monatlich zum Leben auskommen. Wen es erwischt – meist reicht der Arbeitsplatzverlust gefolgt von Scheidung oder Krankheit –, der kommt aus dem Schuldengefängnis nicht mehr heraus.

Der Abstieg aus mittleren Einkommensverhältnissen in die Armut beginnt nach den Erfahrungen der Verbraucherzentrale in vielen Fällen mit einer mißlungenen Baufinanzierung; ein Indiz dafür sei die große Zahl von Zwangsversteigerungen. Auch der Kauf eines Autos zieht oft Überschuldung nach sich. Das allein bedeutet keine Armut, solange ein gesicherter Arbeitsplatz vorhanden ist. Aber die einst gut bezahlte Arbeit, wie im Bankgewerbe, die ist nicht mehr sicher. Werden beispielsweise die Bankangestellten wegen der Rationalisierungswelle entlassen, dann ist die sichere finanzielle Basis plötzlich nicht mehr vorhanden, und es beginnt der Teufelskreis der Verschuldung.

Überschuldet zu sein heißt im konkreten Fall, daß man alle Ausgaben für das tägliche Leben, für Essen, Trinken, Kleidung, Hygiene, auf das gerade noch für das Überleben und die Gesundheit Erträgliche drückt, um die Forderung der Gläubiger zu befriedigen, um die Raten und Zinsen zu bezahlen. Verschuldung heißt Offenbarungseid, Lohn- und Gehaltspfändung, Stromsperre. »Wer überschuldet ist, muß meist mit weniger als der Sozialhilfe auskommen, nämlich mit 759,99 Mark. Das ist das gesetzlich festgeschriebene Existenzminimum, auf das die Gläubiger die Löhne und Gehälter herunterpfänden können.

Mit fast 16000 Mark steht der Durchschnittshaushalt heute im Soll, vor zwanzig Jahren waren es gerade 2000 Mark. Diese Zahlen beziehen sich nur auf die alten Bundesländer; für das Gebiet der ehemaligen DDR liegen noch keine Daten vor. Man lebt mit den Schulden, aber das ist ein Leben ohne Würde.

Denn Privatpersonen können sich nicht wie bankrotte Firmen einfach auflösen und von neuem beginnen. Sie bleiben bis zu dreißig Jahren im Vollstreckungsverfahren. Reiner Metz, Kreditexperte der Verbraucherzentrale Nordrhein-Westfalen, sieht Schuldenopfer noch schlechter gestellt als Straftäter. »Wirtschaftlich in Not geratene Konsumenten scheinen nach Auffassung des Bundesjustizministeriums einer längeren Resozialisierungsphase zu bedürfen, als sie Straftätern zugemutet wird.«

Im Strafrecht beträgt die längste Bewährungsfrist fünf Jahre. Was in anderen Ländern möglich ist, den Konkurs auch für Privatpersonen zuzulassen, der einem Überschuldeten die lebenslange Bürde erläßt, ihm somit die Chance eines Neuanfangs einräumt, das geht im Sozialstaat Deutschland nicht. In den Niederlanden hat sich für diesen »Neuanfang« der Begriff *fresh start* eingebürgert, das heißt, dort hat jeder Mensch das Recht auf eine neue soziale Chance. In Deutschland ist zwar ein Gesetz in Vorbereitung, wonach zahlungsunfähige Schuldner sieben Jahre die Bewährungsprobe bestehen müssen. In dieser Zeit müssen sie jede zumutbare Arbeit annehmen, sie dürfen nicht kriminell gewesen sein, müssen jeden Wohnsitzwechsel melden und den pfändbaren Teil ihres Einkommens einem Treuhänder überweisen. Aber wie soll man sieben Jahre mit knapp 760 Mark auskommen?

Die Regierung hat erkannt, wie die Vermögenden mit dem neuen Gesetz noch einmal zulegen können. Es ist ein bürokratisches und teures Verfahren mit Insolvenzenverwaltern und Treuhändern vorgesehen, ohne deren Finanzierung auch nur ansatzweise zu klären. Ein Insolvenzverfahren kann gar nicht eröffnet werden, weil es sich der Schuldner nicht leisten kann. Das Fazit, so Michael Möller in seinem Buch *Schuld und Sühne im Wohlfahrtsstaat*: »Während Banken und Inkassounternehmen auch noch aus den Ärmsten jahrelang versuchen, jeden

Groschen herauszupressen, um an ihnen zu verdienen, verlangt man von den Abgestürzten den totalen Verzicht, der bei vielen bis an die Grenzen ihrer Gesundheit geht.«

Wer je ein Leben an der Pfändungsfreigrenze und damit unter Sozialhilfeniveau geführt hat, kann ermessen, wieviel in Not geratene Schuldner dies fehlerfrei über einen derart langen Zeitraum durchzustehen vermögen. Wieviel Schuld tragen die Schuldner selbst?

Schulden machen – das Ergebnis eines Konsumrauschs oder ungezügelter Konsumwut? Das wird gerne verbreitet. Aber, so schätzt Detlev Sander von der Schuldnerberatungsstelle im Ost-Berliner Stadtteil Hohenschönhausen: »Der Grund ist das geringe Einkommen.« Dazu kommen die im Osten rasant gestiegenen Lebenshaltungskosten, die in vielen Bereichen längst auf Westniveau liegen.

Vor drei Jahren noch überwies die 30jährige Sabine, Mutter zweier Kinder, rund 80 Mark Miete an den Hausbesitzer. Inzwischen ist die Miete auf 600 Mark gestiegen. Mit ihrer Arbeit als Kellnerin verdient sie im Monat um die 1000 Mark. Scheibchenweise hat sie deshalb den Dispokredit in Anspruch genommen; nach dessen Kündigung durch die Bank und einem gerichtlichen Mahnverfahren bewegt sich ihr Schuldenstand nun auf 4000 Mark zu.

In diesem Zusammenhang wird leicht übersehen, daß viele bereits ums finanzielle Überleben gekämpft haben, bevor sie Schulden machten. Von knapp 200 Familien und Einzelpersonen bei der Schuldnerberatung in Ost-Berlin lag nur in zwei Fällen das Einkommen über der Pfändungsfreigrenze. »Manchmal leben zwei oder drei Menschen von 200 oder 250 Mark im Monat. Wie die das schaffen, ist uns ein Rätsel.« Immer mehr Gehaltspfändungen auch im Osten. »Sprunghaft«, meint Norbert Gubanka von der Schuldnerberatung in Leipzig, nehme in seiner Beratungsstelle die Zahl jener zu, die finanziell am Ende sind. Daß Überschuldung meist mit Leichtsinn gepaart sei, das halten die Schuldnerberater nicht nur im Osten in der Mehrzahl der Fälle für ein Vorurteil. »Wesentliche Faktoren, durch die eine Verschuldung zu einer Überschuldung führen kann, sind

75

Arbeitslosigkeit, Kurzarbeit und Einkommensrückgang durch Krankheit oder Ehescheidung«, erklärte dazu die Bundesarbeitsgemeinschaft der Freien Wohlfahrtspflege. »Daß Menschen Schulden haben, ist nicht neu. Neu ist, daß sie Schulden machen, um leben zu können«, so das bittere Fazit der Schuldnerberatungsstelle im Münchner Gewerkschaftshaus. Schulden sind inzwischen für viele ein Ausweg, der Armut zu entfliehen. Es ist der Tanz auf dem Vulkan. Denn der Prozeß des Abstiegs wird nur vor sich hergeschoben, es ist häufig der letzte Versuch dem sozialen Abstieg zu entgehen. Thomas G. Arbeiter in München, hat 2150 Mark netto im Monat – 150 mehr als 1990. Aber obwohl er sich nicht mehr leistet als damals, rutscht er ständig tiefer in die Miesen. Für die Miete muß er 1000 Mark zahlen, und die Kosten für Energie, Verkehrsmittel, Lebensmittel sind ebenfalls stärker gestiegen als sein Nettolohn, nämlich um 325 Mark. Fehlten ihm 1990 am Monatsende schon 165 Mark so sind es drei Jahre später bereits 250 Mark. Also überzog er sein Girokonto, bis er die Kredite nicht mehr zurückzahlen konnte.

Mit Schulden kann man aber auch Geschäfte machen, folglich ist in den letzten Jahren ein neuer Dienstleistungsbereich gewachsen, die Profiteure der Armut. Das sind nicht nur die Banken, sondern auch die Inkassofirmen. Die kaufen für einen Spottpreis Rechnungen von Gläubigern, die deren Begleichung schon fast aufgegeben haben, und versuchen dann, das geschuldete Geld plus Gebühren und Zinsen hereinzuholen. Bekannt sind sie für ihre rüden Methoden, wobei in den Drohbriefen auch schon von einem zu erwartenden Haftbefehl gesprochen wird, wenn die Schulden nicht bezahlt werden, oder sie klopfen an der Haustür, werden handgreiflich. Andere Inkassobüros haben direkte Verbindungen zur Unterwelt. Deren Schläger werden geschickt, mit einem Kampfhund an der Seite, um abzuräumen. Die meisten Schuldner lassen sich dadurch auch einschüchtern. »Zu mir sind zwei gekommen, weil ich eine Rechnung nicht bezahlen konnte. Sie haben die Tür eingetreten, als meine Frau die Polizei holen wollte, haben sie die Telefonleitung herausgerissen«, erzählt empört ein 61jähriger Rentner aus Kassel.

Schon lange haben Fachleute herausgefunden, daß etwa ein

Jahr nach einer Verschuldungs- die Überschuldungswelle folgt. »Wenn es schwierig wird, schulden die Leute um.« Mehr als ein Drittel aller Kredite der Banken dienen diesem Zweck – aus einem oder mehreren Darlehen wird so nicht selten ein neues, größeres. Nach Ansicht der Bundesarbeitsgemeinschaft Schuldnerberatung in Kassel sind es vor allem die zahlreichen Kreditvarianten, die einkommensschwache Haushalte in den Ruin treiben. Ratenzahlungen, Leasingverträge, Kundenkarten mit Überziehungsrahmen und andere Formen sind häufig Absatzhilfen für Produkte. In Dresden müssen mehr als 80 Prozent der Klienten, die die Schuldnerberatung aufsuchen, mit einem Nettoeinkommen von unter 800 Mark auskommen, nur jeder zehnte hat überhaupt noch Arbeit, die meisten leben von Altersübergangsgeld, Arbeitslosengeld, Arbeitslosenhilfe oder Sozialhilfe.

Andere Profiteure der Armut sind »Kreditvermittlungen«. Sie locken in Anzeigen mit angeblich billigen Bargeld-Angeboten – ohne Bürgen, ohne Auskunft, aber meist mit schlimmen Folgen. Denn die Kredite sind teuer, so teuer, daß viele Menschen ihr Leben lang nicht mehr von solchen Schulden loskommen.

Da verarmen immer mehr Menschen in Deutschland, und die Kommunen sparen bei der Schuldnerberatung. Schon heute kommen nur fünf Prozent der 1,5 Millionen verschuldeten Haushalte in den Genuß einer Beratung. Nicht nur in den fünf neuen Bundesländern, wo auslaufende Förderprogramme von den Kommunen nicht übernommen werden. Auch in den alten Ländern werden die Beratungsstellen ausgedünnt, so Ulf Groth, Referent der Bremer Schuldnerberatung. Caritas-Fachberater Wolfgang Schrankemüller ergänzt: »In Baden-Württemberg wurden in Göppingen und Mannheim die Dienste gekappt. Dort, wo sie am nötigsten sind, denn Mannheim ist die Stadt mit der höchsten Arbeitslosigkeit im Land.«

Nachtrag: Ende November 1996 erklärte die Bundesarbeitsgemeinschaft Schuldnerberatung auf einer Pressekonferenz, daß sich in den letzten sieben Jahren die Schuldenlast der privaten Haushalte versiebenfacht habe und derzeit mehr als zwei Millionen Menschen als überschuldet gelten. Dabei sei zunehmend auch die Mittelschicht von der Überschuldung betroffen.

77

Die Arbeitsbeschaffungsmaßnahmen

Die Zahl der Arbeitsbeschaffungsmaßnahmen im Osten soll bis zum Jahr 2000 um mindestens 130000 auf Westniveau – das sind etwa 70000 – verringert werden. Betroffen sind die Schwächsten, nämlich arbeitslose Frauen, Jugendliche ohne Ausbildung und Behinderte im Osten, die 70 Prozent der ABM-Leistungen in Anspruch nehmen. Ohne ABM rutschen sie in die Arbeitslosenhilfe, die aber faktisch wegfällt, wenn der Partner verdient. Für ABM und Weiterbildung in Ost und West geben die Arbeitsämter im Jahr rund 27 Milliarden aus. »Wenn man jetzt alle ABM-Stellen kippt«, warnt Gerd Riegk, Geschäftsführer der Qualifizierungs- und Beschäftigungsgesellschaft von Wittenberg, »dann herrscht hier das absolute Arbeitslosigkeitschaos.« Das ist eine milde Umschreibung für den Abstieg in die Verelendung. Denn in dem kleinen Städtchen bei Berlin ist die Arbeitsbeschaffungsmaßnahme für die Frauen eine der wenigen Möglichkeiten, der Arbeitslosigkeit zu entkommen.

Weg mit den Arbeitsbeschaffungsmaßnahmen, will der Deutsche Bundestag beschließen. Ab sofort sollen Arbeitslose nur dann noch in ABM-Stellen vermittelt werden, wenn sie innerhalb einer Rahmenfrist von zwölf Monaten als beschäftigungslos gemeldet sind. Bisher hingegen bestand beispielsweise für Frauen, Personen über 50 Jahre, Jugendliche ohne Ausbildung unter 25 Jahre und für Schwerbehinderte überhaupt keine Wartefrist. Sie konnten an einem Tag arbeitslos und am nächsten in ABM-Stellen vermittelt werden. Das ist nun unmöglich. Man darf erst die Arbeitslosigkeit genießen. Und ABM gilt nur noch für ein Jahr. Ein zweites ABM-Jahr wird nur solchen Betroffenen gewährt, die anschließend fest angestellt werden.

In Ostdeutschland halfen ABM-Stellen vor allem im Bereich der sozialen Dienste kommunale Hilfsdienste zu bewältigen. Damit sind künftig in vielen Bereichen die Altenhilfe, die Behindertenhilfe oder die Jugendhilfe ganz unmittelbar gefährdet.

78

Eine Konsequenz, die natürlich in Bonn niemand wahrhaben will. Es kümmert die Abgeordneten der Regierungskoalition wenig, wenn der evangelische Bischof in Brandenburg, Wolfgang Huber, in diesem Zusammenhang von einem Beitrag zur »sozialen Kälte, nicht zur sozialen Sicherheit« spricht.

Der verantwortungsbewußte Umbau des Sozialstaates kann nicht heißen, eine Reihe von Sozialleistungen nach der Rasenmäher-Methode zu kürzen. Vielmehr muß das gesamte Sozialleistungssystem in sorgfältig geplanten Schritten so verändert werden, daß es durchgängig den Zielen der Sozialpolitik und den für die Sozialpolitik der Bundesrepublik geltenden Prinzipien – die Würde des Menschen ist unantastbar – entspricht. Das würde natürlich bedeuten, daß gerade die Leistungen für die sozial Schwächsten, die einkommensschwachen Familien mit mehreren Kindern, Alleinerziehende, Langzeitarbeitslose und Obdachlose, von Kürzungen ausgenommen bleiben, hier dagegen neue Sozialinvestitionen getätigt werden. Das Gegenteil wird praktiziert.

Die neuen Vorhaben zur Kürzung der Arbeitsbeschaffungsmaßnahmen werden mit knappen Haushaltmitteln begründet. In Wirklichkeit findet ein massiver Eingriff in die Arbeitsförderung statt. Natürlich denkt man bei den ostdeutschen Arbeitnehmern nicht daran, erst einmal die Lebensbedingungen, die Wirtschaftskraft, das Angebot an Arbeitsplätzen dem Westniveau anzugleichen, insbesondere wenn man bedenkt, daß die Arbeitslosigkeit im Osten doppelt so hoch ist wie im Westen. In manchen ländlichen Regionen Brandenburgs ist nahezu die Hälfte der Menschen von Arbeitslosigkeit betroffen.

Zwei Milliarden Mark sollen jetzt bei ABM eingespart werden. Über die Konsequenzen, die daraus erwachsenden Mehrausgaben an Arbeitslosengeld und Arbeitslosenhilfe wird geschwiegen »Massenhafte Arbeitslosigkeit kann uns aber nicht kalt lassen. Für viele Menschen bedeutet Arbeitslosigkeit zugleich Hoffnungslosigkeit. Ohne Hoffnung läßt sich aber nicht leben. Mit hoffnungslosen Menschen kann man keine Gesellschaft bauen«, mahnt Bischof Wolfgang Huber.

79

Die Sozialkriminellen

Der Konsens über die Bedürfnisse einer demokratisch verfaßten Gesellschaft ist ein elementarer Gradmesser für das soziale Verhalten dieser Gesellschaft. Elementare Bedürfnisse jedoch, die nicht mehr zu befriedigen sind, mindern den Standard einer hochentwickelten demokratischen und sozialen Gesellschaft. Inzwischen werden diese Standards schleichend abgeschliffen, und zwar so weit, bis sie sich weltweit nivellieren oder zumindest auf europäischen Standard einpendeln. Soziale Errungenschaften, die auch für andere europäische Länder Vorbild sein können, es für die arbeitenden Menschen auf jeden Fall sind, bleiben derzeit auf der Strecke. Wer trotzdem oder gerade deshalb soziale Gerechtigkeit fordert, der kann entweder nur naiv sein, oder er ist kriminell, weil er von diesen seinen verfassungsmäßigen Rechten Gebrauch macht. Der soziale McCarthyismus läßt grüßen. Ein neues Schlagwort macht die Runde – die Sozialkriminellen.

Um 5,5 Milliarden Mark sollen sozialkriminelle Arbeitslose 1991 die Arbeitsämter, um 2,1 Milliarden Mark Sozialhilfebezieher die Sozialämter betrogen haben, 2,3 Milliarden Mark Kindergeld sollen erschwindelt worden sein, 600 Millionen Mark Wohngeld und 300 Millionen Mark Bafög. Das glaubte bereits Anfang der achtziger Jahre ein Werner Bruns, damals war er Referent im niedersächsischen Sozialministerium, beweisen zu können.

Die Zahlen sind fraglich – aber wen kümmert es, hat doch der kluge Mann die Zahlen von einem »Frankfurter Institut« übernommen, was für einigermaßen wissenschaftliche Absicherung spricht. Das besagte Frankfurter Institut ist übrigens im noblen Bad Homburg ansässig und wird vom erzkonservativen »Kronberger Kreis« getragen. In dessen Kuratorium saßen so neutrale Persönlichkeiten wie Tyll Necker (Ex-BDI-Präsident), Heinz Dürr (Bundesbahnchef) oder der Schnapsfabrikant Harald Eckes-Chantré. Aus der gleichen Ecke dürften auch Bruns konkrete Vorschläge zur Bekämpfung der Sozialkriminalität

stammen: schärfere Gesetze, etwa mit dem Sonderstrafta
stand »Sozialhilfebetrug«, zusätzliche Fahnder und neue F ı-
dungsmethoden; Abbau von Sozialleistungen, damit »potentieııe
Täter ihre Ziele mit abweichenden Handlungen nicht erreichen
können«.

Einst waren das nur theoretische Vorschläge. Heute sind sie
zur kaltschnäuzigen Praxis ausgeartet. 1995 legte Bruns noch
nach. Inzwischen ist er zum »Sozialforscher« aufgestiegen, als
solchen stellt ihn zumindest die Zeitschrift *Focus* in einem Artikel über die »Sozialschmarotzer« vor. Das Problem der Sozialkriminalität werde noch immer tabuisiert, wird er dort zitiert,
obwohl die Mißbrauchsquote bei Sozialleistungen inzwischen
bei 15 beziehungsweise 20 Prozent liege. Er schätzt den volks-
wirtschaftlichen Schaden auf mindestens 150 Milliarden Mark.
»Kein Wunder, daß rund 90 Prozent aller Bundesbürger das soziale Netz mit seinen über 100 Leistungsarten von Altenhilfe
bzw. Zuschuß für Kuren in Anspruch nehmen«, meint er zu wissen. Die bittere Wirklichkeit sieht anders aus: Knapp 60 Prozent
aller Sozialhilfeempfänger müssen mit 20 Mark am Tage (mit
Ausnahme der Mieten) ihren Lebensunterhalt bestreiten.
Höchste Schätzungen beziffern den Mißbrauch in der Sozialhilfe
auf 10 Prozent. Das sind 1,8 Milliarden Mark. Dieser Haushalts-
posten nimmt sich im Vergleich zu den Finanzmitteln, die der
Staat eintreiben könnte, wie Peanuts aus: Dreizehn Milliarden
Mark entgehen dem Staat jährlich durch Steuerausfälle infolge
der Kapitalflucht nach Einführung der Zinsabschlagsteuer,
60 Milliarden Mark Schaden entstehen durch vorsätzliche oder
fahrlässige Vergeudung von Steuermittel, 130 Milliarden Mark
jährlich verliert der Staat nach Schätzungen der Steuergewerkschaft und des Zentrums für Europäische Wirtschaftsforschung
in Mannheim durch Steuervermeidung und Steuerhinterziehung.

Jetzt sind jene für die katastrophale Finanzlage der Staaten
verantwortlich, die das ach so stabile soziale Netz ausbeuten,
die Schmarotzer des Sozialstaats. »Wir müssen sicherstellen, daß
Sozialleistungen den wirklich Bedürftigen zugute kommen«, äußert der von seinem sozialen Gewissen geplagte CDU-/CSU-

Fraktionsvorsitzende Wolfgang Schäuble und plädiert für »mehr Eigenverantwortung des einzelnen, weniger soziale Hängematte«. Pflichtbewußt unterbreitet der kluge Politiker sein Konzept: »Bisher gibt es zuwenig Anreize für Sozialhilfeempfänger, wieder eine Arbeit aufzunehmen. Wer nicht arbeiten will, bekommt weniger Sozialhilfe.«

Davon kann eine Lehrerin ein Lied singen. Die alleinerziehende 35jährige Susanne K. wollte, nach der Geburt ihres Kindes wieder Einstieg in ihren Beruf finden. Beim Arbeitsamt hörte sie dann, »wer spricht denn von Ihrem Beruf. Aldi sucht doch immer Leute.« – »Obwohl die Sozialhilfe so knapp bemessen ist, daß es zu nichts als dem nackten Überleben reicht«, so eine Mitarbeiterin des Münchner Evangelischen Beratungsdienstes für Frauen, »haben die Frauen oft das Gefühl, als müßten die Sachbearbeiter sich das Geld von ihrem Privateinkommen absparen.« Das ständige Rechnen: jeder Zehner wird umgedreht, kein Sport mehr, kein Theater, Babysitter zu teuer – statt dessen zu Hause bleiben beim Kind –, so sieht die soziale Hängematte für den überwiegenden Teil der Sozialhilfeempfänger aus.

In der Stimmungsmache gegen sie darf ein Mann nicht fehlen, Bundeskanzler Helmut Kohl. Er tat bereits 1993 in einem Interview im Berliner Privatsender »Hundert, 6« kund, daß er den »Wildwuchs bei den Sozialleistungen« beschneiden wolle. Es sei jetzt an der Zeit, einmal »jene zu betrachten, die die Solidargemeinschaft ausbeuten«. Nach seiner Meinung ist es nicht in Ordnung, »wenn jemand im Bereich der Sozialhilfe, ohne eine Leistung zu erbringen, mehr im Monat von der Solidargemeinschaft bekomme, als derjenige, der arbeitet.« Der Bundesverband der Deutschen Industrie greift erfreut dieses Machtwort auf und fordert Sozialabbau mit der Begründung, die Bundesrepublik sei »auf dem Weg in die Staatswirtschaft, der Sozialstaat droht in einen Wohlfahrtsstaat umzukippen«.

»Also, diese Mißbrauchs-Diskussion ist so, wie sie geführt wird, kriminell«, findet dagegen der Jesuiten-Professor Friedhelm Hengsbach, von der Katholischen Hochschule St. Georgen in Frankfurt. »Es wird versucht, Opfer zu Tätern zu machen. Die These, daß die Masse der Betroffenen nicht arbeiten will, ist doch spätestens seit den Strukturkrisen im Ruhrgebiet und an der Küste und vor allem in Ostdeutschland zusammengebrochen. Ich kann mir diese Mißbrauchs-Diskussion nur erklären aus der Denkgewohnheit der letzten zehn Jahre, daß wirtschaftlicher Wohlstand nur durch individuelle Leistung und Honorierung gewährleistet ist. Das heißt, es wird versucht, die wirtschaftlichen Erfolge den sogenannten Leistungsträgern allein zuzurechnen. Sobald aber soziale und strukturelle Probleme auftreten, wird die Schuld dafür den Betroffenen zugeschoben.«

In den Medien werden Sozialhilfeempfänger zum Staatsfeind Nummer eins erklärt. Überschrift in der *Bildwoche* vom 15. April 1993: »Staatsfeind Nr. 1.: Die Sozialschnorrer«. Die Zeitschrift *Focus* tönt ähnlich: »Die Sozialschmarotzer sind unter uns. Faulenzer, die ihr süßes Leben in der sozialen Hängematte von der Allgemeinheit finanzieren lassen.« Da fragt der *Rheinische Merkur* süffisant, ob Sozialhilfe ein Zeichen für soziales Versagen ist oder eher für soziale Pflichterfüllung. Zumindest für ausländische Beobachter scheint das letztere eine klare Sache zu sein. Der Amerikaner Don F. Jordan, gerngesehener Gast bei Talk-Shows, seit 27 Jahren Korrespondent für nordamerikanische Zeitungen, bezeichnet beispielsweise die Bundesrepublik als »soziales Paradies«. Dieser Stimmungsmache schließen sich die Unternehmer reflexartig an, zum Beispiel der Präsident des Bundesverbandes des Deutschen Groß- und Außenhandels, Michael Fuchs. Er fordert ein »Gesetz zur Bekämpfung der Sozialkriminalität«.

Und unversehens hat die Legende vom Sozialmißbrauch in die politische Diskussion Eingang gefunden. Die Suche nach den Sündenböcken für das finanzielle Desaster des Staates war endlich erfolgreich, die Schwächsten können sich und werden sich nicht wehren.

Gesenkte Blicke, kein Wort des Stolzes – auf den Fluren der Sozialämter herrscht bedrückende Enge und tiefsitzende Scham. Schon die Räumlichkeiten sind in aller Regel abweisend. Entweder glatte Betonwände mit Hühnerleitern oder auf Stahlträgern festgeschraubte schmale Plastikstühle, grelles Neonlicht blendet, hier soll sich niemand wohl fühlen, hier soll man überhaupt nichts anderes fühlen als Demut.

»Man ist sowieso ein Mensch zweiter Klasse, wenn man Sozialhilfe bekommt«, weiß die junge Frau Petra. Seit ihrer Scheidung kümmert sie sich um ihre zwei Kinder, hat am Anfang des Monats 1600 Mark auf ihrem Konto. Sozialhilfe, Wohnhilfe und Alimente eingerechnet. Davon gehen 650 Mark für Miete drauf. Sie spart wo sie nur kann, Fleisch gibt es nur selten.

»Das sei auch gesünder, haben sie mir beim Sozialamt gesagt, als ich ihnen einmal beschrieb, mit was ich auskommen muß. Kino-, Kneipenbesuche – mein Gott, das ist eine fremde Welt.« Kürzungen der Sozialhilfe kann sie kaum mehr hinnehmen. Bereits Größenordnungen von nur 20 oder 30 Mark, für diejenigen, die den Sparhaushalt verantworten, lediglich ein Trinkgeld, bringen ihr mühsam ausgeglichenes Budget ins Wanken. Das sparsame Wirtschaften stößt bei ihr an klare Grenzen. Ihre Tochter leidet an der Hautkrankheit Neurodermitis. Das bedeutet, daß sie höherwertige Kleidung und Lebensmittel kaufen muß, zu höheren Preisen. Sie bemühte sich, die Mehrkosten beim Sozialamt einzufordern. Sechs Wochen ist sie gelaufen. Der Erfolg schließlich: zusätzliche 20 Mark im Monat. Auf den angeblichen Mißbrauch von Sozialleistungen angesprochen: »Es ist doch kein Wunder, daß die Menschen unterschlagen. Sie haben ja kein Geld.«

»Austricksen, Lügen, Linken, Betrügen«, das hält auch Patricia F. für den angemessenen Umgang mit dem Sozialamt. »Ehrlich kann man denen überhaupt nicht kommen«, sagt die 33jährige Frau aus Mainz-Finthen. Sie ist arbeitslos. Mit viel Glück und ein bißchen Tricksen fand sie ein ansprechendes Einzimmer-Apartment. Der Haken an der Sache war, daß dem zuständigen Sozialamt der Mietpreis zu hoch war. Patricia F. erhält daher zum Sozialhilfe-Regelsatz von 509 Mark keinen Pfennig Wohngeld. Bis die Angelegenheit gerichtlich geklärt ist, muß sie sich das Geld zusammenleihen. Doch selbst wenn sie den Höchstsatz des Wohngeldes erhielte, fehlten immer noch gut 400 Mark zur Begleichung ihrer Mietkosten. Wie bescheiden sie auch lebt, sie lebt weit über ihre Verhältnisse. Aber die Aussicht, bald ein regelmäßiges Einkommen zu beziehen, läßt sie an ihrer Wohnung festhalten. Als Arbeitslose hat sie keine Chance, irgendwo eine andere Wohnung zu erhalten.

Fragt man, wer die Sozialkassen wirklich mißbraucht, gibt es überraschende Modellrechnungen zur Altersteilzeitregelung aus dem Hause Blüm. Großkonzerne haben im Jahr 1995 mit Billigung des Gesetzgebers mindestens 200 000 Arbeiter zusätzlich in die Frührente geschickt. Die Kosten dieser Sanierungsmaßnahmen werden mit knapp 20 Milliarden Mark der Bundesanstalt für Arbeit und noch einmal mit 25 Milliarden Mark der Rentenversicherung aufgebürdet. Gleichzeitig melden dieselben Unternehmen Rekordprofite. Diese 45 Milliarden tragen nicht die Großunternehmen, sondern Klein- und Mittelbetriebe sowie deren Arbeitnehmer über ihre Sozialabgaben.

Die Depressionen vieler Bedürftiger werden durch die Polemik aus Politik und Gesellschaft weiter verstärkt. Dabei sehen die meisten Sozialamtsleiter in dem Vorwurf des Mißbrauchs staatlicher Leistungen eher den Hinweis auf leere Kassen beim Staat, weniger einen wirklichen Tatbestand. »Das sind entwürdigende Debatten, die keine Probleme lösen«, ärgert sich der Chef der Landessozialbehörde in Hamburg.

Selbstverständlich wollen sich auch staatstragende SPD-Mitglieder an der Diskussion um Sozialmißbrauch beteiligen. Da gibt es in Pforzheim einen außerordentlich erfolgreichen Bürgermeister: Joachim Becker, ist ein beliebter Talk-Show-Partner. Da kann er geschickt über die Zumutbarkeit der Arbeit schwadronieren, wobei im Hintergrund die Aussage steht: Sozialhilfeempfänger sind faul und arbeitsscheu. »Darf man von einem Sozialhilfeempfänger erwarten, daß er als Gegenleistung für die Bezüge (Sozialhilfe) Straßen fegt, Abfälle aufsammelt oder Grünanlagen pflegt? Kann er, sofern er handwerklich begabt ist, zu einfachen Renovierungsarbeiten in Kindertagesstätten, Schwimmbädern oder anderen öffentlichen Einrichtungen herangezogen werden?« Und ein besonders bemerkenswerter Satz von ihm: »Gibt es bei uns eigentlich Drecksarbeit? Bedenken wir einmal, daß Millionen Deutsche Gärten umgraben, Torfballen schleppen, Pflanzen setzen und ihre Häuser und

Wohnungen renovieren. Diese Tätigkeiten werden von manch einem als freiwilliger Akt individueller Selbstverwirklichung und sinnstiftender Kraft verstanden – aber für Menschen, die bedauerlicherweise auf die Hilfe der Solidargemeinschaft angewiesen sind, sollen sie unzumutbar sein.«

Sätze, die man sich einprägen sollte. Sozialhilfe ist noch immer ein Rechtsanspruch, sie zu beziehen hat etwas mit der Würde des Menschen zu tun. Doch diese wird in den Dreck gezogen, wenn Sozialhilfe plötzlich als Gnadenbrot angesehen wird, als fürsorglicher Ermessensspielraum gnädiger Behörden.

Wen wundert es da noch, wenn in der Hysterie über die vermeintlichen Segnungen der Sozialhilfe auch einzelne Ortsverbände des politischen Kampfverbandes der Entrechteten, der SPD, mitziehen. Das zeigt das Beispiel des SPD-Landesverbandes von Hamburg, der sich hierbei in der Vorreiterrolle gefällt. Auf einem Parteitag Ende August 1996 beschlossen die Delegierten, Sozialhilfeempfänger verstärkt zu Arbeit heranzuziehen, Personen, die »zumutbare Tätigkeiten« ablehnen, wird die Unterstützung gekürzt. Zur Begründung führt Hamburgs SPD-Parteichef Jörg Kuhbierg an: »Wir stehen zur Sozialhilfe, aber die Bürger haben einen Anspruch darauf, daß sie auch kontrolliert wird.« Noch im Juni 1995 hatte die SPD einen entsprechenden Antrag der CDU im Hamburger Stadtparlament abgelehnt. In der Hansestadt stehen 148 000 Sozialhilfeempfänger lediglich 1600 Arbeitsstellen zur Verfügung, die in Frage kommen.

Nach einem Vermittlungsverfahren zwischen Bundestag und Bundestag trat das reformierte Sozialhilfegesetz inzwischen in Kraft. Es sieht vor, Empfängern von Sozialhilfe, die eine zumutbare Arbeit ablehnen, die Unterstützung um 25 Prozent zu kürzen. Unverdrossen verlangen vor allem Politiker der Koalitionsparteien CDU/CSU und FDP, der Abstand zwischen der untersten Tarifgruppen und der Sozialhilfe müsse größer werden. Dem mittelstandspolitischen Sprecher der CDU/CSU Bundestagsfraktion, Hans-Jürgen Doss, beispielsweise sind die derzeit 446 Mark im Westen und 107 Mark im Osten zu wenig, die statistisch eine vierköpfige Sozialhilfeempfängerfamilie monatlich weniger erhält als eine entsprechende Arbeiterfamilie mit einem

Alleinverdiener in der untersten Lohngruppe (3064 Mark). »Wer geht denn für gut 400 Mark einen ganzen Monat arbeiten?« fragt Doss. Deshalb muß die Sozialhilfe gekürzt werden, insbesondere für diejenigen, die einen zumutbaren Job ablehnen.

Natürlich will auch Bundesgesundheitsminister Seehofer den Abstand zwischen den unteren Lohngruppen und der Sozialhilfe um 15 Prozent erhöhen. Ein verheirateter Arbeiter mit drei Kindern verdient in Deutschland 2900 Mark netto im Monat. Ein Sozialhilfeempfänger liegt bisher um 200 Mark darunter. Damit sich die Arbeit wieder lohnt, sieht die geplante Änderung vor, den Abstand auf 400 Mark heraufzusetzen. Um das zu realisieren, wird die Sozialhilfe nach unten bereinigt. »Mit der Sicherung des Existenzminimums, mit der Sicherung der Teilhabe von Sozialhilfeempfänger an dieser Gesellschaft und mit anderen sozialstaatlichen Zielen, die die Schöpfer des Bundessozialhilfegesetzes bei der Verabschiedung 1962 verfolgten«, hätte all dieses nichts mehr zu tun, kritisiert der Armutsforscher Ullrich Schneider die herrschende Politik der Konservativen. »Vor allem aber lassen die eher hilflos anmutenden Versatzstücke, die nun vorgelegt wurden, kein Reformvorhaben erkennen, das tatsächlich die Probleme der Menschen lösen könnte.« Eine solche Reform hätte nicht an der Sozialhilfe anzusetzen, sondern an den Ursachen, die die Menschen in Deutschland scharenweise in die Sozialhilfe treiben: »am unzureichenden Familienlastenausgleich, an der Langzeitarbeitslosigkeit und an den nicht mehr bezahlbaren Mieten.«

Die konservativen Politiker scheinen nur vordergründig die Wiedereingliederung arbeitsloser Sozialhilfeempfänger in den Arbeitsprozeß zu verfolgen. Wissen sie doch, daß die Realität eine andere ist. Bei über vier Millionen registrierten Arbeitslosen sollen bis zu 500 000 Sozialhilfeempfänger ins Arbeitsleben integriert werden? Ein sozialer Zynismus ohnegleichen. Auch Herr Müller-Voogt, Mitherausgeber der *Frankfurter Allgemeinen Zeitung*, stimmt mit Minister Seehofer darin überein, daß es in Deutschland derzeit 400000 arbeitsfähige, aber arbeitsunwillige Hilfeempfänger gibt. Damit stellt dieser kluge Kopf sogar *Bild* in den Schatten, die bislang nur 200000 arbeitsscheue Sozialhilfeempfänger ausgemacht hat. Beklemmend ist zudem die Wortwahl der *FAZ* – sie fordert Arbeitsverpflichtung –, die fatal an die im Dritten Reich vielzitierten »Arbeitsscheuen« erinnern könnte. »Der Versuch, einen sozialen Wohlfahrtsstaat aufzurechnen, hat unser ganzes Volk wirtschaftlich und seelisch an den Rand des Abgrunds gebracht. Der bisherige Wohlfahrtsstaat schwächte das Verantwortungsgefühl gegenüber dem einzelnen Volksgenossen durch Züchtung von Unterstützungsempfängern. Der in Not Befindliche muß wieder dazu erzogen werden, daß er neben seinem Recht an die Volksgemeinschaft die Pflicht anerkennt, selbst zur Besserung seines Zustandes beizutragen, denn das Recht an die Volksgemeinschaft kann nie größer sein als die Verpflichtung, die der einzelne der Volksgemeinschaft gegenüber auf sich nimmt«, schrieb die *Nationale sozialistische Volkswohlfahrt* 1933.

Aber Sozialhilfe, so Professor Rainer Roth, ist bekanntlich kein Lebensinhalt. Eine Studie des Familienministeriums von 1994 belegt dies deutlich. Danach waren 95 Prozent aller arbeitslosen Sozialhilfeempfänger zuvor wenigstens drei Jahre in Arbeit. Die durchschnittliche Bezugsdauer von Sozialhilfe liegt bei alleinstehenden Frauen bei etwa zwölf Monaten. Darauf folgt wieder eine Phase der Erholung. Bis zu 75 Prozent der unter 35jährigen arbeitsfähigen Sozialhilfebezieher suchen sich selbst innerhalb von weniger als zwölf Monaten eine neue Arbeit. Aber wie kommen die Älteren, die über 40jährigen aus ihrer Arbeitslosigkeit und damit der Sozialhilfe heraus? Also müssen die Billiglöhne her.

Daß ein Teil der Sozialhilfe als Lohnzuschuß an die Arbeitgeber fließen soll, scheint ein gutes Argument zur Schaffung neuer Arbeitsplätze zu sein. Allerdings glaubt auch Bundesgesundheitsminister Seehofer nicht an unbefristete Festanstellungen. Denn die Unternehmen sollen »ohne arbeitsrechtliches Risiko«, also ohne Verpflichtung zur Festanstellung agieren können. *Hire and fire* hat auf dem Weg der konkreten Anwendung die deutsche Sprache bereichert und bedeutet in der Praxis die Spaltung der Gesellschaft in zwei Gruppen – in diejenigen, die am gesellschaftlichen Leben teilnehmen können, und diejenigen, denen es aufgrund ihrer kümmerlichen Existenz versagt ist.

Vor den Folgen einer solchen Entwicklung haben 120 Sozialwissenschaftler bereits in einer Erklärung im Mai 1994 gewarnt. »Wenn Armutszonen von der ›normalen‹ Gesellschaft abgespalten und Bevölkerungsteile dauerhaft ausgegrenzt werden, nehmen auf der einen Seite die Konfliktthemen zu, wobei die sozialen Konflikte zugleich an Schärfe gewinnen. Auf der anderen Seite werden die Voraussetzungen ihrer demokratischen Bearbeitung schleichend abgetragen.«

Kinderarmut

Noch nie waren in der Bundesrepublik so viele Familien und Alleinerziehende von der Sozialhilfe angewiesen, noch nie lebten so viele Kinder, rund 500000, in Obdachlosenheimen, Notunterkünften und auf der Straße. Längst, so schrieb *Der Spiegel*, hat die Bonner Regierung »die ›Keimzelle der Gesellschaft‹ an den sozialen Rand katapultiert. Wer Nachwuchs großzieht und deshalb auf die Karriere verzichtet, erhält weniger Rente als die Kinderlosen, die ein Arbeitsleben lang verdient haben. Und für Familienpolitik wird nur noch das ausgegeben, was bei der Verteilungsschlacht um die knappen öffentlichen Mittel übrigbleibt.«

Schätzungsweise 50000 Kinder, Mädchen und Jungen, leben auf Deutschlands Straßen. Der Präsident des Deutschen Kinderschutzbundes Heinz Hilger vermutet, daß die zunehmende Verarmung und die damit verbundenen Konflikte in den Familien die Kinder aus ihren Elternhäusern treibt.

Manche Experten bezweifeln, daß diese Zahl zutrifft. Aber sie alle gehen davon aus, daß mindestens 4000 Kinder und Jugendliche permanent auf der Straße leben – Tendenz steigend.

In Berlin sind 3000, in Hamburg 600, in München 250, in Frankfurt 200 Kinder und Jugendliche ohne festen Wohnsitz. »In Franken«, schätzt Karl Koch vom Katholischen Bildungswerk, »leben inzwischen 150 Kinder unter freiem Himmel«, und er fügt hinzu: »Straßenkinder gibt es also nicht nur in der Dritten Welt.«

Das Ergebnis christdemokratischer Familienpolitik ist beschämend. Wer Kinder hat, wird heute besonders schnell arm. Zwischen 1980 und 1988 hat sich die Zahl sozialhilfebedürftiger Familien mit Kindern vervierfacht. Auch alleinerziehende Frauen und Männer sind vom sozialen Absturz bedroht.

In den deutschen Kommunen fehlen rund 800000 Kindergartenplätze. Mindestens 21 Milliarden Mark müßten investiert werden, um den von allen Parteien beschlossenen Rechtsanspruch auf einen Kindergartenplatz zu erfüllen. Dem Rechtsanspruch ergeht es wie dem Erziehungsgeld. Das wurde um 600 Millionen Mark zusammengestrichen. Der Kindergeldzuschlag für Ärmere, der rund 800000 Familien begünstigt hätte, insgesamt um 500 Millionen Mark gekappt.

Fehlende Krippen und Kindergärten, kaum Halbtagsbeschäftigungen und wenig Sozialhilfe machen den Alltag der kinderreichen Familien und der Alleinstehenden zum Überlebenskampf. Jede vierte der rund 700000 alleinerziehenden Mütter Westdeutschlands ist arm. Auch die Kinder. In Brandenburg lebt die Hälfte der Alleinerziehenden von der Sozialhilfe. Bei knapp 57 Prozent dieser Haushalte reicht das eigene Einkommen nicht, um das Existenzminimum zu sichern. Das geht aus einer vom Potsdamer Sozialministerium in Auftrag gegebenen Kurzstudie zur Situation Alleinerziehender hervor, die auf einer Fachtagung der Friedrich-Ebert-Stiftung vorgelegt wurde.

»Eine Million Kinder müssen von 230 Mark Sozialhilfe leben.« Mit dieser Schlagzeile prangerte der Deutsche Kinderschutzbund die »groben gesellschaftlichen Mißstände« an, denen immer mehr Kinder in Deutschland ausgesetzt sind. Darunter sind über 500000 Kinder, die in absolut verheerenden Wohnverhältnissen überleben müssen.

Petra hat Abitur, war einmal eine optimistische junge Frau. Die Welt liegt mir zu Füßen, dachte sie, und wenn mal irgend etwas dazwischenkommt, sind ja noch die Eltern da, an die ich mich jederzeit wenden kann. Dann lernte sie Klaus, 27 Jahre, Student der Betriebswirtschaft, kennen. Hals über Kopf verliebte sie sich, und das erste Kind ließ nicht lange auf sich warten. Nach dem dritten Kind klappte es nicht mehr mit der Ehe. Scheidung. Petras Eltern waren inzwischen bei einem Autounfall ums Leben gekommen, und nun stand sie vollkommen alleine da. Jetzt heißt es, Überleben zu trainieren. Was bei 1000 Mark Sozialhilfe fast unmöglich ist.

An die Zukunft zu denken wagt sie überhaupt nicht. Überall muß sie betteln, beim Sozialamt, beim Wohnungsamt – von ihrem jugendlichen Stolz ist nichts mehr übriggeblieben. Sind die Kinder einmal groß, wird sie knapp 45 Jahre alt sein. In diesem Alter noch einen Beruf zu finden, ist ziemlich unwahrscheinlich. Die Altersarmut ist schon vorprogrammiert, und nur die Freude an den Kindern hat sie davon abgehalten, dem Gedanken an Selbstmord nachzugeben, der sie angesichts der Ausweglosig- und Sinnlosigkeit ihres Lebens befällt. Vielleicht hält sie auch die Aussicht, ihre Kinder in noch größeres Elend zu stürzen, vom Selbstmord ab.

Die können ja nicht haushalten, urteilen manche Sozialpolitiker und Sozialämter verallgemeinernd. Hilfe für eine hilfreiche wirtschaftliche Haushaltsführung verdanken die Betroffenen der einstigen Familienministerin Rönsch. Für über 200 000 Mark ließ sie wissenschaftlich erforschen, wie ein »Familienhaushaltsbuch zur Unterstützung einer wirtschaftlichen Haushaltsführung von Familien« auszusehen habe.

Sie schuften nicht wie die Kinder in Indien, die 500 000 Kinder in Deutschland, die trotz Schule arbeiten gehen. Sie brauchen bloß mehr Geld, das ihnen die Eltern nicht geben wollen oder können. Da wird ein 13jähriger Gesamtschüler in Nordrhein-Westfalen in den Ferien täglich sechs Stunden beim Auf- und Abbau von Gerüsten beschäftigt. Ein 13jähriger Gymnasiast ackert auf der Baustelle beim Abreißen von Häusern, ein 14jähriger Realschüler sechs Stunden pro Woche als Barkeeper oder ein 15jähriger Gesamtschüler für 1,70 Mark die Stunde bei einem Tierarzt. Ein 14jähriger Realschüler reinigt Treppenhäuser, ein anderer arbeitet in allen Ferien sieben Tage in der Woche täglich acht Stunden im Autokino als Platzanweiser und Zubehörverkäufer. Es sind meist harmlose Dienstleistungsjobs, die die Gewerbeaufsicht überhaupt registriert.

Doch es gibt auch Fälle wie den in Berlin-Kreuzberg, wo auf einer Sanierungsbaustelle vier elf- bis 14jährige Jugendliche ohne jede Schutzkleidung bis in die Nacht hinein täglich schwere Steine schleppten. In Nordrhein-Westfalen stellte das Arbeitsministerium fest, daß über 40 Prozent der 13- bis 15jährigen Schüler einer regelmäßigen Arbeit nachgehen, die Hälfte von ihnen einer rechtlich verbotenen Kinderarbeit. Jedes fünfte Kind (6530 Schüler und Schülerinnen) gab bei der großen Untersuchung der Regierung von NRW zu, daß sich die Arbeit negativ auf die Schulleistungen auswirke, jeder zehnte Schüler hatte sich schon einmal bei der Arbeit verletzt, jeder dritte fühlt sich durch seine Arbeit »körperlich belastet«. Auch in Berlin untersuchte man Kinderarbeit genauer. Die Senatsverwaltung für Soziales kam nach Auswertung von 3180 Fragebögen zu erschreckenden Ergebnissen: 32,4 Prozent der Schüler und Schülerinnen arbeiteten permanent, 58 Prozent von ihnen verstießen dabei gegen das Kinderarbeitsverbot. Die Kinderarbeitsquote war in der Hauptschule am höchsten, gefolgt von Gesamt- und Realschulen, am niedrigsten war sie in Gymnasium – ein deutlicher Hinweis auf soziale und finanzielle Hintergründe. Ähnlich sind die Ergebnisse in Hessen. 1994 veröffentlichte das Arbeitsministerium eine Studie, wonach bis zum Verlassen der Schule über 80 Prozent der Schüler neben dem rund 30stündigen Wochenunterricht und den Hausaufgabenzeiten zusätzlich und meist in »umfangreichem Maße gegen Entlohnung gearbeitet haben«. Der Anteil verbotener Kinderarbeit an der gesamten Kinderarbeit lag bei über 50 Prozent. Gewinner sind die Unternehmen, sie profitieren davon, daß die Kinder entweder dem Konsumrausch erliegen oder unter Konsumdefiziten leiden. Kinder verursachen keine sozialen Nebenkosten und keine hohen Lohnkosten.

Viele wollen es nicht hören. Dennoch ist auch in Deutschland die Armut einer der wesentlichen Gründe für Kinderarbeit. Tatsache ist, daß bereits 1994 über eine Million Kinder Sozialhilfe bezogen haben und daß nach der EU-Definition 2,2 Millionen deutsche Kinder als arm gelten, weil das Einkommen ihrer Familien 50 Prozent unter dem durchschnittlichen Einkommen liegt. Das sind 11,8 Prozent aller Kinder in den alten Bundesländern, sogar 21,9 Prozent in den neuen. Entsprechend schlecht sind die Bildungschancen für Kinder ärmerer Familien, ebenfalls eine Binsenweisheit, die gar nicht oft genug wiederholt werden kann. Dazu paßt die Meldung, daß es im Land der Dichter und Denker etwa vier Millionen Analphabeten gibt und die Zahl der Menschen mit erheblichen Lese- und Schreibschwierigkeiten ständig steigt. Im Kampf um qualifizierte Berufe sind diese Menschen bereits ausgeschieden.

Es sind 60 Prozent der Studenten, die während des laufenden Semesters arbeiten müssen, um das Studium zu finanzieren, das ergab die 14. Sozialerhebung des Deutschen Studentenwerks 1995. Bei ihnen reichen die staatliche Ausbildungsförderung oder die Hilfe der Eltern nicht aus. Unter den 1,8 Millionen Studenten – die sich etwa 900 000 Studienplätze teilen – sind Kinder aus Familien mit niedrigen Einkommen nach wie vor unterrepräsentiert. Aus ärmeren Familien (Monatseinkommen bis 2940 Mark netto) kamen 1994 in Westdeutschland 17,6 Prozent der Studenten und aus dem ehemaligen Bauern- und Arbeiterparadies 5,9 Prozent, stellte der Präsident des Deutschen Studentenwerkes Albert von Mutius fest.

Im Gegensatz dazu studiert immerhin jedes zweite Kind aus Familien mit gutem Einkommen (über 5460 Mark). Die Schere wird noch weiter auseinanderklaffen. Inzwischen wurde das Zins-Bafög beschlossen. Danach startet ein Student, der Bafög bezogen hat, mit bis zu 71 000 Mark Schulden in sein Arbeitsleben. Die Umstellung wirke sich nicht nachteilig auf die wirtschaftliche Situation des Auszubildenden aus, behauptet das »Zukunftsministerium« in Bonn und verweist auf die Tatsache, daß wie bisher in sozialen Härtefällen die Bafög-Rückzahlung auf Antrag gestundet oder erlassen würde und daß ein Teil des eingesparten Geldes den Hochschulen an anderer Stelle wieder zugute käme. Der Grundgedanke des Bafög – der Staat habe dafür Sorge zu tragen, daß der Geldbeutel der Eltern keine Rolle bei der Wahl der Ausbildung spielt – wird damit endgültig ad absurdum geführt. Trotz Kritik von Gewerkschaften, Studentenvertretungen, den Oppositionsparteien, das Zins-Bafög sei eine gigantische Umverteilung zu Lasten der wirtschaftlich schwächsten Studenten, blieb es bei der in Bonn beschlossenen Änderung. Dabei fand bereits in den letzten Jahren ein schleichender Bafög-Abbau statt. Einst als Vollzuschuß eingeführt, wurde das Bafög 1983 bis 1990 ausschließlich als Volldarlehen gewährt. Der Höchstsatz inklusive aller Zulagen liegt heute bei 990 Mark, während das Deutsche Studentenwerk davon ausgeht, daß ein Studierender monatlich etwa 1250 DM als Existenzminimum benötigt. Mittlerweile bekommen noch 21 Prozent der Studierenden Bafög, davon wiederum nur vier Prozent den Höchstsatz.

In beiden Teilen der Bundesrepublik ist der Anteil von Arbeiterkindern unter den Studenten äußerst gering. Darauf hat das Deutsche Studentenwerk bei der Veröffentlichung der Ergebnisse der 13. Sozialerhebung hingewiesen. Nach Angaben des Studentenwerks haben im Jahr 1990 von 100 Arbeiterkindern in den alten Bundesländern zwölf, in den neuen Bundesländern sogar nur neun ein Hochschulstudium aufgenommen. Von den Beamtenkindern immatrikulierten sich in Westdeutschland dagegen 60 Prozent. Seit 1982, so das Studentenwerk, ist der Anteil der Studierenden aus Familien mit niedrigen Einkommen deutlich gesunken, der aus begüterten Familien dagegen gestiegen. Die Folge: Studieren wird zunehmend zum Privileg von Menschen mit reichen Eltern.

Ungleiche Bildungschancen stellen heute kein gesellschaftliches Problem mehr dar, das der Staat zu lösen hat, man betrachtet sie als persönliches Pech oder Glück. Bildungschancen sind heute individualisiert und privatisiert. »Mehr Markt für die Hochschulen«, faßt die *FAZ* das politische Rezept für die Hochschule der Zukunft zusammen. Dazu paßt auch die partielle Einführung – quasi zur Einübung – von Studiengebühren, die früher oder später überall erhoben werden. Das ist dann das endgültige Aus für die vielbeschworene Bildungsgerechtigkeit.

Darüber hinaus ist höhere Bildungsqualifikation längst keine Gewähr mehr gegen Armut. Das belegt der Fall der 36jährigen Lehrerin aus Ost-Berlin. Nach der Wende war sie als Sozialarbeiterin in einer ABM-Stelle tätig. Im Juni 1994 kam zur 16jährigen Jenny und dem zwölfjährigen Hannes noch ein Kind. Für dieses Kind nahm die Lehrerin den zweijährigen Erziehungsurlaub in Anspruch. Mit Erziehungs- und Kindergeld kommen die vier auf 1072 Mark, über die Hälfte davon geht für die Miete weg. Da bleibt nicht viel übrig, und die Differenz zur Existenzgrundlage zahlt das Sozialamt als Hilfe zum Lebensunterhalt: 450 Mark. Dort erlebt sie eine Demütigung nach der andern.

»Da war eines meiner Kinder krank«, erzählt sie, deshalb konnte sie nicht zum bestellten Termin kommen, »woraus die ansonsten ganz nette, aber unsichere Sachbearbeiterin schloß, daß ich es nicht nötig habe«.

Ständig muß sie mit Quittungen und Belegen nachweisen, daß Miete, Strom und Gas pünktlich bezahlt werden, eine sie »kränkende Vorgehensweise«. Geradezu als Hohn empfindet sie, wenn sie billigere Sommerkohle kaufen will, aber bei der Bitte zum Zuschuß sich sagen lassen muß: »Wieso kaufen Sie die Kohlen nicht im November? Das zeigt doch, daß Sie das Geld dafür hatten.« Um der ständigen Demütigung zu entgehen, sucht sie eine Arbeit. »Kein Arbeitgeber ist begeistert, wenn man mit einem Kind ankommt«, erklärt sie, und beim Arbeitsamt bekam sie zu hören: »Sie müssen nicht alle 14 Tage erscheinen – mit einem Kind unter drei Jahren sind sie nicht vermittelbar.«

Auf Hilfe von außen sind auch viele Frauen angewiesen, die mit ihren Kindern vor Mißhandlungen und Gewalttätigkeiten des Ehemannes in Frauenhäuser flüchten. Sie stehen nicht selten vor dem Nichts, müssen unter schwierigsten Umständen ganz von vorn anfangen, und das stets zu Lasten der Kinder.

Armut macht krank

Weil du arm bist, mußt du früher sterben, diese lapidare Aussage war im Wirtschaftswunderland lange verpönt. »Zweiklassenmedizin – was ist daran eigentlich verwerflich?« fragte der Tübinger Medizinprofessor Michael Arnold im Sommer 1996 in einer Sonntagszeitung. Schließlich bestehe unsere Gesellschaft, das erkennt er vollkommen richtig, nun einmal aus verschiedenen sozialen Schichten. Und Morbidität und Mortalität, also Krankheit und Sterblichkeit, sind »naturgemäß sehr stark vom sozialen Status abhängig, auch wenn wir uns ständig bemühen, Chancengleichheit herzustellen«, zitierte ihn die *Welt am Sonntag* am 11. August 1996.

Wer arm ist, muß damit leben, daß er häufiger krank wird und seine Lebenschancen folglich geringer sind als die des wohlhabenden Bürgers, der sich eine lebensverlängernde medizinische Versorgung finanziell leisten kann. Diese bislang auf die Länder der Dritten Welt gemünzte Binsenweisheit wird nun auch in Deutschland wieder zur Tatsache. Ein Zustand, der jedenfalls die Verwalter der Rentenversicherung freuen dürfte. Denn wer arm ist, der lebt in der Regel kürzer.

Das geht auch aus einem Gesundheitsbericht hervor, den die Bremer Gesundheitssenatorin Irmgard Gaertner bereits 1992 vorgelegt hat. Alarmierende Zahlen geben über den Gesundheitszustand der Menschen in »armen« und »reichen« Vierteln des Stadtstaates Auskunft. Professor Greiser, der Leiter der Untersuchung, ist der Überzeugung, die Mehrzahl der untersuchten Gesundheitsprobleme mit und ohne Todesfolge – wie Lungenkrebs, Herzinfarkte, Schlaganfälle, Leberzirrhose – wäre bei vorbeugenden medizinischen Maßnahmen vermeidbar gewesen. In diesen armen Bremer Gebieten sind vorwiegend Arbeiter zu Hause. Dort leben auch mehr Sozialhilfeempfänger als in anderen Vierteln. Beide Gruppen hausen eng aufeinander in kleinen Wohnungen, ihr Essen entspricht nicht den Empfehlungen moderner Ernährungswissenschaftler, weil ihnen das Geld dazu fehlt. In Stadtteilen der Gutsituierten ist nicht nur die Säuglingssterblichkeit niedriger als bei den »Armen«, auch an Krebs sind dort weniger Menschen gestorben als in den als »arm« definierten Wohnbezirken.

Im Gesundheitsbericht wird betont, daß sich die unterschiedlichen Risiken nicht aus der Region an sich ergeben, sondern aus den Belastungen, die einzelne Menschen im Laufe ihres Lebens erfahren, beispielsweise durch geringe Schulbildung, ungünstige Wohnverhältnisse, geringes Einkommen, Schwierigkeiten am Arbeitsplatz und ganz zuletzt durch individuelles Verhalten. Gerade Arbeiter und Arbeiterinnen, die unqualifizierte und schwere Arbeiten verrichten, weisen eine hohe Sterblichkeit auf – dafür brauchen sie sich keine Sorgen mehr um ihre Renten zu machen. Die werden auf diese Weise ja eingespart, denkt sich mancher, und so specken die Arbeitgeber den Arbeitsschutz gezielt weiter ab.

In den Betrieben, das berichteten IG-Metall-Vertreter im Mai 1996, werden immer häufiger Sicherheitsschulungen und Qualifizierungen gekippt. Dabei sind die Arbeitsbelastungen in den letzten zwanzig Jahren geradezu explodiert. Schon 1981 haben der damalige Leiter des Stuttgarter Gesundheitsamtes, Gerhard Neumann, und dessen Mitarbeiter in einer Studie über die Todesumstände Stuttgarter Männer ermittelt, daß die Sterbequote bei an- und ungelernten Arbeitern sowie einfachen Angestellten und Beamten mehr als doppelt so hoch ist wie bei leitenden Angestellten. In den unteren Berufsgruppen starben doppelt so viele Beschäftigte am Herzinfarkt wie bei leitenden Angestellten, siebenmal so viele an Leberzirrhose und Magenkrebs, viermal so viele an Lungen- und fast doppelt so viele an Darmkrebs wie Angestellte.

Mitarbeiter der Berliner Bundesversicherungsanstalt für Angestellte haben die Sterblichkeit pflichtversicherter Angestellter nach Einkommensklassen analysiert. In den unteren Lohngruppen (Jahreseinkommen zwischen 27 000 und 34 000 Mark) sterben mehr als doppelt so viele Beschäftigte wie in der oberen Lohngruppe mit über 64 000 Mark Jahreseinkommen. Auch die

98

Krankheiten, beispielsweise des Herz-Kreislauf-Systems, sind ungleich verteilt. »Aktuelle amerikanische Studien haben überzeugend belegt«, so der Düsseldorfer Mediziner Johannes Siegrist, »daß gerade Arbeitnehmer mit geringer Qualifizierung (hohe Arbeitsbelastung, Zeitdruck, wenig Entscheidungsfreiheiten) einem erhöhten Herzinfarktrisiko ausgesetzt sind«.

In wirtschaftlichen Krisenzeiten erhöht sich der Druck noch. Eine Studie am Institut für Medizinische Soziologie in Düsseldorf belegt, wie verheerend drohende Arbeitslosigkeit und Streß am Arbeitsplatz auf die Gesundheit durchschlagen. »Bei denjenigen Arbeitern, die unter erhöhten Rationalisierungsdruck und der Ungewißheit arbeiten, ihren Arbeitsplatz erhalten zu können, waren die atherogenen Blutfettwerte deutlich erhöht.« Die Blutfettwerte gelten als Risikofaktor für Herzinfarkt. Dabei riskieren die Arbeitnehmer auch unter normalen Bedingungen Kopf und Kragen. »Nach Schätzungen des DGB sterben jährlich über 100000 Menschen frühzeitig, weil sie am Arbeitsplatz gesundheitsschädlichen Arbeitsstoffen ausgesetzt sind, Tendenz steigend. Beispiel Asbest: 1970 wurden bei den gewerblichen Berufsgenossenschaften gerade mal zwei asbestbedingte Krebserkrankungen entschädigt, 1994 waren es 552.« (Fritz Arndt, *Metall*, 7/96, S. 171)

Dabei wird nur die Spitze des Eisberges sichtbar. Der DGB geht davon aus, daß die offizielle Berufskrankheiten-Statistik nur »etwa ein Prozent des gesamten arbeitsbedingten Krankheits-Geschehens widerspiegelt«.

Dauernde Nacht- und Schichtarbeit, wenig Ruhepausen, immer unter Strom zu sein, strapaziert die Gesundheit zusätzlich. Der Körper nutzt sich stärker ab und erholt sich nur unzureichend. Dadurch ist das Herz-Kreislaufsystem besonders gefährdet. Dennoch nimmt die Tendenz zur Schichtarbeit immer weiter zu. In 36 Prozent aller westdeutschen Betriebe wurde 1994 bereits Schichtarbeit geleistet. 1989 waren es noch 28 Prozent. Und so kommt, was kommen muß. Die Gesundheit von Arbeitnehmern wird immer schneller verschlissen. In den alten Bundesländern müssen sich männliche Frührentner im Schnitt bereits mit 53 Jahren aus dem Arbeitsleben verabschieden. Jede fünfte Frühverrentung basiert auf einer Erkrankung des Herz-Kreislaufsystems. Für die betroffenen Frührentner verkürzt sich aber nicht nur ihre Lebensarbeitszeit, sondern auch die Lebenserwartung. Der Verband Deutscher Rentenversicherer (VDR) hat eine »beachtlich erhöhte Frühsterblichkeit bei Berufs- und Erwerbsunfähigkeitsrentnern« registriert. Diese haben nach VDR-Berechnungen eine um 15,3 Prozent niedrigere Lebenserwartung als der Durchschnitt. Und wer krank ist, der verliert seinen Job bekanntlich schneller, wird, dem Warencharakter Arbeitskraft entsprechend, ersetzt. Selbst bei arbeitslosen Jugendlichen wird eine »gravierende Zunahme« von behandlungsbedürftigen psychiatrischen Störungen festgestellt. Doch was einst behandelt wurde, das wird heute hingenommen.

»Armut ist die zentrale Krankheitswurzel unserer Gesellschaft«, meint Ellis Huber, der Präsident der Berliner Ärztekammer. Wer arm ist, stirbt früher – das ist kein Schauermärchen, sondern bittere und verdrängte Realität auch für diejenigen, die kurz-, mittel- oder langfristig in das soziale Elend abstürzen. Bei männlichen Angestellten mit maximal 34 000 Mark Jahresbruttoeinkommen ist die Todesrate im Alter zwischen 30 und 59 Jahren immerhin doppelt so hoch wie bei ihren besserverdienenden Kollegen.

All diese Ergebnisse decken sich mit einer Umfrage der Angestelltenkammer Bremen zu den gesundheitlichen Aspekten der geplanten Karenztageregelung. Laut dieser Studie wurden mehr als 6000 Arbeitnehmer zu den Auswirkungen der geplanten Karenztageregelung befragt. Danach sind 68 Prozent der Meinung, daß Karenztage die Lohnfortzahlungskosten der Betriebe kaum senken würden, 76 Prozent vermuten, daß es dann zu längerem Krankschreiben käme, 81 Prozent sehen darin die Beseitigung einer großen sozialen Errungenschaft, und 82 Prozent befürchten durch die Einführung von Karenztagen massive gesundheitliche Risiken. Mit den Karenztagen wird für Arbeitnehmer eine steile Hürde aufgebaut, sich bei gesundheitlichen Beschwerden in ärztliche Behandlung zu begeben, um diese auszukurieren. Die Bagatellisierung, Verdrängung, Rationalisierung wahrgenommener gesundheitlicher Beeinträchtigung wird gefördert, chronischen Krankheiten Vorschub geleistet. Das ist offenbar gewollt. Wie anders sonst ist die Forderung der Arbeitgeber zu verstehen, Medizinern, die zu viele Patienten für arbeitsunfähig erklären, die Berechtigung, Arbeitsunfähigkeiten zu bescheinigen, zu entziehen? »Diese Ärzte«, eifert sich der Präsident des Deutschen Industrie- und Handelstages, Hans Peter Stihl, »schreiben doch überdurchschnittlich krank, und die angeblich kranken Arbeitnehmer machen nur blau, um anschließend ihrer Schwarzarbeit nachzugehen.«

Dieser Einschätzung muß sich auch Deutschlands oberster Sozialpolitiker Norbert Blüm angeschlossen haben. Mitte Mai 1996 wurde ein Papier aus dem Bundesarbeitsministerium bekannt mit der Überschrift »Mißbrauchsbekämpfung der Arbeitsunfähigkeit«. Danach sollen Arbeitgeber die Krankschreibung ihrer Arbeitnehmer künftig direkt von den medizinischen Diensten überprüfen lassen. Außerdem ist vorgesehen, die Krankenkassen zu verpflichten, einen Prozentsatz der wöchentlichen Krankschreibungen zur Prüfung an den medizinischen Dienst weiterzuleiten. Und es wird geraten, Ärzten, die häufig krank schreiben, diese Berechtigung zeitweise zu entziehen.

Die klarste Stellungnahme gegen dieses Konzept kam vom Vorsitzenden der Berliner Ärztekammer, Ellis Huber: »Solche Ansinnen sind paranoide Phantasmen von vereinsamten Politikern, die Gesetze gebären, die mit der Bevölkerung nichts zu tun haben.« Und im DGB äußerte sich der Leiter der Abteilung Sozialpolitik, Erich Standfest, mit den Worten: »Ich kann mir überhaupt nicht vorstellen, wie ein denkender Mensch auf solchen Unsinn kommen kann.«

Ob Unsinn oder paranoide Phantasmen vereinsamter Politiker, hinter diesen Plänen steckt ein System – es gilt nicht nur die Kranken, sondern auch die Ärzte einzuschüchtern und alle Möglichkeiten auszureizen, die Krankheitsquoten zu senken. Und das wiederum kann nur im Interesse der Arbeitgeber sein.

Die perfide Stimmungsmache steht in scharfem Kontrast zu den seelischen Zerstörungen bei vielen Arbeitnehmern. Angst vor dem Absturz in das soziale Elend führt zunehmend dazu, daß wer etwa eine Grippe hat, diese kaum auszukurieren wagt. Die

101

Folge: Selbst in Stahlbetrieben, wie in den Dillinger Hüttenwerken, liegt der Krankenstand unter fünf Prozent. Wen aber seine Krankheit zu Hause ans Bett fesselt, der wird anschließend ins Personalbüro zum Rapport bestellt, meldet die IG-Metall.

Selbst einzelne Grünen-Politiker fühlen sich bemüßigt, auf der gleichen Trommel, die allgemein die Arbeitgeber zu rühren pflegen, noch Stimmung zu machen. Da gibt es den Grünen-Bundestagsabgeordneten Oswald Metzger aus Baden-Württemberg, ein echter grüner Politiker. Für ihn ist es aus Wettbewerbsgründen auf Dauer nicht hinnehmbar, wenn die Mitarbeiter von Daimler-Benz durchschnittlich wegen Krankheit an 27 Arbeitstagen im Jahr fehlen. Das entspricht fast dem vollen Tarifurlaub von 30 Tagen, bemängelt er und verweist darauf, daß Mitbewerber wie Audi und BMW mit 15 bis 17 Fehltagen zwar noch immer zu hoch liegen, aber vergleichsweise niedrig gegenüber Mercedes-Benz. »Im Ausland«, sagt er, »und bei den deutschen Kleinbetrieben betragen die Fehltage deutlich unter zehn pro Jahr.«

In den Gewerkschaften und bei Arbeitsmedizinern weiß man jedoch, daß zum Beispiel die fadenscheinige Theorie vom gern zitierten blauen Montag längst widerlegt ist, und sie verweisen auf die Angaben der Betriebskrankenkassen. Die haben 3,8 Millionen Krankschreibungen analysiert. »Mit einem Drittel aller Fälle fielen zwar überdurchschnittlich viele auf den Montag. Aber wer montags zum Arzt geht, ist meist schon am Wochenende erkrankt. Das verzerrt die Statistik«, schreibt Fritz Arndt in der IG-Metallzeitschrift *Metall*.

Nach Angaben des Bundesgesundheitsministeriums machen die Kurzzeiterkrankungen 3,65 Prozent aller Krankentage aus. Und 70 Prozent aller Arbeitsunfähigkeitstage rühren von Langzeiterkrankungen her, sind also jene Fälle, die länger als zwei Wochen dauern. »Wenn Patienten ihre Krankheit aus finanziellen Gründen verschieben«, kritisiert etwa der stellvertretende Vorsitzende des Bundesverbandes der Allgemeinärzte Deutschlands, Peter Sauermann, »verschlimmert sich das Ausmaß von Krankheiten nur und führt zu erheblichen Mehrkosten.«

Aber wer denkt dabei schon an die krank machenden Arbeitsbedingungen, die sind in der Diskussion natürlich vollkommen ausgeblendet – schöne heile Arbeitswelt. Heute bereits übersteigen mit jährlich 410 Milliarden Mark die Kosten der Frühinvalidität die aus der Lohnfortzahlung (rund 65 Milliarden Mark) um mehr als das Sechsfache. Das heißt, die Sozialversicherung und damit der Beitragszahler zahlt für die Versäumnisse der Arbeitgeber. Die wiederum konzentrieren sich natürlich auf die Dinge, die man abschaffen soll – am besten gleich jeden kranken Arbeitnehmer.

Es ist sicher kein Zufall, daß die Bespitzelung der Kranken zunimmt. Hochkonjunktur haben jedenfalls derzeit Privatdetektive, die Kranke bespitzeln. »Betriebsangehörige, die häufig krank sind«, wirbt eine Detektei in Göppingen in einer Zeitungsanzeige, »werden von uns im Auftrag Ihres Unternehmens überwacht. Wenn Sie als Chef sich dafür interessieren, senden Sie uns ein Fax, damit wir einen Termin vereinbaren können.« Die Auftragslage des Zwei-Mann-Unternehmens ist derzeit blendend.

Und weil das Geschäft mit den kranken Arbeitnehmern unabänderlich zu sein scheint, wurde im Herbst 1996 per Gesetz die Lohnfortzahlung im Krankheitsfall um 20 Prozent gekürzt. Ersatzweise dürfen die Betroffenen auch pro Krankheitswoche einen Urlaubstag hergeben. »Jetzt gehts an die Tarife«, meldete *Bild* am 17. September 1996. Obwohl in vielen Tarifverträgen die Lohnfortzahlung im Krankheitsfall vertraglich abgesichert ist, halten sich die Unternehmer in dieser ihnen überaus förderlichen politischen Konjunktur nicht mehr daran. Der Arbeitgeberverband Gesamtmetall hat den Mitgliedsunternehmen geraten, ab 1. Oktober 1996 Kranken nur noch den entsprechend geringeren Lohn im Krankheitsfall zu zahlen. Die Unternehmer freuen sich. »Wir brauchen dieses Element einer Kostenentlastung dringend, um die Wettbewerbsfähigkeit und damit unsere Arbeitsplätze zu erhalten«, begrüßt der Vorsitzende des Verbandes der Metallindustrie Baden-Württemberg, Dieter Hundt, die Entscheidung des Bundestages und kündigt gleich die Kürzung der Lohnfortzahlung für die 650000 Metaller in seinem Bundesland an. Allerdings beziffert er die Entlastung durch die neue Regelung auf im Mittel nur ein Prozent und klagt, die Branche benötige aber eine Kostensenkung von 20 Prozent. Wenige Tage, nachdem das Gesetz im Bundestag verabschiedet wurde, immerhin mit der Begründung, daß dadurch neue Arbeitsplätze geschaffen werden sollen, karrt der Chef des Arbeitgeberverbandes prompt nach. Nach seiner Meinung werde dadurch kein neuer Arbeitsplatz geschaffen, vielmehr müsse ein Bündel von Maßnahmen zusammengestellt werden, um einen weiteren Anstieg der Arbeitslosigkeit zu verhindern.

Der Münchner Josef Froschauer, berichtet die *Süddeutsche Zeitung*, hat an seiner Maschine einen Moment nicht aufgepaßt, schon durchbohrte ein schwerer Bolzen seine Hand. Sechs Monate Krankenstand ohne Schichtzulage – das heißt rund 1000 Mark weniger. Wäre zum Zeitpunkt seines Arbeitsunfalls die Kürzung der Lohnfortzahlung im Krankheitsfall um 20 Prozent schon beschlossen gewesen, hätte das für seine vierköpfige Familie eine Katastrophe bedeutet. »Aus mir wäre ein Sozialfall geworden«, versichert er.

Branco ist 15 Jahre alt und hat Probleme mit den Zähnen. Sie stehen zu dicht beieinander, daher mußten einige gezogen werden. Die fehlenden durch neue zu ersetzen wird ihm keine Kasse mehr bezahlen. »Was kann denn mein Kind dafür«, fragt sein Vater, ein Transportarbeiter. Auch er selbst sei jetzt eine Weile ohne ausreichende Zahnbehandlung, weil er die 500 Mark Selbstbeteiligung nicht aufbringen kann.

Die Kürzungsorgie ist abstrakt. Das Abstrakte verdeckt die individuellen Schicksale. Und für die interessiert sich kaum jemand. Da muß man nur an den Folgen einer Kinderlähmung leiden wie die 62jährige Charlotte Himmelreich. Bislang beschäftigte sie zwei Pflegerinnen für 1550 Mark monatlich, die das Sozialamt zahlte. Bald soll sie statt dessen »Sachleistungen« erhalten: Mitarbeiter eines Pflegedienstes, die weniger Zeit und höhere Kostensätze haben.

Andere, die vom Elend der Arbeit des Lebens am Boden zerstört sind, schickt man besonders gern in die Nebelwand der Verwahrung. Die Alkoholiker beispielsweise. Heute gibt es zirka 1,8 Millionen behandlungsbedürftiger Alkoholiker, stigmatisiert als Menschen, die selbst schuld sind, da sie ohne die Droge Alkohol nicht auskommen. Die Wirklichkeit ist häufig eine andere. Betriebsräte und Sozialarbeiter wissen, daß die Angst vor Entlassung oder Dequalifizierung am Arbeitsplatz bei vielen Arbeitnehmern der Einstieg zum Alkoholmißbrauch war. Bei diesen Menschen – ihre Zahl steigt – wurde das berufliche Selbstverständnis zerstört, ihr einziger Lebenszweck hat aufgehört zu funktionieren. Besonders betroffen sind diejenigen, die in irgendeiner Form unter der belastenden Situation im Arbeitsprozeß und in der Familie leiden. Um sie zu kurieren, schickt man sie in Kliniken – meist vergebens, weil die Ursachen ihrer Krankheit nicht behandelt werden.

Ein Hort dieser Hoffnungslosen, die abgeschoben wurden, befindet sich in einem kleinen idyllischen Ort im Niederbayerischen. Gegenüber dem Bahnhof steht ein altes Gebäude, an dessen Fassade man noch den verwaschenen Hotelnamen entziffern kann. Doch kein Hotelbetrieb bestimmt das Leben drinnen, sondern der Besucher trifft auf verkrüppelte Menschen an der Eingangstür, die hinschauen und sich sofort wieder verziehen. Der geräumige Speisesaal mit seinen großen Fenstern ist mit langen Tischreihen, auf denen verdreckte Papierdecken liegen, zugestellt. Bewegen kann sich kaum jemand. Stumm sitzen die Menschen auf ihren Stühlen. Auf einer Anrichte stehen, wie zur Parade ausgerichtet, kleine Plastikschälchen, in denen bunte Tabletten liegen, mindestens fünf Stück in jedem. Sie werden als Nachtisch gereicht. Mittagessen in einem privaten Aufbewahrungsheim für Alte, für Alkoholiker und jene Menschen, die von den psychiatrischen Anstalten abgewiesen wurden.

Das Geschäft mit den über 300 Pflegefällen, die in dem Hotel ihr letztes Asyl erhalten, betreibt ein privater Unternehmer. Er kassiert die Pflegesätze, um die Patienten kümmert sich kein ausgebildetes Personal. Alkoholiker erhalten als Therapie zu Mittag eine Flasche Bier, ihr »Stück Brot«.

Die soziale Hängematte und die Armut

Erst wird der soziale Frieden zerstört und dann die
Demokratie.
Henning Voscherau

Obdachlose sind die geduldeten Eckensteher des Wohlstands.
Schon immer waren die Ärmsten der Armen öffentlich wahr-
nehmbares Indiz für die Armut. Zur Erinnerung: Nach der Definition der Europäischen Union ist eine Person, die weniger als
50 Prozent des durchschnittlichen Pro-Kopf-Einkommens im jeweiligen Mitgliedsland zur Verfügung hat, arm.

Anfang Oktober 1993 fand in Deutschland der erste Armuts-
treck quer durch Deutschland statt. Die Resonanz war eher mä-
ßig. »Keine Macht denen, die es von den Armen nehmen« und
»Wir wollen mehr als Stütze« war auf den Plakaten der Demonstranten bei der Kundgebung am Zielort im Berliner Lustgarten
zu lesen. Zweihundert Berliner nahmen daran teil. Mit den Armen will man nichts zu tun haben, man meidet sie wie der Teufel
das Weihwasser. Aber es ändert nichts an der Situation der zunehmenden Verelendung.

Im November 1993 alarmierte die Nationale Armutskonferenz die bislang eher stumpfe Öffentlichkeit, daß in Deutschland
etwa zehn Millionen Menschen in Armut leben. Vor allem Obdachlose, Arbeitslose, Alleinerziehende und Sozialhilfeempfänger seien betroffen. Aufgrund von Massenentlassungen und den
Kürzungen des Bundes im Sozialbereich werde die Armut noch
»drastisch« zunehmen. Über eine Million Kinder und Jugendliche lebten schon von der Sozialhilfe. Und gleichzeitig wurde
»noch nie in der Geschichte der Bundesrepublik ein härteres
Ausgrenzungsprogramm verhandelt«, schrieb Ulrich Schneider,
Sprecher der Nationalen Armutskonferenz, in der sich Wohlfahrtsverbände und Hilfsorganisationen zusammengeschlossen

106

haben. Einsparungen beim Erziehungsgeld, beim Wohngeld, bei der Hilfe für Arbeitslose, bei der Sozialhilfe, bei Asylbewerbern – über 23 Milliarden Mark – erfolgten 1993 bereits zu Lasten der Ärmsten. Im nächsten Jahr, 1994, wurde nachgelegt. Wolfgang Schäuble, Fraktionsvorsitzender der Christdemokraten: »Bei den Sozialkürzungen muß nochmals angesetzt werden.«

Das Geld wird für die Armen zum Fenster rausgeworfen, ist eine gängige Behauptung. Am üppigen deutschen Sozialbudget war die Unterstützung für bedürftige Mitbürger 1992 mit eben mal fünf Prozent oder rund 40 Milliarden Mark beteiligt; das sind 0,7 Prozent des Bruttosozialproduktes oder 162,50 Mark pro Kopf und entspricht in etwa dem, was die öffentliche Verwaltung verschlingt. Der Posten »Hilfe zum Lebensunterhalt«, jene Unterstützung, die vermeintlich das Leben von Millionen in der sozialen Hängematte versüßt, ist an den Gesamtsozialleistungen mit weniger als 40 Prozent beteiligt. 1991 gaben die Kommunen und Kreise 14,4 Milliarde dafür aus, mehr als ein Viertel dieser Summe allein für die Versorgung von Asylbewerbern. Aber nur 60 Prozent davon kamen bei den Bedürftigen an: der Rest landete auf den Konten von Vermietern und nährte die Sozialbürokratie. Den Löwenanteil mit rund 60 Prozent verschlang unter dem Begriff »Hilfe in besonderen Lebenslagen« die Bekämpfung der Altersarmut, vorzugsweise in Alten- und Pflegeheimen. Selbst sozial Hartherzige unterstellen kaum, daß dort von »Absahnern« Armut vorgetäuscht wird. Sieben von zehn Rentnern wären außerstande, die Pflegesätze aus der Rente zu bezahlen – sie werden nach einen arbeitsreichen Leben als Taschengeldempfänger aussortiert.

Dem Volkseinkommen, das 1992 bei netto rund 30 000 Mark pro Kopf lag, steht ein sozialer Armutsausgleich von rund 12 000 Mark gegenüber   ein Fünftel weniger als in den Richtwerten der EU vorgesehen. 1993 veröffentlichte der Braunschweiger Sozialpädagoge Hartmut Gottschild einen Sozialatlas für Deutschland. Die Karten weisen den Anteil der Empfänger laufender Hilfen zum Lebensunterhalt an der Gesamtbevölkerung auf. Zeigt sich Deutschland-West für das Jahr 1982 noch als ein Fleckenteppich, auf dem im Norden und in den Küstenregionen nur in wenigen Ausnahmefällen die Sozialhilfedichte 60 und mehr Personen bei 1000 Einwohnern ausmacht, so ist im Jahr 1990 bis auf einige Regionen im Süden fast das gesamte Bundesgebiet von einer Sozialhilfedichte zwischen 24 und 60, mancherorts sogar mehr überzogen, als sei Deutschland von einem ansteckenden Virus befallen. Trotz dieses bundesweiten Armutsatlas fehlen konkrete, auf die jeweiligen bundesdeutschen Gemeinden bezogene Statistiken. Nur die wenigsten Städte erstellen regionale Armutsberichte, dennoch geht Hannovers Oberbürgermeister Herbert Schmalstieg davon aus, »daß 20 Prozent der Bürger in den Großstädten heute bereits an oder unter der Armutsgrenze leben.«

Laut dem ersten bayerischen Armutsbericht, der im Sommer 1994 vom Deutschen Gewerkschaftsbund herausgegeben wurde, leben zwischen 300 000 und 800 000 Menschen, davon allein in München 140 000, im Freistaat in Armut. Als die drei häufigsten Ursachen für Armut werden Arbeitslosigkeit, hohe Mieten und geringes Renteneinkommen genannt. Seit 1980 ist in Bayern die Zahl der Sozialhilfeempfänger um 68 Prozent gestiegen. Dem DGB-Armutsbericht zufolge sind drei Viertel aller Alleinstehenden in Bayern Frauen, von denen wiederum drei Viertel mindestens ein Kind haben. Deren durchschnittliches Nettoeinkommen gab das Sozialministerium 1988 mit 1650 Mark im Monat an, das sind 27 Prozent weniger als das Einkommen alleinerziehender Väter. »Die Armut alleinerziehender Frauen ist zugleich die Armut ihrer Kinder«, heißt es im Armutsbericht des DGB.

Die wachsende Sozialhilfebedürftigkeit und die verdeckte Armut sind aber nicht die einzigen Alarmzeichen für den Zerfall des sozialen Rechtsstaates. Die Armutsgefährdung reicht heute – wie erwähnt – bis in die Personengruppen mit mittleren Einkommen hinein. Nach einer im Wissenschaftszentrum Berlin auf Basis der Daten des sozioökonomischen Panels angestellten Untersuchung muß man davon ausgehen, daß etwa 25 Prozent der Berliner Bevölkerung armutsgefährdet sind. Etwa zehn Prozent der Bevölkerung sinken immer wieder in Armut ab oder verharren darin längere Zeit. Weitere 15 Prozent rutschen nur gelegentlich unter die Armutsschwelle ab.

Das Anwachsen sozialer Not in der neuen Hauptstadt wird, ausgehend von den Jahresgesamtzahlen, besonders deutlich, wenn man den Anteil der Sozialhilfeempfänger an der Gesamtbevölkerung betrachtet. Bezogen 1973 1,4 Prozent laufende Hilfen zum Lebensunterhalt, lag der Anteil dieses Personenkreises 1990 bereits bei 4,6 Prozent, das heißt, jeder 22. Einwohner war zeitweise oder längerfristig zur Aufrechterhaltung eines äußerst bescheidenen Existenzminimums auf Sozialhilfe angewiesen.

Seit 1993 hat sich der Schwerpunkt betroffener Bevölkerungsgruppen verlagert. Die Zahl der Kinder und Jugendlichen ist, gemessen am Anteil der Sozialhilfeempfänger in dieser Altersgruppe, über den Durchschnitt hinaus angestiegen, während die der alten Menschen zurückging. 1989 betrug die durchschnittliche Sozialhilfeempfängerquote 4,3 Prozent, bei Personen unter 18 Jahren erreichte sie 7,8 Prozent, und bei Menschen über 64 Jahre belief sie sich auf 2,0 Prozent.

In Berlin sind besonders junge alleinstehende Arbeitslose, kinderreiche Familien, deren Hauptverdiener arbeitslos wurde, Langzeitarbeitslose, Alleinerziehende und Ausländer von Armut betroffen, auch wenn die Sozialhilfe oft nur zur Überbrückung einer kurzfristigen Notlage dient. Grobe Schätzungen zeigen, daß mindestens ein Drittel der Empfänger diese Hilfe weniger als ein Jahr lang bezieht.

In keiner Statistik aber tauchen die vielen bedürftigen Menschen auf, die ihren Rechtsanspruch auf Sozialhilfe aus unterschiedlichen Gründen nicht geltend machen; sie bescheiden sich mit noch weniger als dem Existenzminimum. Man spricht von verdeckter Armut. Allgemein geht man sowohl in Berlin wie in Deutschland davon aus, daß im Durchschnitt auf zwei Sozialhilfeempfänger mindestens ein Anspruchsberechtigter kommt, der in verdeckter Armut lebt. Eine Untersuchung von Infratest Sozialforschung in München, die im Auftrag des Bundesministeriums für Arbeit und Sozialordnung bereits für das Stichjahr 1986 durchgeführt wurde, hat gezeigt, daß in der Altersgruppe über 54 Jahre das Verhältnis sogar etwa 1 : 1 beträgt.

Das Beschämende für die Politiker in Bonn: Alles ist seit Jahrzehnten bekannt. Seit Ende der siebziger Jahre gibt es eine Vielzahl von Untersuchungen über die verdeckte Armut. Schon damals sprach man von mindestens 50 Prozent Sozialhilfeberechtigter, die von dem sozialen Netz keinen Gebrauch machen – ob aus Scham oder Unwissenheit. Die gegenwärtige Situation sieht nicht anders aus. Zu diesem Ergebnis kommt die Armutsuntersuchung der Caritas aus dem Jahr 1994. In Zahlen sind dies für das Jahr 1993 rund 1,8 Millionen Bürger, die unter dem Existenzminimum leben. Sie ersparen dem Staat durch ihren Sozialhilfeverzicht mindestens 3,6 Milliarden Mark im Jahr.

Wie kommt es aber, daß nur knapp über die Hälfte der Sozialhilfeberechtigten überhaupt das Existenzminimum erhält. Der Hintergrund für die verdeckte Armut ist Unwissenheit. Über die Hälfte der Betroffenen ist der Meinung, daß sie keine Sozialhilfe bekommen würden. Fast ebenso viele (47 %) schämen sich, zum Sozialamt zu gehen. Ein Drittel möchte dem Staat nicht zur Last fallen. Über eine Million Kinder beziehen Sozialhilfe, über 2,2 Millionen gelten als arm, so Caritas.

Von 1000 Frankfurtern haben 1991 77 vom Sozialamt gelebt. Hier erzwingen oft schon Halbtagsjobs und untere Lohngruppen den Gang zum Sozialamt. Explodierende Mieten und hohe Lebenshaltungskosten gehen an die Substanz und stürzen immer breitere Bevölkerungsgruppen in existentielle Nöte. In München ist die Anzahl der Armen innerhalb von drei Jahren um 46 Prozent hochgeschnellt. Nach einer aktuellen Untersuchung des städtischen Sozialhilfereferats müssen in der bayerischen Landeshauptstadt etwa 140 000 Menschen von Sozialhilfe leben. Das Nürnberger Sozialreferat legte 1992 den ersten Armutsbericht der Stadt vor. Fazit: Während der achtziger Jahre ist die Armut enorm angewachsen – die Zahl der Sozialhilfeempfänger hat sich in diesem Zeitpunkt nahezu verdreifacht, auf über 3400 Menschen im Jahr 1990.

Armut ist selten selbst verschuldet. Armut wird erzeugt, entweder durch die Mechanismen des ökonomischen Systems oder durch konkrete politische Handlungen beziehungsweise Unterlassungen. Auch hier das gleiche Bild: Alleinstehende Frauen mit Kindern – in Nürnberg sind das über 9000 – kommen finanziell kaum über die Runden. Eines ihrer Hauptprobleme: Es gibt zuwenig Betreuungsplätze für ihre Kinder. Für 13 000 Kinder unter drei Jahren sind nur 600 solcher Plätze vorhanden: In den Kindergärten fehlen 3000 Plätze. Und 1700 Kinder erhalten nicht den gewünschten Hortplatz.

Im Osten nichts Neues

Anfang der neunziger Jahre jubelte man in der Ex-DDR noch, daß trotz Firmenzusammenbrüchen und Massenentlassungen die befürchtete Verarmung breiter Bevölkerungsschichten ausblieb. Im Osten schienen zu Beginn der Vereinigungseuphorie gut 200 000 Sozialhilfeempfänger verkraftbar. Doch dann, Mitte der neunziger Jahre, ist das Armutsphänomen da. Allein von den 2,6 Millionen Brandenburgern, hat Sozialministerin Regine Hildebrandt erklärt, ist bereits die Hälfte von Armut bedroht.

Mehr noch als die Westbürger scheuen die Ostbürger den schweren Gang zum Sozialamt. Im Landkreis Neubrandenburg sind derzeit knapp 250 Sozialhilfeempfänger registriert. Sozialdezernent Peters schätzt jedoch, daß in seiner Region doppelt so viele Menschen anspruchsberechtigt seien: »In den meisten Fällen ist es falsch verstandene Scham.« Bislang bremsten großzügige Kurzarbeitsregelungen, Sozialzuschläge bei der Rente, der massive Einsatz arbeitsmarktpolitischer Instrumente wie Arbeitsbeschaffungsmaßnahmen oder Fortbildung und Umschulung den sozialen Abstieg. Das ist jetzt vorbei, und da die Tariflöhne im Osten noch immer beachtlich niedriger liegen als im Westen, fällt die Arbeitslosenunterstützung entsprechend mager aus.

Walter Adamy, Sozialexperte beim DBG, geht davon aus, daß im Osten ein rasanter Anstieg von Armut und Sozialhilfebedürftigkeit bevorstehe, insbesondere unter den Kindern und Jugendlichen, also der kommenden Generation. Dabei leben nach Berechnungen des DGB jetzt bereits in fast jedem zweiten Sozialhilfehaushalt in Ostdeutschland Kinder unter 15 Jahren. In den alten Bundesländern hingegen entfallen auf Familien mit Kindern unter 15 Jahren nur ein Drittel der Sozialhilfehaushalte. In Sachsen erreicht der Anteil der Kinder und Jugendlichen unter den Sozialhilfeempfängern bereits 55 Prozent. Die überdurchschnittliche Armut von Personen im jüngeren Lebensalter führt der DGB auf das hohe Verarmungsrisiko von Alleinerziehenden und kinderreichen Familien zurück. Diese Haushalte müssen weit überdurchschnittlich den Gang zum Sozialamt antreten, weil infolge von Arbeitslosigkeit und unzureichenden Erwerbseinkommen der existenzminimale Bedarf nicht gesichert werden kann.

Abzusehen ist: Immer mehr Ostdeutsche werden auf Sozialhilfe angewiesen sein. Allein in Halle gibt es derzeit mit 10 600 Menschen zehnmal so viele Sozialhilfeempfänger wie 1990. »Die meisten Leute kommen, weil sie total verschuldet sind und bereits eine Räumungsklage auf dem Tisch haben«, hört man in Schwerin. Auffällig wenig alte Menschen bäten um Hilfe. Nicht weil sie so viel Geld zur Verfügung haben, sondern weil sie Angst vor dem »Ruch des Bettlers« haben.

Im thüringischen Suhl wiederum ist ein ähnliches Phänomen zu beobachten. Bei vielen Menschen reicht der Lohn nicht mehr aus, um die Familie zu ernähren. Sie müßten deshalb zusätzlich Geld beantragen, tun dies jedoch aus Scham nicht. Überdurchschnittlich viele Arme leben in Leipzig, Görlitz und den Landkreisen Torgau, Glauchau und Freital. Allein in Leipzig sind 20 Prozent der Sozialhilfeempfänger von Obdachlosigkeit bedroht. 1992, so teilte die Stadtverwaltung mit, wurden bei der Sozialhilfe über 23 400 Menschen registriert. Das waren 24 Prozent mehr als im Jahr davor.

Wenn Einkommensarmut, Wohnraumunterversorgung und Arbeitslosigkeit im Osten nach wie vor Massenphänomene darstellen, so lassen sich die Hauptopfer dieses Angleichungsprozesses an den Westen unschwer ausmachen. Die Armut im ostdeutschen Umbruch trifft vor allem die Kinder und Jugendlichen. Die Quote der mehrfach Unterversorgten betrug bei Paaren mit zwei Kindern 15,9 Prozent und bei Paaren mit drei und mehr Kindern sogar 42,2 Prozent.

Wie Hohn klingen in diesem Kontext die Worte von Ex-Wirtschaftsminister Lambsdorff: »In unserem Denken rangiert die Sicherheit vor Risiko, dominieren Urlaubswünsche, Freizeit und kürzere Arbeitszeiten. Die Deutschen leben über ihre Verhältnisse.«

113

Die 32jährige Elisabeth ist alleinerziehende Mutter von vier Kindern: Bis zum Mai 1994 war sie Technikerin. Seitdem war sie auf Kurzarbeit null. Danach wurde sie endgültig arbeitslos. Tausend Mark bekommt sie auf die Hand. Trotz Wohn- und Kindergeld reicht es jetzt vorne und hinten nicht. Die Mieten haben sich mittlerweile vervierfacht; sie zahlt nun 700 Mark. Hundert Mark kosten Krippe und Kindergarten. Veronika Peter ist Mutter von zwei Töchtern, eine von 340000 alleinerziehenden Müttern in Ostdeutschland. Sie lebt in Ostberlin, jobt für sechs Mark die Stunde bei einem Obstgroßhändler. Eine neue feste Stelle hat die einstige gelernte Buchhändlerin nicht gefunden. Kindergartenplätze gibt es nicht.

In Chemnitz leben 100000 Menschen vom Arbeitslosengeld, 40 Prozent aller Personen im erwerbsfähigen Alter. Chemnitz war einst die Wiege des deutschen Maschinenbaus, jetzt wird dort ein einzigartiges Potential an qualifizierten Facharbeitern und Ingenieuren systematisch zerstört. Das Elend folgt.

Folgende Anzeige in der *Dresdner Morgenpost* wirft ein Licht auf die düsteren Verhältnisse: »Suche einen Großen Pappkarton für 3 Personen. Bitte ab 1. Oktober mit Mietpreisangabe. Möglichst billig. Bin arbeitslos.«

Die Armutsstudie des Caritasverbandes veranschlagt das soziokulturelle Existenzminimum für einen Alleinstehenden auf 50 Prozent oder alternativ auf 60 Prozent des gewichteten Durchschnittseinkommens. Gemäß den Ergebnissen des sozioökonomischen Panels waren dies im Jahr 1991 insgesamt 814,30 beziehungsweise 977,16 Mark pro Monat.

Die Personen in Haushalten arbeitsloser Hilfesuchenden umfassen 17,5 Prozent der in Privathaushalten lebenden Personen. Darunter sind 21,3 Prozent verdeckt arm, 35,5 Prozent sind von Sozialhilfe abhängig, und 55,9 Prozent sind gemessen an der 50-Prozent-Grenze sowie 74,4 Prozent gemessen an der 60-Prozent-Grenze relativ arm. Nur 49,3 Prozent der Arbeitslosenhaushalte können ihren Unterhalt überwiegend aus den Leistungen der Bundesanstalt für Arbeit bestreiten.

Gibt es also eine neue Armut? »Die neuen Ergebnisse der Bremer Langzeitstudie zeigen, daß vieles, was mit diesem Begriff verbunden wird, zu einfach gedacht ist. Sozialhilfebezug ist in den achtziger Jahren gestiegen – aber nur aufgrund von Faktoren, an die in der Debatte über ›neue Armut‹ nicht gedacht worden war und noch heute selten gedacht wird, nämlich aufgrund von politisch gewollter Zuwanderung. Arbeitslosigkeit trat demgegenüber als Ursache des Anstiegs der Sozialhilfe zurück, ist auch heute ›nur‹ einer von mehreren Faktoren in der Entwicklung von Armut und Sozialhilfe«, schreiben Petra Buhr und Stephan Leibfried in ihrer Langzeitstudie. »Aussiedler, Arbeitslose, Alleinerziehende – diese drei Gruppen sind verbunden in ihrer je verschiedenen Betroffenheit von Armut.«

Ob alte oder neue Armut – das ist in Deutschland jedenfalls kein von Linken an die Wand gemaltes Gespenst, sie ist bittere Realität für diese Gesellschaft geworden. »Diese Realität ist allerdings vielschichtiger und unübersichtlicher, stellt also unsere Gesellschaft vor noch größere Probleme, als es uns die geläufigen einfachen Bilder der neuen Armut nahelegen«, so das Ergebnis der Bremer Langzeitstudie.

Auch die Kirchen, die katholische und die evangelische, melden sich ständig zu Wort, weisen auf die wachsende Verelendung in Deutschland hin. Da mag die Kirche von Armut sprechen, wenig später ereifern sich Politiker wie Bundeskanzler Kohl und warnen die Kirchen vor moralischer Selbstgerechtigkeit. Wissenschaftler behaupten, daß der Begriff Armut heute »als emotionale Keule mißbraucht wird,« so der Vorsitzende des Sachverständigenrates der Bundesregierung, Professor Herbert Hax. Er will den von den Kirchen gewählten Armutsbegriff, wonach sich Armut in der Befriedigung primärer Interessen wie Ernährung, Kleidung und Wohnung und in Defiziten bei der Befriedigung höherer Bedürfnisse, wie etwa Selbstentfaltung in der Arbeit, gesellschaftlicher Teilhabe und Unterhaltung zeige, relativieren, zumal diese Definition des Begriffs nur in reichen Ländern entstanden sein kann. Bei tatsächlicher Armut nämlich entfallen gerade die Mittel für die Erfüllung primärer Bedürfnisse. Also Hunger. Das geringe Einkommen sehen dagegen viele der Armen nicht als das größte Problem. Als zumindest gleichrangig werden Perspektivlosigkeit und Zukunftsängste empfunden, lautet das Ergebnis der Caritas-Studie über Armut. »Viele Befragte haben große Angst«, so der Armutsbericht der Wohlfahrtsverbände, »auf Dauer oder für immer von wenig Geld leben zu müssen.« Unter dem Begriff Armut verstehen viele auch eine »absolute Armut«, das heißt, ein Zusammentreffen von Wohnungslosigkeit, Krankheit, Einsamkeit und Hunger. Deshalb definieren sie sich selbst nicht als »arm«.

»Wenn ich jetzt sagen sollte, ich wäre arm, sträubt sich da irgendwie was in mir, weil ich eine schöne Wohnung habe, ein schönes Zuhause. Und deswegen möchte ich nicht ›Armut‹ sagen. Ich sage nur, es ist kompliziert zur Zeit, mit dem, was wir monatlich reinbekommen, zu leben, ohne daß wir groß ins Minus kommen.« Diese Einstellung deckt sich mit Untersuchungen, die 1991 in Duisburg-Bruckhausen unter Sozialhilfeempfängern durchgeführt wurden. »18,6 Prozent der Befragten beantworteten die Frage, ob sie sich selbst als arm bezeichnen würden, positiv und begründeten diese Selbsteinschätzung mit ihren unzureichenden finanziellen Mitteln. Gut drei Viertel der Befragten verneinte die Frage und wurde deshalb um eine zutreffende Charakterisierung ihrer augenblicklichen Lebenssituation gebeten. Auf Antwortvorgaben wurde verzichtet. Es zeigte sich, daß auch diese ›subjektiv Nicht-Armen‹ ihre aktuelle Lage mehrheitlich vor dem Hintergrund ihrer finanziellen Situation beurteilten, wobei das Spektrum der Antworten von ›gut abgesichert‹, ›kann mir was leisten‹ bis ›finanziell schwierig‹, ja ›ausweglos‹ reichte. Angesichts der realen schlechten Einkommensverhältnisse könnte man die relativ günstige Selbsteinschätzung vieler Befragter als Schönfärberei interpretieren, als Verdrängung und Realitätsverlust. Aber vielleicht haben sie auch keine andere Alternative mehr, weil sie keine Arbeit haben.«

Es war der Soziologieprofessor Ulrich Beck, der davon sprach, daß Erwerbsarbeit stets nicht nur die wirtschaftliche Existenz begründet, sondern auch die politische. Wer am Arbeitsmarkt keine minimale Sicherheit genießt, wer keine Lebensperspektiven hat, kann auch nicht aktiver Bürger sein und die Demokratie lebendig gestalten. Genau das letztere trifft derzeit für das Millionenheer der Armen in Deutschland zu.

Als Horrorgemälde tat Bundesfamilienministerin Hannelore Rönsch die Aussage der Nationalen Armutskonferenz im Sommer 1994 – da war sie noch Familienministerin – ab, daß »noch nie so viele Menschen am Rande unserer Gesellschaft leben wie heute«. Die Familienministerin hielt dagegen: »Die Regelsätze für Sozialhilfe sind in den achtziger Jahren ja erheblich stärker gestiegen als Arbeitseinkommen.« Immerhin räumte Frau Rönsch ein, daß die Menschen dann arm seien, wenn sie für sich »keine Lebenschancen« mehr in der Gesellschaft sehen. Das dürfte sich für die Millionen Arbeitslosen bewahrheiten. Denn die Aussicht auf eine bessere Zukunft verkümmert zusehends mit der wachsenden Zahl der Arbeitslosen und Niedriglohnempfänger.

Doch da ja in Deutschland nach den Worten vieler Politiker bekanntlich eine Vollkaskomentalität grassiert, müssen im Zeichen der neuen Entwicklung auch die Armen sehen, wie sie ohne ausreichende staatliche Hilfen über die Runden kommen. Fürsprecher dieser Politik findet man geballt bei den Freien Demokraten. »Liberale wollen keinen Rundumversorgungs- und Vollkaskostaat, der in letzter Konsequenz auch zu Gängelung und Unfreiheit führt. Der Weg zur Bereitstellung ausreichender öffentlicher Mittel für die Gewährung sozialer Hilfen wird für sie vom Prinzip der Subsidiarität vorgezeichnet und ist aus der Erkenntnis gewachsen, daß nur die Freisetzung größtmöglicher schöpferischer und wirtschaftlicher Energien beim Individuum zu ausreichender Substanz, letztlich auch zu sozialen Hilfen führt«, deklariert der Unternehmer und Vorsitzende der FDP-Fraktion im Kreistag von Darmstadt-Dieburg, Klaus-Jürgen Hoffie.

Die Einkommensschere öffnet sich unerbittlich immer weiter, immer mehr Gruppen sind – mindestens vorübergehend – von Armut und Arbeitslosigkeit betroffen. Da diese immer weniger den sozialen Stereotypen folgen, sind sie auch schwerer identifizierbar und damit als politische Kraft kaum zu organisieren. Die gezielte politische Vereinsamung führt dazu, daß das, was früher als Klassenschicksal gemeinschaftlich verarbeitet werden konnte, nun mehr und mehr als individuelles Versagen ausgegeben wird. Das statistische Millionenschicksal schlägt um in persönliche Schuld, Konflikte und Neurosen. »Dies alles bedeutet, daß gesellschaftliche als individuelle Krisen erscheinen und immer weniger in ihrer Gesellschaftlichkeit durchschaut und politisch bearbeitet werden. Damit wächst aber die Wahrscheinlichkeit irrationaler Ausbrüche der verschiedensten Art, nicht zuletzt auch in Form von Gewalt gegen alles, was als fremd etikettiert wird«, erläutert Ulrich Beck. Und er zieht die Schlußfolgerung, daß im Zuge der laufenden Individualisierung die letzten Bastionen sozialer und politischer Praxis wegzuschmelzen drohen: »Die Gesellschaft schlittert von einer Parteien- in eine Staatsverdrossenheit hinüber, die nichts ausschließt, auch nicht neue und schleichende Formen einer modernen Barbarei. Die Brutalisierung in den Schulen und im Verhältnis gegenüber den Schwachen gehört heute bereits dazu, die niedrige Hemmschwelle, Gewalt auszuüben, beispielsweise gegen Obdachlose, oder die Vernachlässigung alter Menschen in Heimen genauso wie die Diskriminierung Behinderter.«

»Sie gehen aneinander vorbei und beobachten sich, als wäre jeder der Feind des anderen. Das ganze Leben macht hier den Eindruck, als würde irgendwo ein großer Krieg geführt und alle würden auf ein Zeichen warten, daß die Gefahr vorüber ist und man sich wieder bewegen kann.« (Michael Schneider)

In diesem Klima wächst die Armut und die Notwendigkeit, staatliche Hilfen in Anspruch zu nehmen, wobei jeder weiß, daß der Staat mir allen Tricks versucht, diese Hilfen den Bedürftigen nicht zukommen zu lassen. Die ursprünglich für befristete Notlagen vorgesehene Hilfe zum Lebensunterhalt wird zunehmend zu einer Dauereinrichtung. Über 40 Prozent der Sozialhilfebezieher in den neuen Ländern mußten Mitte 1992 schon ein Jahr und länger mit den niedrigen Unterstützungsleistungen auskommen. Und mit der Kinderzahl steigt das Armutsrisiko. So zählt zum Beispiel die Hälfte der ostdeutschen Familien mit drei und mehr

Kindern zu den Armen, gegenüber 16,2 Prozent im Westen. Nahezu ein Drittel der Alleinerziehenden in den neuen Bundesländern fällt in diese Kategorie, in den alten Bundesländern teilt ein Sechstel der Alleinerziehenden dieses Schicksal. »Hier werden Menschen, die die Zukunft unseres Sozialwesens sind, von Kindheit an ausgegrenzt und in eine Armutskarriere gedrängt«, befürchtete angesichts dieser Zahlen SPD-Bundesgeschäftsführer Günter Verheugen im Jahr 1994. Der DGB hat allein im Osten Deutschlands 960000 Kinder unter 15 Jahren gezählt, deren Eltern arbeitslos sind. Das bedeutet: In jedem zweiten Arbeitslosenhaushalt leben Kinder, deren Entwicklung unter anderem durch die Erfahrung von Zukunftsangst und Perspektivlosigkeit geprägt wird. Daß Arbeitslosigkeit arm macht, verwundert kaum, denn nur einer von vier Arbeitslosen erhält auch Arbeitslosengeld. Gesundheitsstörungen, Vernichtung von Wissen, Zerstörung der Familienstrukturen, wachsende Gewaltbereitschaft und verbreiteter Drogenkonsum – das sind die inneren strukturellen Aspekte von Armut.

Was sind schon Schicksale. An den Gesichtern der ehemaligen Ostler erkennt man sie – herb und eingefallen, gräulich. Mißmut hat sich tief eingegraben und ist auch nach fünf oder sechs Jahren Wende nicht gewichen. Norbert T. ist 30 Jahre und wird sich nicht als arm definieren. Er hat ein kleines Haus, 60 Quadratmeter Wohnfläche, fließendes Wasser, warm und kalt, eine Ofenheizung – was will man mehr erwarten, wenn man arbeitslos ist und 1000 Mark Arbeitslosengeld bekommt. »Pläne für die Zukunft?« Er lacht hell auf: »Nichts habe ich – keine Arbeit, nicht genug Geld, um wenigstens herumzufahren bei den Benzinpreisen.« Das Fernsehen ist der magische Mittelpunkt des Lebens geworden. Dabei kann er abschalten, sich in eine glitzernde Traumwelt entführen lassen. Er lebt in einer Stadt, in der jeder vierte Erwerbsfähige ohne Arbeit ist, in Ueckermünde, wo Vorpommern an Polen grenzt. Im Nachbarland gibt es Arbeit: für zwei Mark Stundenlohn. Viele der Dreißig- bis Fünfzigjährigen kommen mit Selbstmordgedanken, wissen die Mitglieder der Arbeitsloseninitiative zu berichten, die nur wenige Hilfesuchende betreuen. Denn die meisten bleiben aus Scham zu Hause.

Inzwischen ist fast jede Familie in der kleinen Stadt knapp bei Kasse, nicht nur die Arbeitslosen und Sozialhilfeempfänger. Der SPD-Stadtrat Helmut Schmidt verdient im Monat 1300 Mark netto. Doch für einen Kindergartenplatz muß er genausoviel zahlen wie jemand, der im Westen das Vier- und Fünffache verdient. Die Hansestadt Rostock blüht auf. Überall ragen Baukräne auf, neue Konsumtempel für den kleinen Geldbeutel entstehen. Hier, in der einstigen Stasi-Hochburg, wo zu Zeiten der DDR alles geregelt war, schnellt die Arbeitslosigkeit unaufhaltsam in die Höhe. Allein im Jahr 1996 ist sie auf 17 Prozent angestiegen, nimmt man Arbeitsbeschaffungs- und Fortbildungsmaßnahmen dazu, ist inzwischen jeder vierte der 230 000 Rostocker arbeitslos. Außerhalb von Rostock, in den Vierteln mit den tristen Wohnsilos, streunen die Jugendlichen umher auf der Suche nach Geborgenheit im Alkohol. Zwei Drittel der Jugendlichen Rostocks haben keine Chance auf eine Lehrstelle. »Wenn sich nichts grundlegend ändert, meint der PDS-Kreisvorsitzende Wolfgang Leuchter, »wird das hier zum Sizilien Deutschlands.« Um die soziale Katastrophe aufzuhalten, fehlt der Gemeinde das entsprechende Geld.

»Die Ausgaben für Sozialhilfe belegen, wie tragfähig unser soziales Netz ist. Sie dokumentieren, daß in Not geratene Menschen in unserm Land Solidarität erfahren und vor Ausgrenzung geschützt sind«, rühmte 1994 die damalige Bundesfamilienministerin Hannelore Rönsch und fuhr fort: »Trotz notwendiger Konsolidierungsmaßnahmen ist es uns gelungen, auch strukturelle Verbesserungen bei der Sozialhilfe vorzunehmen, um die Lebenslage von sozial Bedürftigen zu verbessern.« Um 0,2 Prozent – genau eine Mark – wurde 1994 die Sozialhilfe zum 1. Juli angehoben.

Das Märchen vom sozialen Netz erlebt der Langzeitarbeitslose und Sozialhilfeempfänger Wolfgang B. aus Frankfurt/Oder hautnah. Die Miete für seine Dreizimmerwohnung, in der er mit seiner Frau und den beiden Söhnen lebt, hat das Sozialamt übernommen. Er bekommt 521 Mark Sozialhilfe, 417 Mark seine Frau, und 730 Mark erhält das Ehepaar für seine beiden Söhne. Nach Abzügen erscheinen 1291 Mark auf der monatlichen Abrechnung des Sozialamtes. Wenn er zusätzliche Hilfen benötigt, muß er »betteln«, so empfindet er es. Auf sein Ersuchen um einen Zuschuß für das vom Gesundheitsamt empfohlene Mineralwasser erhielt er die Auskunft, »wir sollen Quark essen, der ist auch mineralhaltig«.

Gesundheitsminister Seehofer will den Bedarf eines Sozialhilfeempfängers in einer Untersuchung bis zum Jahr 1999 ermitteln: »Was der Mensch braucht, vom Kinobesuch bis zur Zahnpasta«, meldete *Der Spiegel*. Als die Deutsche Presseagentur vor drei Jahren einmal den vom Statistischen Bundesamt ermittelten Preisindex für die Lebenshaltung von Rentnern in handfeste Zahlen umrechnete, gab das für einen Tag dicke Schlagzeilen: »Die Einschränkungen« hieß es 1993, »die sich die Rentner und Sozialhilfeempfänger wegen ihres niedrigen Einkommens auferlegen, haben die Statistiker schon eingerechnet. Gibt der Durchschnittshaushalt im Monat 89,61 DM in Gaststätten aus, so müssen sich zwei Rentner mit 29,85 Mark begnügen, für ein Fernsehgerät sind 4,49 DM statt 9,17 DM monatlich angesetzt, für einen Pullover 1,83 DM statt 6,27 DM. Für den Kinobesuch stehen einem Rentnerehepaar in der Statistik 0,31 DM im Monat zur Verfügung. Das heißt: Alle sechs Jahre ist Kinotag.«

Auf dem Tisch liegen Mahnbriefe. Lisa greift sie nicht an. Sie mag nicht mehr. Nicht mehr rechnen, auch nicht mehr um Wohngeld bitten oder um Zahlungsaufschub. Wut und Hilflosigkeit treiben ihr Tränen in die Augen. Fast 35 Jahre hat sie schwer gearbeitet, hat kranken Kindern geholfen. Nie ist sie als Ärztin leichtsinnig gewesen. Dem Beruf zuliebe verzichtete sie auf Familie. Seit zwei Jahren ist sie Rentnerin in den neuen Bundesländern. Und seit zwei Jahren muß sie rechnen. Ihre Rente beträgt 1400 Mark. Am Anfang ging alles noch. Nach zwei Mieterhöhungen bleiben ihr jetzt noch 700 Mark zum Leben. Dann überlegt sie: 120 Mark für die Klempnerrechnung müßten einzusparen sein. Vielleicht am Wasserverbrauch. Eine volle Badewanne in der Woche leistet sie sich noch. »Wenn ich das Wasser für die Toilettenspülung aufhebe, könnte ich sparen.« Sie denkt auch daran, die Heizkosten zu senken. »Nur abends kurz aufdrehen, und am Tage oft spazierengehen. In den Markthallen ist es warm, und man verlangt keinen Eintritt.«

Die verschämten Reichen

Eigentum verpflichtet. Sein Gebrauch soll dem Wohle
der Allgemeinheit dienen
Artikel 14 Grundgesetz

Arme und Reiche in Deutschland hatten lange Zeit eines gemeinsam: Wie der Arme sich seit jeher seiner Armut schämt, genier-
ten sich bislang die Reichen und Superreichen ihrer Fortüne.
Dieses Bild hat sich seit kurzem grundlegend verändert. Heute
wird der Reichtum, auf welche Art und mit welchen Mitteln und
Methoden er immer auch erworben wurde, wie ein Ehrentitel
zur Schau getragen. Man scheut sich nicht, im edlen Nerz, mit
dem kostbaren Geschmeide offen auf den Straßen zu flanieren,
hegt keine Skrupel mehr, mit seinem Jaguar oder im Mercedes
500 herumzukutschieren. Damit nicht genug, zeigt man sich
auch gern mit seinem Body-Guard – das unterstreicht das Pre-
stige der zu schützenden Dunkelmänner.

»Neider« sind alle, die glauben, sich darüber aufregen zu müssen. Bereits im Mittelalter waren es »böse Menschen, die die
Reichen und Adligen beneiden«. Neid galt als ein schweres Vergehen, weil es einen Angriff auf die Stabilität der Ständegesell-
schaft darstellte und damit eine »revolutionäre Sünde« war. Am
Ende des 20. Jahrhunderts klafft in Europa wieder einmal die
Schere auseinander: zwischen Bürgern, die ständig reicher werden, folglich das wirtschaftliche und politische Leben bestimmen, und solchen, die davon ausgeschlossen sind, weil sie immer
ärmer werden.

Aufschlußreich ist ein Blick zurück in die siebziger Jahre: 1975
besaßen gerade mal 1,7 Prozent der Bevölkerung 87 Prozent des
gesamten Vermögens, wie vererbbares Eigentum, Produktions-
güter, Wertpapiere, Sparguthaben, Lebensversicherungen sowie Haus- und Grundbesitz. In den Jahren 1965 bis 1975 hatte

123

sich das Gesamtvermögen von 83,7 Milliarden Mark auf 166,7 Milliarden Mark fast verdoppelt. Danach wurden lange Zeit keine genauen Zahlen mehr veröffentlicht.

Ab der zweiten Hälfte der achtziger Jahre bis Anfang 1990 kam es zu einer weiteren Beschleunigung der Umverteilung. Dazu trug vor allem die konjunkturelle Entwicklung bei, die einen sprunghaften Anstieg der Unternehmensgewinne – zwischen 1982 und 1991 einen Zuwachs von 110 Prozent (brutto) – bewirkte.

Wie kraß die Differenz zwischen den Habenichtsen und den Vermögenden heute ist, dokumentieren die folgenden Zahlen:

4,2 Millionen Menschen gingen 1996 zum Sozialamt, 2,8 Millionen bezogen regelmäßige Hilfe zum Lebensunterhalt. Von 15 Millionen Kindern und Heranwachsenden sind eine Million auf Sozialhilfe angewiesen. Nur jeder 25. Sozialhilfehaushalt hat monatlich mehr als 2000 Mark zur Verfügung. Sechzig Prozent der Ärmsten müssen mit rund 500 Mark Sozialhilfe im Monat auskommen.

Im Gegensatz dazu beträgt das Geldvermögen privater Haushalte heute rund 4,6 Billionen Mark und das private Grundvermögen 6,6 Billionen Mark – ein Bruttovermögen also von über 11 Billionen Mark. Doch wer hat dieses Vermögen eigentlich?

In Deutschland haben insgesamt 12,3 Millionen Menschen (8,8 Millionen Frauen und 3,5 Millionen Männer) ein monatliches Nettoeinkommen von weniger als 1000 Mark einschließlich Rente und Arbeitslosengeld zur Verfügung. 14,7 Millionen Bundesbürger verdienen zwischen 1000 bis 1800 Mark; 13,8 Millionen über 1800 bis 2500 Mark und 5,6 Millionen über 2500 bis 3000 Mark. 9,4 Millionen erhalten 3000 bis 7500 Mark.

Ein Einkommen über 7500 Mark im Monat beziehen rund 700 000 Personen, darunter aber nur zehn Prozent Frauen. Zu den Besserverdienenden, deren Gehalt 7500 Mark im Monat übersteigt, gehören insbesondere diejenigen Wirtschaftsführer, die das Hohelied auf die Globalisierung der Weltwirtschaft anstimmen. Da ist der Vorstandschef von Daimler-Benz mit einem Jahresgehalt von 2,7 Millionen Mark, der Vorstandschef der Bayer AG mit einem Jahresgehalt von 2,5 Millionen Mark. Auch

124

Ferdinand Piëch, der Vorstandschef von Volkswagen, gehört dazu. Sein Jahresgehalt liegt bei 2,3 Millionen Mark, das des Vorstandssprechers der Deutschen Bank, Hilmar Kopper, bei 2,2 Millionen Mark. Diese Summen sehen gegenüber manchen Einkommen der Spitzenmanager in den USA geradezu bescheiden aus. Dort verdient der Manager der Green Tree Financial umgerechnet 94 Millionen Mark, der Manager von Gateway 2000, einer Computerfabrik, nach unserer Währung 88,7 Millionen Mark. Aber die USA sind ja bekanntlich ein Vorbild für die hiesige Managergeneration, jene Stützen der Wirtschaft, die steigende Lohn- und Sozialansprüche der Bürger ablehnen. »Der Einfluß dieser Gruppe ist unübersehbar«, schreibt Professor Elmar Altvater in den *Blättern für deutsche und internationale Politik*, »sie bildet die ökonomische und soziale Basis für den inzwischen verbreiteten Diskurs gegen den ›alten‹ Sozialstaat und für den modernen Individualismus.«

In den USA wie in Deutschland ist die gleiche Entwicklung zu beobachten. Die Reichen werden reicher, die Armen und der Mittelstand immer ärmer.

Das zeigt sich auch darin, daß die Haushalte mit einem Einkommen von 10000 bis 25000 Mark pro Monat 30 Prozent ihres Einkommens sparen können, während die Armen gar kein Sparbuch haben.

Der Politikwissenschaftler Ernst-Ulrich Huster von der Evangelischen Fachhochschule Rheinland-Westfalen-Lippe stellt fest: »Während die Arbeitnehmer in den achtziger Jahren mehr oder weniger mit ihrem Realeinkommen stagnierten, sind die Einkommen der Selbständigen um etwa 48 Prozent gestiegen.«

Tatsache ist, daß nach Angaben der Deutschen Bundesbank das Geldvermögen der Privathaushalte 1995 die stolze Summe von 43650 Milliarden Mark betrug, das Vermögen der Bundesbürger gegenüber 1980 um über 130 Prozent gestiegen ist. Von dieser Geldvermehrung haben jedoch nicht die Arbeitnehmer profitiert, deren Lebensstandard und Kaufkraft heute nicht höher ist als 1980. Gleichzeitig haben die privaten Haushalte von Ende 1989 bis Ende 1995 ihren Wertpapier-Bestand bei deutschen Banken im Wert von 488,7 Milliarden Mark auf fast das

Doppelte, auf 803,7 Milliarden Mark, erhöht, das heißt, es wurden doppelt so viele Wertpapiere erworben. Ende 1994 wurden bei deutschen Kreditinstituten Wertpapiere mit einem Kurswert von 2,351 Billionen Mark gehalten. Die Haushalte der Armen und Niedrigverdienenden waren daran nicht beteiligt.

Einen regelrechten Boom bescherte den Reichen die Wende. 1989 zählte die Spitzengruppe der Einkommensmillionäre mit zehn und mehr Millionen Einkommen 895 Personen. Nach 1989 ist die Zahl der Millionäre sprunghaft gestiegen – fast ausschließlich im Westen. Zu diesem Ergebnis kamen die Statistischen Landesämter bei ihrer Erhebung der Einkommensverhältnisse für den Zeitraum bis 1992. Die Selbständigen erhöhten ihr verfügbares Haushaltseinkommen in der Phase zwischen 1989 und 1991 um 25 Prozent; bei den Arbeitern stieg das nominale Haushaltseinkommen um 11,2 Prozent; bei den Angestellten um 10,2 Prozent.

Wer hat, dem wird gegeben. Getreu dieser Volksweisheit stieg die Zahl der Einkommensmillionäre zwischen 1989 und 1992 um fast 40 Prozent an. In den alten Bundesländern wurden 23 683 solcher Millionäre (1989: 17 223) registriert. Hamburg mit über 1000 Millionären war in diese Rechnung noch nicht einbezogen. In Ostdeutschland nahm sich dagegen die Zahl der Reichen bescheiden aus. Dort durften sich Ende 1992 erst 207 Bürger zum Kreis der Reichen zählen. Die meisten Einkommensmillionäre, nämlich 7255, leben nach wie vor in Nordrhein-Westfalen. Damit weist das größte Bundesland die gleiche Millionärsdichte wie Bayern auf. Zu magischen Anziehungspunkten für das große Geld entwickelten sich Berlin und Niedersachsen. In Deutschlands neuer Hauptstadt hat sich die Zahl der Einkommensmillionäre seit dem Fall der Mauer – mit einem Anstieg von 665 auf 1219 – nahezu verdoppelt. Niedersachsen verzeichnet eine Zunahme seiner Einkommensmillionäre um 63 Prozent, von 1373 auf 2237. Über soviel Reichtum können die Bürger in Ostdeutschland nur staunen. Thüringen zählte gerade mal 28, Mecklenburg-Vorpommern 50 Einkommensmillionäre. Baden-Württemberg dagegen hat 4188 Bürger, die nach Abzug von Werbungs- und Betriebskosten mehr als eine Million pro Jahr auf dem Einkommenskonto verbuchen. Das sind 907 mehr als bei der letzten Erhebung. Nach einer neuen Statistik gibt es derzeit in Deutschland über 110000 Millionäre und 85 Milliardäre. In Hamburg zum Beispiel leben besonders viele der insgesamt 1000 Millionäre in den feinen Vierteln rund um die Alster und an der Elbe. Sie wollen natürlich unter sich bleiben. Für die Firma Molitor ein blendendes Geschäft. Sie hat 900 dieser Villen unter elektronischer Dauerbewachung.

Einer der Hamburger Millionäre ist übrigens der ehemalige Hamburger FDP-Chef Robert Vogel, ein Immobilienbesitzer, dem in der Hansestadt ganze Straßenzüge gehören. Um die Schlupflöcher im Sozialsystem zu demonstrieren, rechnete er vor einigen Jahren seine Einkünfte spielend so herunter, daß er einen Berechtigungsschein für eine Sozialwohnung bekam.

Hamburgs Bürgermeister Henning Voscherau legt diese skandalöse Entwicklung der Bundesregierungs zur Last: »Diese Bundesregierung hat seit 1982 den Wohlstandszuwachs zu den Betuchten gelenkt und die unteren Schichten regelrecht in die Armut geschubst.« Es ist wohl eines der größten Verdienste der Bundesregierung, daß sie es geschafft hat, mit der Steuergesetzgebung die Reichen noch reicher zu machen. Auf der einen Seite ist die Steuer- und Abgabenbelastung vor allem für die Bezieher kleiner und mittlerer Einkommen in der jüngsten Vergangenheit immer größer geworden. Im Gegensatz dazu ist es vielen Einkommensmillionären gelungen, ihre Belastung zu senken. Tatsache bleibt, daß die Vermögensmillionäre vergleichsweise wenig Steuern zahlen.

Bereits die 1989 gezählten 895 Millionäre mit einem Einkommen über zehn Millionen Mark zahlten für insgesamt zu versteuernde 33,063 Milliarden Mark 11,265 Milliarden Mark Steuern, was eine durchschnittliche Belastung von 34,1 Prozent ergibt. Professor Dieter Eißel vom Institut für Politikwissenschaft in Gießen spricht davon, daß »großzügige Gestaltungen der Steuerfestsetzungen mit Hilfe der beteiligten Finanzämter und/oder -minister stattgefunden haben. Der Fiskus wird vermutlich gegenwärtig die Millionäre mit Steuergeschenken in Höhe von mehr als 10 Milliarden Mark bei Laune halten.« Nach

Berechnungen von Fachleuten hat es allein im Jahr 1992 einen Steuerausfall von zirka 130 Milliarden Mark gegeben, da Haushalte aus dem obersten Zehntel der Einkommenshierarchie nur etwa ein Drittel ihrer Einkommen versteuern.

Im Jahr 1992 konnten vor allem die bessergestellten Bundesbürger die stattliche Summe von 272 Milliarden Mark sparen, während die Sozialhilfeausgaben im Westen die Rekordmarke von 38 Milliarden Mark, eine Verdreifachung seit 1980, erreichten. Um das hart erarbeitete Vermögen der Vermögenden zu sichern, wird mit allen legalen sowie illegalen Tricks gearbeitet.

Am 16. November 1995 konnte der aufmerksame Leser im Wirtschaftsteil der *Frankfurter Allgemeinen Zeitung* eine interessante Meldung lesen. »Mehr als 100 000 Anleger haben ihr Geld nach Gibraltar gebracht – Steuerparadies in südlicher Sonne / Sonderstatus für Reiche / Alternative zu Luxemburg.« Inzwischen gibt es bereits mehr als 100 000 Privilegierte laut *FAZ*-Meldung, die ihr Vermögen in Gibraltar gebunkert haben. Natürlich hat nicht jeder diese Chance. Bernd von Oelffen, Leiter der Commerzbank-Repräsentanz in Gibraltar, eröffnet ein Festgeldkonto erst ab 100 000 Mark, für die profitable Vermögensverwaltung wird Kundschaft erst von 500 000 Mark aufwärts akzeptiert.

Auch Belgien ist ein zunehmend beliebter Platz für diejenigen geworden, die eine besondere Abneigung gegen das deutsche Finanzamt haben. Nach Informationen des DGB-Steuerexperten Hans Georg Wehner errichten mehr und mehr multinationale Konzerne in dem kleinen Staat sogenannte Koordinierungszentren, um ihre Zinsen und Erträge aus Lizenz- und Patenteinnahmen dorthin zu lenken. Denn in Belgien unterliegen diese »Koordinierungszentren« keiner Steuer, und die Eigentümer kassieren brutto für netto. Mit diesem klugen Schachzug können auch Gesellschafter, die ihrer deutschen GmbH Darlehen gewähren, mit einem Wohnsitz in Belgien zusätzlich ein Geschäft machen. Der Gesellschafter versteuert die Darlehenszinsen in Belgien zu niedrigen Sätzen, die GmbH setzt diese Zinsen in Deutschland voll ab. So spart die hiesige GmbH mehr, als der Gläubiger persönlich in Belgien Steuern zahlt. Deshalb werben die Banken in Belgien unverhohlen mit dem Slogan »Am besten, Sie bringen das Geld bar zu uns. Das hinterläßt keine Spuren.«

Finanzexperten schätzen, daß allein in den vergangenen drei Jahren seit Einführung der Zinsabschlagsteuer 350 Milliarden Mark ins Ausland geschafft wurden. Die Gesamtsumme der im Ausland illegal versteckten Gelder ist überhaupt nicht zu benennen. Eine Ahnung davon, um welche Beträge es geht, vermittelte ein *Spiegel*-Bericht Ende 1995. Der pure Zufall, der eine Kunden- und Kontoliste der Commerzbank Luxemburg in den Besitz der Finanzverwaltung in Düsseldorf gelangen ließ, brachte die Steuerfahnder darauf, daß hier zwölf Milliarden Mark am Finanzamt vorbeigeschafft wurden. Demzufolge schätzt Rainer Eppelmann, Vorsitzender der Christlich-Demokratischen Arbeitnehmerschaft, den Gesamtschaden durch Steuerhinterziehung auf bis zu 150 Milliarden Mark jährlich. Mitbeteiligt an der Steuerhinterziehung in Milliardenhöhe sind die deutschen Banken. »Jetzt steht fest, daß die Banken maßgeblich dazu beigetragen haben, Steuerhinterziehung zum Phänomen eines Volkssports ausufern zu lassen«, klagt Hans-Jürgen Kallmeyer, Chef der Deutschen Steuergewerkschaft, DSTG. Dabei hatten die kleinen Mittelständler sicher nicht mithalten können. »Denn das Standardmodell«, so die Bochumer Steuerfahnder Rainer Lessner und Meinolf Guntermann, »schrieb vor, daß der einzelne Kunde mindestens 200 000 Mark – sei es aus versteuertem, sei es aus ›schwarzem Geld‹ – anlegen mußte, um der Hilfe der Banker würdig zu werden. Dann wurde für den Kunden unter seiner Referenznummer bei der luxemburgischen Filiale der jeweiligen deutschen Bank pro forma ein Konto eröffnet. Im jeweils konzerneigenen System richtete die Luxemburger Dependance ein Zentralkonto für alle am Fiskus vorbeigelotsten Kundenkapitalien ein, und zwar in Deutschland.«

Das heißt, daß in vielen Fällen das Geld den deutschen Bankenkreislauf überhaupt nicht verlassen hatte, obwohl die Anleger glaubten, ihr Geld sei in Luxemburg gelandet.

Über solchen, vergleichsweise harmlosen Machenschaften wird bis heute ein großer finanzpolitischer Skandal kaum beachtet: Die Reichen geben dem Staat Kredite, für die der kleine

Steuerzahler die Zinsen zahlt. Und der Staat klagt über Geldmangel. Aber da die staatliche Umverteilung zugunsten der höheren Einkommen die Geldvermögen und Zinseinnahmen nicht nur der Unternehmer, sondern insgesamt der Besserverdienenden begünstigt, sind sie es, die den Staat derzeit kreditieren. »Es zeigt sich, daß mehr als 10 % der öffentlichen Haushaltseinnahmen inzwischen als Zinszahlungen an diese Geldvermögensbesitzer fließen. D. h., der Staat verzichtet zunächst auf Steuern bei diesen Gruppen und schließt anschließend die wachsende öffentliche Finanzlücke durch Kreditaufnahmen bei ihnen. Die Zinszahlungen müssen dann bei den übrigen Steuerzahlern eingetrieben werden«, erläutert Professor Dieter Eißel vom Institut für Politikwissenschaft der Uni Gießen auf dem SPD-Kongreß »Reichtum in Deutschland« am 11. Juni 1996 diesen Vorgang.

Spitzenverdiener und die großen Vermögensbesitzer bleiben praktisch ungerupft, klagt auch der Münchner Ex-Oberbürgermeister Kronawitter. Er forderte deshalb eine Vermögensabgabe für die Superreichen, jene oberen zehn Prozent der Haushalte, die 50 Prozent des Gesamtvermögens besitzen: 4000 Milliarden Mark. Ein Solidarbetrag von 1,5 Prozent jährlich, so Kronawitter, brächte 60 Milliarden Mark in die Staatskasse. Doch die Verantwortlichen gehen den umgekehrten Weg: Die Armen und gering Verdienenden werden zur Kasse gebeten. Das geht so weit, daß neuerdings Blinde, Rollstuhlfahrer oder psychisch Kranke ihr Sparbuch plündern oder die Eigentumswohnung verkaufen müssen, wenn sie in einer Werkstätte für Behinderte arbeiten. Nach einem Urteil des Bundesverwaltungsgerichts sollen sie alles, was sie haben, in den Werkstattbetrieb einbringen. Nur einen Rest von 5400 Mark dürfen sie als eigenes Vermögen behalten. Die Stadt Köln, die zum 1. September 1993 die Bekleidungsbeihilfe für Sozialhilfeempfänger noch um zehn Mark gekürzt hat, zieht sogar Behinderten, die sich ein paar Mark dazu verdienen, bis zu 136 Mark pro Monat von der Sozialhilfe ab.

Es sind diese sozialen Ungerechtigkeiten, die sich überall manifestieren, im winzigen Mikrokosmos der individuellen Lebenserfahrung wie im gesamtgesellschaftlichen Rahmen. Und die ständig durch die Medien zumindest teilweise vermittelte Erfahrung, daß ja riesige Geldsummen vorhanden sind, führt – früher oder später – zu politischen Konsequenzen. In Deutschland ist die wachsende Zahl der Nichtwähler ein unübersehbares Menetekel. Und wer weiß, daß die Einkommensgegensätze noch nie so kraß gewesen sind wie heute, das beklagt auch Niedersachsens Ex-Sozialminister Walter Hiller, der sieht dunkle Wolken für die Demokratie heraufziehen: »Mit der Verschärfung sozialer Probleme in West und Ost und mit der Zerstörung sozialstaatlicher Sicherungen entsteht eine explosive Konfliktlage. Wenn Verarmung, Ausgrenzung, Hoffnungs- und Perspektivlosigkeit zum Lebensalltag gehören, dann geraten nicht nur demokratische Prinzipien wie Toleranz und Gerechtigkeit, sondern die Demokratie selbst in Gefahr.« Um dieser düsteren Perspektive zu entgehen, fordert der SPD-Politiker eine öffentliche Auseinandersetzung über die moralischen Grundlagen des Wirtschafts- und Gesellschaftssystems. Bislang vergebens.

Aber, jeder weiß es inzwischen in Deutschland, Moral ist für die Superreichen und ihre Schranzen in einigen politischen Parteien ein garstig Wort. Da nimmt man lieber in Kauf, daß jene Bürger, die sowieso wenig haben, die noch schwächeren in der Gesellschaft verteufeln. »Hoyerswerda, Solingen und Mölln zeigen das rapide wachsende Gewaltpotential in unserer Gesellschaft«, stellte Professor Ernst-Ulrich Hauser in einem Vortrag auf der bereits erwähnten Fachkonferenz der SPD »Reichtum in Deutschland« fest. Gegen diese ständig wachsende Aggression, die sich zunehmend nach außen richtet, rüstet der Staat konsequent auf. »Innenpolitisch ist das Verdrängen von Fragen etwa nach den Partizipationschancen für jene, die vom Arbeitsmarkt und darüber hinaus sozial abgegrenzt werden, auf Dauer nur unter verstärkter privater und/oder staatlicher Aufrüstung denkbar. Nicht der soziale Diskurs wird in dieser Gesellschaft gesucht, sondern die Wagenburg der Reichen wird noch fester geschlossen.«

Das ist durchaus nicht nur bildlich zu verstehen. Einer der führenden Vertreter der amerikanischen Wirtschaftswissenschaften, Professor John Kenneth Galbraith, geht davon aus, daß in

131

den USA eine ökonomische Apartheid herrscht. Die Vermögenden verschanzen sich hinter eingezäunten Wohnvierteln und hoffen, daß sie von der Masse der Verunsicherten und Verarmten nicht belästigt werden. Und der Historiker Christopher Lasch macht sie, die »Stützen der Gesellschaft«, für den sich abzeichnenden gesellschaftlichen Zusammenbruch verantwortlich. »Makler, Banker, EDV-Spezialisten, Ärzte, Journalisten, Professoren und was sonst noch Rang und Namen hat, stehen unserer Gesellschaft und ihren Werten ablehnend gegenüber. Sie leben in einer eigenen Welt mit privaten Schulen, privaten Sicherheitsdiensten, privaten Krankenversicherungen. Ständig mobil auf Konferenzen, Vernissagen und Geschäftsreisen, isoliert in ihren Vorortvillen, haben sie nur noch einen touristischen Blick auf ihre Umwelt, der kaum zu Verantwortung oder gar Engagement verpflichtet.«

Ausgrenzung wird zum Gesetz – Solidarität und Gemeinsinn bleiben auf der Strecke, und es ist nur ein vergleichsweise unbedeutendes Beispiel dafür, daß »aus Kostengründen geistig Behinderten und desorientierten alten Menschen die notwendige Hilfe verweigert wird«, wie Heribert Prantl diesen grassierenden Sozialdarwinismus anläßlich der Verleihung des Kurt-Tucholsky-Preises an ihn in seiner Rede deutlich machte. »Behinderte werden verschoben: für die Pflegeversicherung sind sie zu teuer. Die Frage nach den Kosten steht über der Menschenwürde. So ist das also, wenn sich die Politik mit dem Bundesverband der Industrie solidarischer fühlt als mit denen, die Hilfe wirklich brauchen.«

Wie sauber ist das Kapital?

Das von den Poltikern strapazierte Gejammer über die leeren Hanshaltskassen hat etwas Zynisches an sich. Insbesondere in Anbetracht der Tatsache, daß zum unermeßlichen Reichtum privater Vermögen ja noch einmal mindestens 100 Milliarden Mark hinzugezählt werden müssen, die durch kriminelle Machenschaften erwirtschaftet werden. Achthundert Millionen Schaden muß die Deutsche Genossenschaftsbank, DG, hinnehmen, nachdem herausgekommen ist, daß vier Rentenhändler der Bank mit 25 französischen Banken Rentengeschäfte unter Abgabe verschleierter Rücknahmeerklärungen tätigten. Das dabei entstehende Zinsrisiko lief zu Lasten der DG. Zwanzig Millionen Mark Einbuße erlitt eine Industriefirma, nachdem eine 100 prozentige Tochter der Frankfurter Metallgesellschaft zu überhöhten Preisen verkauft wurde.

Auch Subventionserschleichung hat Schule gemacht. Ende 1995 verlegte der südkoreanische Goldstar-Konzern die TV-Produktion von Worms nach England. Auf der Strecke blieben 135 Arbeitsplätze und Millionen öffentlicher Fördermittel. »Das ist modernes Raubrittertum. Erst Millionen Fördergelder kassieren und nach deren Verbrauch das Weite suchen«, urteilt bitter der IG-Metall-Bevollmächtigte in Worms. Die Gelder sind geflossen, um 1986 die Standortentscheidung des südkoreanischen Unternehmens zu beeinflussen. Fünf Millionen Mark kamen vom Land, die Stadt Worms stellte ein voll erschlossenes Grundstück weit unter Marktwert zur Verfügung. Davon blieb genausoviel übrig, wie von den verheißungsvollen Versprechungen, die der Goldstar-Präsident am 11. Juni 1986 bei der feierlichen Unterzeichnung des Ansiedlungsvertrages gemacht hatte. Es sollten 65 Millionen Mark investiert werden, um bis 1991 an 500 Arbeitsplätzen jährlich 300 000 Fernseher und 400 000 Videorecorder zu montieren. Nur einmal, Ende 1992, war man mit 480 Beschäftigten kurzfristig der versprochenen Zahl nahe. Von da an ging es kontinuierlich abwärts. Übrig geblieben ist lediglich die Produktion von Videorecordern mit 145 Beschäftigten. Bislang machte der Konzern bei einem Umsatz von 184 Millionen Mark 2,5 Millionen Gewinn.

Anschauungsmaterial für ähnliche Praktiken liefert das von hoher Arbeitslosigkeit geprägte Mecklenburg-Vorpommern. »Da werden Betriebe gefördert, das ist kriminell«, schimpfte 1995 der ehemalige Leiter eines Rostocker Arbeitsamtes. Doch als er auf die dubiosen Praktiken bei der finanziellen Förderung bestimmter Unternehmen aufmerksam machte, wurde er von der Amtsleitung aufgefordert, seine Sachen zu packen und in den Westen zu ziehen. Was war geschehen? Ein Hamburger Industriekaufmann und Immobilienmakler erhielt von der Treuhand einen ehemaligen VEB-Holzverarbeitungsbetrieb, in dem vor der Wende 1700 Menschen Arbeit und Brot fanden. Dann schoß das Land nochmals 150 Millionen Mark Fördermittel hinzu, um den Betrieb, die einzige Arbeitsmöglichkeit weit und breit, zu übernehmen. Gewährt wurden die Mittel, um 500 Arbeitsplätze zu retten. Ein paar neue Maschinen wurden gekauft – dabei blieb es. Noch am 1. Oktober 1994, als erste Vorwürfe wegen Subventionsbetruges und Mißmanagement laut wurden, verkaufte die Treuhandanstalt Berlin, mit ausdrücklicher Billigung und Empfehlung des Schweriner Wirtschaftsministeriums, dem Hamburger Kaufmann ein weiteres Unternehmen. Doch es wurde nichts investiert – die Fördermittel in den Sand gesetzt. Das Unternehmen stand vor dem Aus. Zur Wahrung der Arbeitsplätze, die in der Gegend dünn gesät sind, sollte daraufhin nochmals ein gleich hoher Betrag bereitgestellt werden – nicht zuletzt vielleicht deshalb, weil das Unternehmen im Wahlkreis eines bekannten Schweriner Politikers liegt. Es war umsonst.

»Die Firma Bestwood stirbt – eine ganze Region geht vor die Hunde«, schrieben Arbeitnehmer im Herbst 1996 auf Plakate, als sie gegen die nun endgültige Schließung protestierten. Es gibt keine anderen Arbeitsplätze. Acht Wochen hielten die verbliebenen 350 Arbeitnehmer ihren Betrieb besetzt, nachdem der letzte Investor abgesprungen war. Ein neuer Investor hat sich zwar gemeldet, verspricht jedoch nur 70 Arbeitsplätze. »Hier wird alles plattgemacht«, sagen die Arbeitnehmer, die noch solidarisch um ihre Arbeit kämpfen. Als die Betriebsangehörigen Plakate mit einem Aufruf zu einer Solidaritätsveranstaltung aufhängen wollten, verweigerte der westdeutsche Konzern Aldi ebenso seine Genehmigung wie das Mercedes-Autohaus des Tennisspielers Boris Becker in Ribnitz-Damgarten. Bleibt die wütende Resignation, die früher oder später, es wird wahrscheinlich kein Weg daran vorbeiführen, in der sozialen Abstellkammer enden wird. Eine Tragödie? Für den Unternehmer aus Hamburg hat sich das Geschäft jedenfalls gelohnt. Er hat sich inzwischen in die Schweiz abgesetzt.

Es ist nur ein Beispiel für das »Milliardengrab im Osten«, wie es IG-Metall-Zeitschrift *Metall* im Juni 1996 nannte. Milliardengrab, weil die Bundesregierung Milliardenbeträge ohne sichtbaren Erfolg an Unternehmer verschenkt hatte. Auf Anfrage des SPD-Bundestagsabgeordneten Hans Büttner mußte das Bundeswirtschaftsministerium inzwischen einräumen, daß allein von 1993 bis 1995 für die Gemeinschaftsaufgabe »Verbesserung der regionalen Wirtschaftsstruktur« 18,46 Milliarden Mark an Unternehmen geflossen sind, um Investitionen im Osten zu fördern. Damit seien ganze 47 884 Arbeitsplätze geschaffen worden. Das heißt, daß dem Unternehmer jeder Arbeitsplatz durchschnittlich mit fast 390 000 Mark subventioniert wurde. Viele dieser Arbeitsplätze sind aber schon wieder zerstört, während die Gewinne natürlichen ihren Weg auf Konten in der Schweiz oder in Steueroasen gefunden haben.

Tatsache ist, daß von den ehemals vier Millionen Arbeitsplätzen in Treuhandbetrieben nur noch 1,2 Millionen vorhanden sind, und diese nehmen kontinuierlich ab. Da drängt sich die Frage auf, wo denn die vielen Gelder geblieben sind, die der Steuerzahler für den Aufbau Ost gezahlt hat. Allein die jährlichen Transferleistungen in die neuen Ländern belaufen sich auf rund 200 Milliarden Mark. Dazu kommt das Defizit von rund 300 Milliarden, das die Berliner Treuhandanstalt zum Ende ihrer segensreichen Tätigkeit hinterlassen hat. In vier Jahren, von Anfang 1990 bis Ende 1995, haben nach Berechnung des DGB-Wirtschaftsinstituts, WSI, der Bund, die EU und die Länder

135

rund 92 Milliarden Mark in die Wirtschaftsförderung zwischen Elbe und Oder gesteckt.

Die Erfolge dieser Anstrengung trägt Gudrun Obenland in einem Report für die IG-Metallzeitung *Metall* vor: »Die Schaffung und Sicherung von rund 1,5 Milliarden Arbeitsplätzen durch die Treuhand und etwa 570 000 Jobs durch direkte staatliche Subventionen. Oder andersrum gerechnet. Von den einstmals gut acht Millionen Arbeitsplätzen in der DDR sind rund zwei Millionen nur durch massive Staatshilfe am Leben geblieben. Rund drei Millionen Menschen traten den Weg in die Arbeitslosigkeit, Ruhestand oder in Richtung Westen an.«

Und trotz steigender Industrieproduktion wollen über 50 Prozent der neuen Unternehmen noch weiter Personal abbauen. »Neben der dürftigen Arbeitsplatz-Bilanz«, kritisiert die *Frankfurter Rundschau*, »stimmt aber auch der ordnungspolitische Aspekt der Investitionen am Standort Deutschland nachdenklich. Ohne Geld aus öffentlichen Kassen geht offenkundig nichts. Zu Lasten der Steuerzahler und zur Freude der Konzerne öffnen Bund und Länder bereitwillig ihre Subventionsschatullen. Zig-Millionen werden umverteilt.«

Zwischen 1993 und 1995 bescherten Investitionszulagen und Sonderabschreibungen dem Bund Einnahmeausfälle von insgesamt 7,27 Milliarden Mark. Warum, trotz Milliardensubventionen an Unternehmer, vergleichsweise wenig dauerhafte Arbeitsplätze geschaffen wurden, geht aus einem vertraulichen Berichtsentwurf des Untersuchungsausschusses zur Arbeit der Treuhand hervor. Demnach sind in vielen Fällen die Möglichkeiten zur Entwicklung sanierungsfähiger Betriebe nicht ausgeschöpft und Unternehmen nicht behutsam saniert, sondern überstürzt privatisiert, vorschnell abgewickelt worden. Man muß sich die Summe vorstellen: Auf zehn Milliarden Mark schätzte 1995 der Berliner Generalstaatsanwalt den materiellen Schaden für den Steuerzahler, bewirkt durch kriminelle Machenschaften gewiefter Geschäftemacher, korrupter Beamter und involvierter Treuhandmitarbeiter, die sich an der Privatisierung von DDR-Betrieben finanziell sanierten. In dieser Schätzung fehlen die 850 Millionen Mark, die durch Verschiebungen der Subventionen bei der Bremer Vulkan-Werft versickert sind. »Ebensowenig enthalten«, klagt der SPD-Bundestagsabgeordnete und Vorsitzende des Bundestags-Untersuchungsausschusses Veruntreutes DDR-Vermögen, Volker Neumann, »sind die Beträge aus Transferrubelbetrug und Betrügereien während der Währungsumstellung beziehungweise das weite Feld des Subventionsbetruges. Wir konnten reinstechen, wo wir wollten, überall gab es eiskalte Betrugsmanöver«, ärgert sich Volker Neumann.

Eine Regierung, die bei den Schwachen und Wehrlosen überall kürzt, gleichzeitig nichts oder nur wenig dagegen unternimmt, daß Wirtschaftskriminellen das Handwerk gelegt wird, muß ein besonderes Verhältnis zur Kapitalvermehrung haben, zugleich aber macht sie sich in den Augen der Steuerzahler, die für den Schaden aufkommen, unglaubwürdig. Weshalb wird bis heute massiv verdrängt, daß im Zusammenhang mit der sogenannten Vereinigungskriminalität der deutsche Steuerzahler für Schäden in Höhe von zweistelligen Milliardenbeträgen aus der unheiligen Allianz von betrügerisch manipulierenden Firmen und zumindest naiven Politikern, die an das wunderkräftige freie Unternehmertum glauben, einstehen darf? Auf mindestens 26 Milliarden Mark veranschlagt Manfred Kittlaus, Chef der Zentralen Ermittlungsstelle Regierungs- und Vereinigungskriminalität, ZERV, den Verlust, den Wirtschaftskriminelle beim Aufbau Ost zu verantworten haben. Und nicht zu vergessen die Treuhandkriminalität: Rund 120 Strafverfahren sind im Zusammenhang mit »Privatisierungen« anhängig, die verursachte Schadensumme liegt bei rund 300 Millionen. Und das dürfte nur die Spitze dieses Eisberges sein. Mit etwa zwei Milliarden Mark konnte bisher nicht einmal ein Zehntel der Schadenssumme von den Ermittlern sichergestellt werden. Allein im Koko-Komplex »Novum«, um den sich der Verdacht des illegalen Abflusses von rund 500 Millionen Mark ins Ausland rankt, auch beim Betrug mit sogenannten Transferrubel spielten Kriminelle in Ost und West bestens zusammen. Zur Zeit der Währungsumstellung wurden mit angeblichen Warenlieferungen in den ehemaligen Ostblock, die niemals stattfanden, riesige Beträge erschwindelt.

Auf mehrere Milliarden Mark schätzt die ZERV hier den Schaden für den Staat.

»Inzwischen ist die Karawane der Abzocker weitergezogen«, berichtet ein Beamter der ZERV. Entweder nach Osteuropa oder in die ostdeutschen Landratsämter, wo über die Ausweisung von Bau- und Gewerbegebiete entschieden wird. Die sind für Abschreibungen und Geldwäsche ein ideales Terrain. Allein in Brandenburg gibt es mehr als 130 Gewerbeparks mit mehreren zehntausend Hektar Land. Großartige Schilderwände auf der grünen Wiese verheißen neu entstehende Industrieparks. Die meisten sind jedoch Abschreibungsprojekte, mit denen clevere Investoren ihren Reichtum mehren.

Auch die Politiker, die die Machenschaften aufdecken wollten, stießen überall dort auf Schwierigkeiten, wo westdeutsche Industriekonzerne absahnten. Deren Vertreter wurden stets sehr schnell bei den kritisch hinterfragenden Abgeordneten vorstellig. »Wir lassen bestimmte Dinge bei unseren Untersuchungen heraus, zum Beispiel, wie sich die westdeutschen Banken bei der Privatisierung der DDR-Banken eine goldene Nase verdient haben«, resignierte der SPD-Abgeordnete Volker Neumann.

Etwas unbeachtet in diesem Zusammenhang blieb die Erkenntnis eines führenden Mitarbeiters der in Berlin ansässigen Zentralen Ermittlungsstelle für Regierungs- und Vereinigungskriminalität. Er sagte bereits 1993: »Soweit im Einzelfall politische Bezüge bzw. Einwirkungen politischer Mandatsträger bestehen, machen die gegenwärtigen auch gesellschaftlichen Entwicklungen in Italien Hoffnung.« Schmidt bezog sich auf die Aktion »saubere Hände« der Mailänder Staatsanwälte, also die Zerschlagung eines korrupten Systems in der italienischen Politik und Wirtschaft, in dessen Verlauf die Hälfte aller Mitglieder der letzten fünf italienischen Regierungen und sämtliche Regierungschefs der vergangenen zwanzig Jahre ein Strafverfahren an den Hals bekamen. Darüber hinaus müssen sich mehr als drei Viertel aller Abgeordneten und Senatoren des letzten nach dem alten Wahlsystem gewählten Parlaments, Tausende von Managern staatlicher und privater Betriebe sowie unzählige Mafiosi vor Gericht verantworten.

Italienische Verhältnisse sind, was die Quantität korrupter Strukturen betrifft, sicher nicht auf Deutschland zu übertragen. Was jedoch die Qualität angeht allemal. Insofern könnte man von der öffentlichen Aufmerksamkeit und dem Willen, diese Strukturen zu zerschlagen, von Italien ungewöhnlich viel lernen. Insbesondere wenn man sieht, wie Korruption und Wirtschaftskriminalität zusammenhängen. In Deutschland spielt Wirtschaftskriminalität hingegen eine enorme Rolle und trotzdem – dieser Eindruck drängt sich auf – wird kaum etwas dagegen unternommen. »Den wenigen Verbrechen«, schreibt Hans See in seinem Standardwerk *Kapital-Verbrechen*, »folgen schier endlose Ermittlungen und Verfahren, oft genug ohne adäquate Bestrafung der Schuldigen. Dies alles führt zu einem Gewöhnungseffekt, der die Gefahr der Kapital-Verbrechen um ein Vielfaches vergrößert. Die moralischen Meßlatten werden tiefer gelegt, und die Rechtfertigungsgründe für Verbrechen beginnen beliebig zu werden. Schon machen sich die Opfer von Kapital-Verbrechen die kriminelle Moral des Kapitals zu eigen und mißbrauchen das soziale Netz. Wenn das Kapital sich, um überleben zu können, Milliarden von Mark ›Sozialhilfe‹ in Form von Subventionen illegal beschafft, sieht mancher Sozialhilfeempfänger nicht mehr ein, warum er die Behörden nicht bemogeln soll.« Die schlechten Vorbilder allein sind natürlich keine Rechtfertigung für Sozialhilfebetrug – machen jedoch die Motive dieses Handelns menschlich verständlich, gerade wenn man in der öffentlichen Diskussion die Maßstäbe verliert. Angeprangert wird der Sozialhilfeempfänger oder Arbeitslose, der falsche Angaben macht, um mehr Geld zu kassieren – unbehelligt bleibt das große Kapital-Verbrechen. Und da sind die durch Sozialhilfebetrug entzogenen Summen geradezu Peanuts gegenüber den riesigen Beträgen, die Wirtschaftskriminalität dem Steuerzahler aufbürdet.

Wirtschaftskriminalität und die Zerstörung des sozialen Rechtsstaats

Wieviel die Armut und der soziale Absturz mit der Wirtschaftskriminalität zu tun haben, zeigt die neue Koalition zwischen dem in Nanosekunden um die Welt reisendem »legalen« Kapital mit dem kriminellen Kapital, das auf diese Weise in die nationale Volkswirtschaft einfließt. Die Vereinten Nationen gehen davon aus, daß jährlich 1000 Milliarden Dollar kriminell erwirtschaftetes Geld auf dem Globus herumvagabundieren und in erheblichem Maße dazu beitragen, daß in Zukunft die soziale Unsicherheit zunehmen wird. Der Internationale Währungsfonds, IWF, schätzt, daß 1995 »nur« 500 Milliarden Dollar schmutziges Geldes in die legalen Finanzmärkte eingeschleust wurden.

Ein düsteres Szenario könnte bald Wirklichkeit werden. In den heruntergekommenen Metropolen, den sozialen Gettos der Unterprivilegierten, wächst wegen der fehlenden finanziellen Mittel des Staates die Aussichtslosigkeit, damit steigt zwangsläufig die Suche nach scheinbaren Lösungen dem Elend individuell zu entkommen, zum Beispiel durch Drogenkonsum. Das füllt die Konten der Drogenkonzerne. Viele Menschen begreifen Drogen heute als eine individuelle Lösung ihrer Probleme. Gleichzeitig oder deshalb ist die internationale Drogenindustrie bereits ein multinationales Geschäft mit Milliardengewinnen, die teilweise das Finanzsystem der globalen Wirtschaft antreiben. Durch Geldwäsche wird das schmutzige Geld bekanntlich wieder in den normalen Wirtschaftskreislauf eingespeist. In zwanzig Jahren, so schätzen Fachleute, dürfte die Summe des durch Drogengelder gewaschenen Kapitals größer sein, als das jährliche Bruttosozialprodukt der USA. Und dann werden die gewaschenen Drogengelder die ständig steigenden Staatsdefizite der großen Industriestaaten beheben helfen.

Als drohendes Gespenst dieser Entwicklung dürften viele Staaten der ehemaligen Sowjetunion angesehen werden, mit denen der Westen nicht nur politische, sondern auch enge Handelsbeziehungen unterhält. Es war der angesehene amerikanische Politologe Peter Reddaway von der George-Washington-Universität in Washington, D. C., der klagte:»Jelzin stützt sich seit langem auf Mafiaclans, die zentrale Entscheidungen in Politik und Wirtschaft beeinflussen. Die meisten Clanführer in Industrie, Landwirtschaft und Banken wollen keine Demokratie oder Wirtschaftsreformen. Sie möchten nur ihre akquirierten Reichtümer behalten, insbesondere jene, die ihnen beim Auseinanderbrechen der Sowjetunion zugefallen sind.« Und der Vorsitzende eines US-Senatsausschusses, Benjamin Gilman, gab im April 1996 zu Protokoll: »Es ist unmöglich, zwischen dem russischen organisierten Verbrechen und dem russischen Staat zu unterscheiden. Sie kaufen Parlamente, manipulieren den Markt, die Währungen, waschen Geld und handeln darüber hinaus mit Drogen genauso wie mit Waffen, bis hin zu Massenvernichtungsmitteln.«

Daß die korrupten kommunistischen Seilschaften längst zum Stützkorsett der neuen politischen Kleptokratie geworden sind, darüber berichteten bereits im April 1990 Polizeioffiziere aus Moskau auf der 20. Europäischen Regionalkonferenz von Interpol in London. In ihrem Bericht heißt es:»Mächtige Mafiagruppen führen in Zusammenarbeit mit Geschäftskreisen und diversen staatlichen Einrichtungen große illegale Export-Import-Geschäfte mit ausländischen Partnern auf Kosten des Staates durch.«

Wenig hat sich heute daran geändert. Mitte der achtziger Jahre mußten die kriminellen Syndikate ungefähr 30 Prozent ihrer Profite für die Bestechung von Regierungsbeamten, Politikern und der Justiz ausgeben. Derweil beläuft sich dieser Anteil nach Angaben des russischen Innenministeriums auf sage und schreibe 50 Prozent. Die Verfilzung zwischen staatlichen Institutionen und kriminellen Organisationen erstickt legales Handeln beziehungsweise läßt die Trennung zwischen legalen und illegalen Geschäften nicht mehr erkennen.

141

Da gibt es beispielsweise einen russischen Unternehmer, der aus steuerlichen Gründen im schweizerischen Zug seinen Konzern angemeldet hat, seinen Geschäftssitz dagegen in Wien unterhält. Sein Kapital stammt, das glauben zumindest europäische Polizeibehörden, aus mafiosen Quellen. Denn bereits wenige Monate nach der Firmengründung zählten zu seinen Geschäftspartnern staatliche Eisenhüttenkombinate, Kupferhütten und Erdölraffinerien. Derzeit investiert er in den Bau von Hafenterminals, Automobilen und im Luftfahrgeschäft. Gegen das Unternehmen werden schwere Vorwürfe erhoben: Geldwäsche und Drogenhandel. Neben diesem illegalen Arbeitsbereich tätigt der Konzern aber auch legale Geschäfte.

Am 21. August 1995 besuchte ein hoher Beamter des britischen Secret Intelligence Sevice, SIS, aus der englischen Botschaft in Bonn das Bundeskriminalamt in Wiesbaden. Zum Hintergrund: Der britische SIS ist auch für die Aufklärung und Bekämpfung von Kriminalität zuständig. In einer Arbeitsgruppe des SIS werden derzeit Analysen zur international tätigen Holding aus Österreich erstellt. »Diese Firma soll im internationalen Ost-West-Im- und Exportgeschäft tätig sein. Dabei soll sie legale mit illegalen Aktivitäten kombinieren und insbesondere die illegalen Aktivitäten unter dem Deckmantel der Legalität initiieren und betreiben. Durch die bisherigen Entwicklungen konnten in England bereits vorgesehene Finanztransaktionen gestoppt werden. Für die nähere Zukunft ist daran gedacht, strafprozessuale Maßnahmen gegen den Firmenkomplex in Großbritannien durchzuführen. Ziel einer nun auch international anzustrebenden Kooperation soll es sein, die Holding zu penetrieren, um zum einen ihre Aktivitäten zu erhellen, zum anderen um eine Gegenstrategie zu entwickeln, um die Aktivitäten der Firma auf Dauer zu unterbinden.« Das ist übrigens nicht gelungen.

Der in Verruf geratene Konzernchef sieht den Grund für die gegen ihn erhobenen Beschuldigungen im »Neid«, seine Neider könnten es nicht verwinden, daß ein russisches Großunternehmen erfolgreich auf dem Weltmarkt agiert.

Was den Fall so beispielhaft macht, ist die Tatsache, daß es hier um Wirtschaftskonzerne geht, für die demokratische Spielregeln obsolet geworden sind, weil sie sich jeder Kontrollmöglichkeit entzogen haben, und das verbindet in diesem Fall kriminelle Konzerne mit den »normalen« Großunternehmen. Neuere Untersuchungen zeigen bekanntlich, daß sich wirtschaftswissenschaftliche und insbesondere betriebswirtschaftliche Erkenntnisse auf illegale Unternehmen anwenden lassen. Kriminelle Organisationen handeln nach denselben ökonomischen Prinzipien wie »legale« Kapitalunternehmen. »Der einzige – auch entscheidende – Unterschied«, so der Mainzer Ministerialrat Horst Hund, »ist der Einsatz illegaler Mittel zur Gewinnerzielung.«

Um auf das Beispiel Rußland zurückzukommen. Wenn es außerdem stimmt, daß – nach Angaben des Moskauer Innenministeriums – Anfang 1996 bereits 95 Prozent aller Banken von mafiosen Organisationen kontrolliert werden, dann muß man die vielbeschworene Globalisierung der Weltwirtschaft in einem ganz anderem Licht sehen: Dann wäre es korrekter, von der Globalisierung der kriminellen Weltwirtschaft zu sprechen.

Bereits heute ist das kriminell erwirtschaftete Kapital von dem »legal« erwirtschafteten Kapital nicht mehr genau zu unterscheiden. Und im Herzen der neuen Weltordnung wird sich schlimmstenfalls eine neue kriminelle Ordnung etablieren, im günstigsten Fall wird sie als gleichberechtigter »Partner« toleriert.

Das hat Folgen: Da für die großen Unternehmen und die Kapitalanleger, die Global Players, die den weltweiten Markt beherrschen, Loyalität zum Staat oder soziale Ethik keinerlei Rolle mehr spielen, orientieren sie sich einzig und allein daran, wo die besten Profite zu erwirtschaften und die staatlichen Regularien am geringsten sind, das heißt wo Kapital der geringsten steuerlichen Belastung unterliegt. An dieser Einstellung zerbricht das bislang stabile Bündnis zwischen Kapitalismus, Sozialstaat und Demokratie. »Die Unternehmer«, warnt Marcus Bierich, Aufsichtsratsvorsitzender des traditionellen Familienunternehmens Robert Bosch GmbH, »geraten zunehmend in einen Loyalitätskonflikt zwischen ihren internationalen Kunden und nationalen Mitarbeitern, Gewerkschaften und Regierungen.«

Der wichtigste Effekt dieser Entwicklung wird sein, daß es für die Nationalstaaten immer schwieriger wird, Steuern zu kassieren. Mit der Folge, daß die sozialen Sicherungssysteme nicht mehr finanziert werden können. Denn wenn es die Vermögenden verstehen, immer weniger Steuern zu zahlen, heißt das gleichzeitig, die öffentlichen Einrichtungen können nicht mehr finanziert, die sozialen Verpflichtungen des Staates gegenüber den Bürgern können nicht mehr gewährt werden. Es ist der Zustand, der vornehm als Haushaltsloch umschrieben wird.

Darüber hinaus haben diese mehr oder weniger globalen Kapital-Verbrechen Folgen für den sozialen Rechtsstaat. »Die Verantwortlichen in Gesellschaft, Wirtschaft und Politik«, resümiert Professor Hans See, »reden vom sozialen Rechtsstaat und von Demokratie. Währenddessen vergrößert sich die schon jetzt unvorstellbare Summe der Spekulationsmilliarden, die mit elektronischer Geschwindigkeit um die Welt streunen und verantwortungslos nach rentabler Anlage suchen. Niemand fragt, wem diese Summen gehören, wie, ob und von wem sie verdient wurden. Und kaum jemand macht sich klar, daß es diese gigantischen um die Welt fließenden Geldströme sind, die über Nacht katastrophale Weltwirtschaftskrisen auszulösen vermögen, Krisen, die Millionen von Menschen in Not und Elend reißen und soziale Revolutionen provozieren. Die Verbrechen des Kapitals bringen so große Wettbewerbsvorteile, daß sie weltweit sowohl den legalen Kapitalismus als auch die Staaten des ehemaligen realen Sozialismus in ihren zerstörerischen und selbstzerstörerischen Sog hineinreißen.«

Nicht mehr finanzierbar werden über kurz oder lang auch jene Einrichtungen des Staates sein, die den Bürger schützen sollen. In naher Zukunft wird es nicht mehr selbstverständlich sein, daß der Bürger bei Gefahr einfach das Telefon abhebt und die Polizei um Hilfe ruft. Nur wer es sich finanziell leisten kann, wird die Hilfe der Polizei beanspruchen. Schon heute ist die private Sicherheitsindustrie der Dienstleistungsbereich mit den höchsten Zuwachsraten. In den USA sind mittlerweile die privaten Polizeikräfte zahlenmäßig denen der städtischen beziehungsweise staatlichen Polizei weit überlegen. Es gibt derzeit über 800 000 private Sicherheitsdienste gegenüber zirka 485 000 Beamten und Angestellten bei der normalen Polizei.

Diese Entwicklung ist nun auch in Deutschland zu beobachten. Bereits jetzt leisten sich die vermögenden Bewohner eines Bremer Viertels einen eigenen Streifendienst, genauso wie die Bürger eines Kölner Stadtteils. Ganz allmählich wird Sicherheit zu einer reinen Kostenfrage. »Kollektiver Schutz von Leben, Leib und Eigentum – es war einmal, wenn nur noch die Kasse zählt«, beklagt sich die SPD-Zeitschrift *Vorwärts*. 1992 beliefen sich die Umsätze privater Sicherheitsdienste auf 3,4 Milliarden Mark, eine Milliarde Mark mehr als noch 1990. Auf 7,5 Milliarden Mark wird der Branchenumsatz bis zum Jahr 2000 geschätzt.

»Das ist ein Markt«, jubelt die Bewachungsfirma Protectas und verweist auf über zwanzig konkrete Angebote, unter anderem aus Hamburg, Düsseldorf und dem Rhein-Main-Gebiet. Alle Sicherheitsdienste befinden sich im wirtschaftlichen Aufwind, zumal für die Sicherheit die Länder und Gemeinden, die sich bislang zuständig fühlten, diese aus finanziellen, personellen und organisatorischen Gründen mehr und mehr vernachlässigen. Die »Privatisierung« staatlicher Hoheitsaufgaben ist ja allerorten zu beobachten. Im westfälischen Büren bewacht ein privater Sicherheitsdienst die Justizvollzugsanstalt für Abschiebehäftlinge, in Wilhelmshaven sichern Privatwachen die Kasernen. Auch der Sicherheitsdienst in öffentlichen Verkehrsmitteln, an Brennpunkten in den Innenstädten wird von ihnen übernommen.

Die Polizeigewerkschaft verfolgt diese Entwicklung zwar mit großem Mißtrauen und Ablehnung, wird sie aber nicht aufhalten können, weil die Polizei nicht mehr in der Lage ist, die Dienstleistungen zu erbringen, die für das Funktionieren einer Gesellschaft notwendig sind. Überall kaufen sich die Vermögenden inzwischen ihre Sicherheit, wobei die Kriminalität natürlich nicht abnimmt, sondern in jene Bezirke verlagert wird, in denen Menschen leben, die sich Sicherheit nicht leisten können. Sicherheit wird zur Klassenfrage.

Wer wollte angesichts solcher Aussichten noch ausschließen, daß Kriminalität in Zukunft von den betroffenen Bürgern, den Opfern, selbst aufgeklärt werden muß, wenn die Polizei dazu nicht mehr in der Lage ist? Schon heute sind in Deutschland in überwiegendem Umfang Privatdetekteien mit der Aufklärung von Fällen von Wirtschaftspiraterie oder Betrug beauftragt, weil die Polizei nicht über die erforderliche Kapazität verfügt. Fehlt nur noch, daß die Gerichtsbarkeit von privaten Dienstleistungsunternehmen ausgeübt wird. Das führt zwangsläufig zur Korruption.

Was unterscheidet eigentlich korrupte Politiker, Beamte oder Bestechungsgelder zahlende Unternehmer von dem Chef eines kriminellen Syndikats, dem Einbrecher, Bankräuber oder Drogendealer? Sie alle schließen sich zu dem Zweck zusammen, dauerhaft Gewinne auf Kosten der Allgemeinheit zu erwirtschaften, sie alle schädigen den »kleinen Mann« auf der Straße, der kein Geld hat, um zu schmieren, sie bereichern sich auf Kosten des Steuerzahlers.

Teil der Wirtschafts- wie der organisierten Kriminalität ist die Korruption, ein in Deutschland bekanntlich massenhaft auftretendes Phänomen. Ministerialbeamte, Staatssekretäre wie Richter erhalten wohldotierte Verträge oder halten nicht minder hoch dotierte Vorträge, Kommunalpolitiker werden von Energiegroßunternehmen dauerhaft alimentiert. Ermutigend für die Beamten-Manipulateure: Bloße Gefälligkeiten, die nur der Pflege der Beziehung dienen und nicht als platte Gegenleistung für eine willfährige Amtshandlung ausgelegt werden, sind bislang nicht strafbar. Ebensowenig strafbar machen sich Politiker, die sich von Lobbyisten der Industrie aushalten lassen.

Cliquen, Kartelle und Seilschaften entscheiden über Wohl und Wehe von Volksvertretern. Verdiente Politiker, die sich für unentbehrlich halten, werden auf Steuerzahlers Kosten auf eigens dafür geschaffene, hochdotierte Posten (ab)geschoben. Gängige Praxis ist es offenbar, Staatsdiener zu bestechen – manche Firmen unterhalten eigene Geldtöpfe für derlei Sonderausgaben. Alles ist käuflich: Baugenehmigungen, Lizenzen für Spielhöllen, Führerscheine, Aufenthaltsgenehmigungen, staatliche Aufträge und manchmal politische Entscheidungsträger. In einigen Städten erhält nur derjenige öffentliche Aufträge, der in einen Fonds Bestechungsgelder eingezahlt hat.

Das geschieht nicht irgendwo, sondern in einem Land, daß sich einst eher preußischer Tugenden rühmte: Ordnung,

Ehrlichkeit, Sauberkeit. Freuen wir uns gemeinsam, könnte man zynisch sagen. Es schmiert sich hemmungslos gut im schönen Deutschland.

»Denn Korruption«, weiß Frankfurts Oberstaatsanwalt Wolfgang Schaupensteiner, »hat sich in Deutschland metastasenartig ausgebreitet.« Als er diese Feststellung erstmals öffentlich formulierte, hatte er sofort eine Dienstaufsichtsbeschwerde am Hals.

»Korruption«, behauptet er, »durchzieht die Amtsstuben ganzer Behörden und Verwaltungen. Sie wird organisiert und planmäßig betrieben.«

Unternehmer, die im Immobilienbereich investieren, sprechen davon, daß sie an leitende Beamte der Bauaufsicht zwischen 5000 bis 10 000 Mark zahlen müssen. Preisabsprachen werden in die Kalkulation einbezogen – die Preise um bis zu 20 Prozent erhöht. Im Hochtaunuskreis bei Frankfurt wanderten Bürgermeister und Ratsmitglieder mehrerer Gemeinden in Haft, weil sie teilweise sechsstellige Bestechungsgelder kassiert hatten. Die mafiosen Herren führten sich auf, als seien die Gemeinden ihr Eigentum. Die Parteien mühten sich freilich, ihre kriminellen Mitglieder und Repräsentanten so lange zu halten und zu decken, wie irgend möglich, das verlangt die gute Sitte in unserem Lande. Entstanden ist ein festes System, bei dem öffentliche Aufträge überhöht abgerechnet wurden. Das gilt unter anderem für soziale Einrichtungen wie Schulen, Altenpflegeheime, Kläranlagen, Krankenhäuser und Kindergärten. Eine stichprobenartige Überprüfung in 13 hessischen Landkreisen, bei der 100 Auftragsmaßnahmen in 30 Gemeinden untersucht wurden, ergab, daß in jedem der überprüften Landkreise Korruption im Spiel war. Mit fatalen Konsequenzen. Allein in Hessen entstand durch Korruption ein Schaden von mehreren Hundert Millionen Mark pro Jahr. Legt man die Quote der Bauausgaben der hessischen Gemeinden und Gemeindeverbände für das Jahr 1994 in Höhe von 2983 Millionen Mark zugrunde, dann ergäbe sich allein bei den Bauausgaben der Gemeinden und Gemeindeverbände Hessens ein Schaden von 358 Millionen Mark. Es bedarf keines großen Vorstellungsvermögens, sich auszurechnen, was mit einem Bruchteil dieser Summe an sozialen Investitionen vorgenommen werden könnte oder wie viele soziale Einrichtungen für die Armen und Ärmsten vor der Schließung bewahrt werden könnten.

Armutsverdrängung am Beispiel Dresden

Am 28. Februar 1996 stellt die SPD-Fraktion im sächsischen Landtag eine Große Anfrage zum Thema Entwicklung der Armut und der Obdachlosigkeit im Freistaat Sachsen. Sie will von der Landesregierung unter anderem wissen, wie sich die Struktur der Einkommen in den Jahren 1990 bis 1995 geändert hat, welche statistischen Angaben es zu Armut und Sozialhilfebedürftigkeit gibt, wie sich die Zahl der registrierten Arbeitslosen und der sogenannten stillen Reserve entwickelt, wie viele Menschen in Armut leben, wie viele Kinder und Jugendliche derzeit als sogenannte Straßenkinder gelten, wie viele Haushalte überschuldet sind.

Verblüfft lasen die SPD-Parlamentarier die Antwort des Sozialministeriums. Es gibt keine Armut. Die SPD sei der irrigen Ansicht, Sozialhilfebezieher seien arm und der Bezug von Sozialhilfe könne etwas über Armut in unserem Land aussagen. »Gegenüber dieser oberflächlichen Denk- und Ausdrucksweise muß festgestellt werden: Wer Sozialhilfe bezieht, ist nicht arm. Er wäre nur dann arm, wenn er zwar einen Anspruch auf Sozialhilfe hätte, ihm diese Leistung jedoch nicht gewährt würde. Sozialhilfe ist Instrument der Armutsbekämpfung. Die Sozialhilfestatistik enthält demgemäß keine Angaben über das Ausmaß von Armut, sondern ausschließlich Angaben über das Maß des Erfolgs im Bemühen um die Beseitigung der Armut.« Wenig konkret fiel der Versuch der Landesregierung aus, mit statistischen Zahlen aufzuwarten. In vielen Fällen fehlten sie nämlich. Zumindest über die enorme Steigerung der Sozialhilfebezieher konnte man Auskunft geben. So bezogen 1991 62324 Personen Hilfe zum Lebensunterhalt und 57344 Personen Hilfe in besonderen Lebenslagen – 1993 waren es bereits 101507 Personen, die Hilfe zum Lebensunterhalt erhielten, und 70417 Personen waren auf Hilfe in besonderen Lebenslagen angewiesen.

Nicht mehr beantwortet werden konnte die Frage über die Dauer der Bedürftigkeit. Hierzu liegen weder Daten noch Untersuchungen vor. Wenig verändert hat sich auch das angerechnete Einkommen in den Jahren 1990 bis 1995 im Freistaat. Es seien keine besonders strukturellen Veränderungen ersichtlich. Auffällig ist jedoch, daß die Anzahl der Hilfeempfängerhaushalte, die Wohngeld als Einkommen beziehen, deutlich gestiegen ist.»Im Jahr 1991 bezogen 7476 Haushalte Wohngeld, 1993 bereits 20304 Haushalte.«

Zu den Ursachen für den Bezug von Sozialhilfe gibt es konkrete Angaben, die mehr oder weniger deutlich machen, daß es die Arbeitslosigkeit ist, die zur Sozialhilfebedürftigkeit führt. Denn 1993 waren die Hauptursachen der Hilfegewährung in 54 Prozent aller Fälle Arbeitslosigkeit, 10,9 Prozent unzureichende Versorgungsansprüche, 22,9 Prozent »sonstige Ursachen« und 7,6 Prozent unzureichendes Erwerbseinkommen. Gerade mal in 0,9 Prozent aller Fälle wurde unwirtschaftliches Verhalten als Grund für Sozialhilfebezug angegeben.

Auf ihre Anfrage zum Phänomen Straßenkinder erhielten die Sozialdemokraten die saloppe Antwort, in der Praxis begegne man keinen Straßenkindern, sondern »Kindern und Jugendlichen mit zeitweiligen Straßenkarrieren«, eine »gravierende Zunahme des Phänomens im Freistaat« sei aber bisher nicht zu verzeichnen. Allerdings zeigen sich in Ansätzen »auffällige Tendenzen«. Auf jeden Fall ist »davon auszugehen, daß meist nicht materielle Not die Ursache für ein Leben auf der Straße ist; darin liegt der entscheidende Unterschied zu den Straßenkindern in Lateinamerika«.

Welche Arroganz! ärgerte sich die SPD.»Macht es denn für ein Kind einen Unterschied, ob es aus Armut auf der Straße landet oder weil es zu Hause mißhandelt wurde?« Das Fazit der parlamentarischen Antwort zeichnet jedenfalls nach Meinung der SPD ein düsteres Bild der sozialpolitischen Entwicklung. »Die sächsische Staatsregierung hat keine Kenntnis darüber, wie viele Haushalte von Räumungsklagen aufgrund von Mietrückständen bedroht sind, daß immer mehr Menschen Hilfe zum Lebensunterhalt benötigen. 1991 waren es 62324 Personen, 1993

bereits 101 507, das Lohnabstandsgebot von 15 Prozent vom Sozialhilfebedarf zu unteren Lohngruppen nur bei Familien mit
drei und mehr Kindern als Folge des nicht funktionierenden Fa-
milienleistungsausgleichs nicht gegeben ist. Zur offiziellen Arbeitslosigkeit muß noch die stille Reserve gerechnet werden.
Rund 165 000 sind das, was einem Anteil von 5,7 Prozent der
Bevölkerung im erwerbsfähigen Alter entspricht. Es können
keine Angaben darüber gemacht werden, wie vielen Hilfeem-
pfängern eine Arbeitsgelegenheit angeboten wurde. Fazit: Armut gibt es auch in Sachsen. Wir müssen ihr begegnen und sie
nicht nur ignorieren, wie es die Staatsregierung tut.« Lassen sich
aus der Verharmlosung etwa keine Daten, keine Armut ablei-
ten?»Deshalb alles in Ordnung, Herr Geisler«, fragte die sozialpolitische Sprecherin der SPD-Landtagsfraktion den sächsischen
Sozialminister. In diesem Zusammenhang ist es nur eine Rand-
notiz, daß die finanziellen Mittel für das Programm »Arbeit statt
Sozialhilfe«, durch das seit 1991 immerhin 250 sozialversicherungspflichtige Beschäftigungsverhältnisse gefördert wurden,
um die Hälfte gekürzt werden sollen.

Goldene Nasen und leere Kassen

Wie ein Krimi lesen sich jene Fälle von Steuerverschwendung, die der Bund der Steuerzahler in seinen jährlichen Schwarzbüchern veröffentlicht. Leider enden diese Fälle nicht als Happy-End wie im Krimi, wo die Schuldigen meistens zur Rechenschaft gezogen werden. Hier werden die Schuldigen manchmal belobigt, sie haben jedenfalls nichts zu befürchten.

Im nordbrandenburgischen Schönow wurde ein öffentliches Toilettenhäuschen für sage und schreibe 1,8 Millionen Mark saniert. Der ehemalige Bürgermeister der Gemeinde hatte – nach einem Kostenvoranschlag von 170000 Mark – 1,8 Millionen zur Zahlung an den beauftragten Installationsbetrieb angewiesen. Bürgermeister und Klempner sind nach dem Coup in die Dominikanische Republik geflüchtet. Der Bürgermeister wurde inzwischen während eines Kurzaufenthalts in Deutschland festgenommen, als er sein Privatvermögen auflösen wollte.

Besonders teuer kommt den Steuerzahler das Prestigeobjekt Transrapid zu stehen, über das die Industrie sich natürlich freut. Bereits jetzt trägt der Bund die Investitionskosten für den Fahrweg in Höhe von 5,6 Milliarden Mark. Er soll dafür zwar einmal ein Nutzungsentgelt in Höhe von 311 Millionen Mark pro Jahr von der privaten Betriebsgesellschaft erhalten, aber die gewählte Konstruktion »verlagert das Risiko des Betriebs zu einem großen Teil auf den Bund«, kritisieren die Prüfer des Rechnungshofes. Im Finanzierungskonzept gehen neben den Investitionen zahlreiche Risiken zu Lasten des Bundes, wenn etwa Grundstücke teurer werden als geplant, Verzögerungen im Planfeststellungsverfahren eintreten oder einfach nur bei Eintritt »höherer Gewalt«. Der Bundesrechnungshof rechnet heute bereits mit höheren Kosten als veranschlagt, weil zum Beispiel eine »bisher nicht berücksichtigte, aber möglicherweise erforderliche Baustraße für Schwerlastverkehr entlang der gesamten Trasse« gebaut werden muß.

Millionenschäden auch in anderen Bereichen. Die dem Landkreis Ludwigsburg gehörende Abfallgesellschaft wollte eine vorhandene Deponie »zurückbauen« und die dort seit Jahren ge-
lagerten Abfälle quasi wiederverwerten. Dabei hat man sich
offenbar kräftig verrechnet. Dem Vernehmen nach sollen auf
dem Kontoblatt »Rückbau und Wiederverwertung, Kosten,
Aufwand und nicht Realisierbares« mit zirka 55 Millionen zu
verbuchen gewesen sein. Das scheint noch nicht der Gipfel des
Müllbergs zu sein, denn hinter vorgehaltener Hand wird bereits
ein Betrag von 100 Millionen genannt. Dubiose Machenschaften
allein, falls solche im Spiel waren, können es wohl nicht gewesen
sein, denn bei sach- und fachgerechter Planung und bei wirt-
schaftlichem Umgang mit Steuergeldern dürften solche Aufwendungen nie und niemals entstehen. Inzwischen hat der neu gewählte Landrat reagiert. Nun stehen Prozesse an, die wieder
Steuergeld kosten werden. Der bisherige Landrat dagegen, unter dessen Amtsführung die Abfallgesellschaft entstand, wurde
nach 28 Dienstjahren feierlich in den Ruhestand verabschiedet.
Zirka 700 Gäste waren zur Verabschiedung geladen. Die Kreis-
kasse soll mit über 60 000 Mark dafür belastet worden sein.

Ein fataler Irrtum der Gutachter kostet in Baden-Württemberg den Steuerzahler mehr als 100 Millionen Mark. Die Rede ist
von der Sondermülldeponie des Landes in Malsch, im Rhein-
Neckar-Kreis. Entgegen der Meinung von Experten vermochte
die Tonschicht das Grundwasser unter der Deponie nicht gegen
giftiges Sickerwasser zu schützen. Die Müllkippe mußte aufwen-
dig saniert werden. Die Arbeiten zur dauerhaften Sicherung des
Gebietes sind jetzt zwar abgeschlossen, aber für die Überwa-
chung und Nachsorge müssen jährlich etwa drei Millionen ausgegeben werden.

Für die Verlegung der Landesanstalt für Schweinezucht von
Rheinstetten nach Boxberg wird der Steuerzahler mit 50 Millionen Mark zur Kasse gebeten. Am bestehenden Standort in
Rheinstetten hätte eine Modernisierung der Anstalt Kosten von
4,5 Millionen Mark verursacht.

Sieben Milliarden Mark beträgt das Defizit von Berlin. Gemessen daran nehmen sich verschwendete 104 Millionen Mark wie

ein Tropfen auf dem heißen Stein aus. Mindestens 54 Millionen Mark gingen durch das extrem unwirtschaftliche Anmieten eines Bürogebäudes verloren. Dazu kommen noch einmal rund 50 Millionen Mark, die der vergebliche Griff nach den olympischen Ringen Berlin und den Bund gekostet hat. Nach den Erkenntnissen des Berliner Rechnungshofes soll es bei den Geschäften drunter und drüber gegangen sein. Mitarbeiter wurden fürstlich entlohnt und Aufträge in Millionenhöhe freihändig vergeben.

Aber man tut auch Gutes für die Bürger. Mit 6,1 Millionen Mark sollte das Jahressteuergesetz 1996 den Bürgern schmackhaft gemacht werden. Soviel kostete eine Kampagne des Bundesfinanzministeriums, die, wie die Bundesregierung dazu erklärte, die Bürger über gesetzliche Neuregelungen im Steuerbereich informieren und die Auswirkungen für den einzelnen darlegen sollte. Die Antworten auf die Frage, ob die Bundesregierung glaube, mit Hilfe der Medienwerbung die Transparenz des Steuersystems erhöhen zu können, und ob sie der Ansicht sei, daß die Bürger das Jahressteuergesetz nun besser verstünden und überblickten, blieb sie hingegen schuldig.

Man hätte genausogut per Anzeige klären können, warum Landwirtschaftsminister Borchert für 128000 Mark zusammen mit seinem Staatssekretär Feiter nebst Ehegattinnen zwei Jagdreisen nach Spanien unternahm. Daß seine Frau auf Staatskosten mitflog, sei unter Agrarministern üblich, meinte Borchert.

Was die in Bonn können, kriegen wir allemal hin, werden sich wohl neun Abgeordnete des Arbeitskreises Landwirtschaft der CDU im sächsischen Landtag gesagt haben. Die Landespolitiker flogen samt ihren Ehefrauen für eine Woche in die Sonne Portugals. Kosten rund 25000 Mark. Daß der Besuch einer Weinkellerei und einer Kampfstierzucht Aussichten für die Umschulung arbeitsloser sächsischer Landwirte erbracht haben könnte, ist ziemlich unwahrscheinlich.

Diese Schlaglichter der Steuerverschwendung in einer Zeit leerer Kassen für soziale Investitionen heute und für die Zukunft sind Teil eines grotesken Szenariums. Da können die reichsten Deutschen Billiardenvermögen anhäufen, die Großbanken Milliardengewinne auf der Habenseite verbuchen, während der

Staat auf zwei Billionen Mark Schulden sitzt und viele Städte und Dörfer vor dem Bankrott stehen. Sie, die eigentlich die Keimzelle der Demokratie sind, können ihre elementaren Aufgaben nicht erfüllen.

Den größten Schuldenberg hat Frankfurt am Main angehäuft: 8255 Mark Gemeindeschulden pro Einwohner; zwei Millionen Mark Zinsen zahlt die Stadt täglich für ihre Kredite. Platz zwei und drei in der Schuldnerhierarchie belegen Düsseldorf und Hannover.

Die Wiedervereinigung hat den Schuldenstand der Kommunen weiter erhöht. Mit insgesamt 151 Milliarden Mark standen sie 1993 bei den Kreditinstituten im Soll, ein Plus von zehn Milliarden gegenüber 1992. Allein im Land Brandenburg sind mindestens zwanzig Kommunen zahlungsunfähig. Ein Grund ist der sorglose Umgang mit Geld. Er bewirkte zum Beispiel das Finanzdesaster der kleinen Gemeinde Fahrland im Havelland, die sich mit Immobilien in den Ruin spekulierte. Da wurde mit einer Entwicklungsgesellschaft für 60 Millionen Mark Bauland gekauft, das zum Teil bis heute nicht bezahlt ist. Auf 80 Millionen Mark belaufen sich mittlerweile die Verbindlichkeiten.

Allein 35 Beispiele führt der Bericht des Landesrechnungshofs Brandenburg auf, bei denen rund 100 Millionen an Steuergeldern vergeudet wurden. Mit schlimmen Konsequenzen. Die Gemeinden können ihre Schulden nicht mehr bezahlen, da sich die Banken weigern, weitere Kredite zu gewähren. So versuchte der Abwasserverband in Löwenberg gleich bei 13 Banken an neues Geld zu kommen. Doch keine Bank wollte der Gemeinde noch Geld geben. Und die Städte verrotten derweil. Gettos wie in den USA auch in Deutschland? Ist das etwa nur ein düsteres Zukunftsbild? »Nein«, sagt der Politologe Wolf-Dieter Narr. »Auch in der Bundesrepublik wird es über kurz oder lang Slums geben.«

Bei heftigem Wind wackeln die brüchigen Bretterbuden, in den Zimmern lösen sich die Tapeten von den Wänden, die völlig durchnäßt sind. Überall trifft man auf Ungeziefer: Ratten, Mäuse, Wanzen und Kakerlaken. Die Gehwege, eher Lehmstraßen, verwandeln sich bei Regen in schlammige Seen. »Die Fenster können wir gar nicht mehr aufmachen, die fallen sofort aus dem Rahmen heraus«, meint eine junge Mutter. Gleich neben den Hütten ein Haufen stinkender Unrat, Gemeindeabfall und verrottete Autowracks – kein Bild aus der Dritten Welt, sondern die Beschreibung eines Slums in Deutschland.

»Rettet unsere Städte jetzt«, forderten im Frühjahr 1994 die Oberbürgermeister von sieben deutschen Städten (Berlin, Dresden, Düsseldorf, Frankfurt, Köln, Stuttgart, Hamburg), und sie warnten vor der drohenden Spaltung in Arm und Reich, unkontrollierbarer Gewalt und Kriminalität. »Wir wollen nicht, daß Slums aus Wellblech, Holz und Karton in den Außenbereichen entstehen, sich Arme-Leute-Siedlungen wie ein Gürtel um unsere Innenstädte legen und die Villenviertel der Begüterten abgeriegelt und von Privatpolizei streng bewacht werden. Wir wollen nicht, daß Fußgängerzonen immer stärker durch Obdachlose, Bettler und Stadtstreicher geprägt werden, sich internationale Verbrecherbanden in unseren großen Städten einnisten, die Beschaffungskriminalität der Drogenabhängigen ständig zunimmt und die Angst der Bürger vor Raub und Einbruch weiter steigt.«

Die sieben Bürgermeister sind sich aufgrund der Erfahrungen in ihren Städten einig, daß die Mißstände der Gesellschaft zuerst in den großen Städten aufbrechen. Bereits jetzt drifte die Stadtgesellschaft in Arme und Reiche auseinander. Familien mit drei oder mehr Kindern haben in diesen Großstädten keine Chance, eine bezahlbare Wohnung zu finden, und selbst viele Durchschnittsverdiener können sich das Leben in der Großstadt nicht mehr leisten.

Und weil das so ist, stürmen in Heilbronn die Hilfesuchenden regelrecht die Kleiderkammern des Deutschen Roten Kreuzes oder brechen die Kleidercontainer auf. Allein in Heilbronn mußten in den letzten Jahren über 3000 Menschen mit gebrauchten Kleidern versorgt werden.

In München, diesem Schicki-Micki-Zentrum, wo der Reichtum so offen zur Schau gestellt wird wie in kaum einer anderen deutschen Stadt, beklagen sich Sozialarbeiter über die massiven so-

zialen und erzieherischen Defizite von Kindern und Jugendlichen in unzureichenden Wohnungen. Trotz überdurchschnittlich starkem Wachstum in der Bayernmetropole nehmen Armut
und Polarisierung zu. Bedroht sind in München nicht nur jene
Bevölkerungsgruppen, die klassischerweise als Problemgruppen
galten, sondern auch die Bezieher von mittleren Einkommen.
Und das in vielen deutschen Großstädten um sich greifende neue
Phänomen ist auch hier anzutreffen: »Der Anstieg von Gewalt,
Mißhandlungen, der selbst vor den Sozialarbeitern nicht mehr
haltmacht.

Eigentlich wären in München zur Linderung der ärgsten Not
mehr Sozialdienste mit mehr Personal erforderlich. Aber beim
Allgemeinen Sozialdienst werden Stellen abgebaut. Und so ist
der Verbleib von gefährdeten Kindern und Jugendlichen in ihren
Familien nicht mehr gesichert, weil der verringerte Personalbe-
stand zu Lasten der Vermittlung und Organisation ambulanter
Hilfen geht. Der Abbau der Betreuungskapazität mindert daher
die soziale Schutzfunktion beispielsweise des Allgemeinen Sozialdienstes für die Familien und erhöht sowohl die persönlichen
Risiken der Betroffenen als auch das Risiko für die Sozialpäd-
agogen«, klagen die Sozialarbeiter und ziehen sich frustriert und
resigniert zurück.

In Halle an der Saale hat die Schuldenlast der Stadt 70 Millionen
Mark erreicht, und deshalb weiß der Oberbürgermeister nicht
mehr weiter. »Ich tue derzeit das, was in der DDR zur Meister-
schaft entwickelt wurde, von der Substanz leben. Ich habe nicht
einmal mehr soviel Geld in meinem Etat, daß es mir gelänge, die
Unterhaltung für die Immobilien, die sich in einem trostlosen
Zustand befinden, so zu bezahlen, wie ich es eigentlich tun
müßte. Ich lasse Häuser weiter vergammeln und lasse Dächer
weiter unrepariert, weil ich einfach das Geld nicht habe.«

In der Messestadt Hannover, die Millionen für die Weltausstel-
lung Expo 2000 auszugeben bereit ist, sieht das Kürzungscredo
so aus, daß die Bürger höhere Gebühren zahlen dürfen und
gleichzeitig weniger soziale Hilfen zur Verfügung stehen – um

Einsparungen in Höhe von 125 Millionen Mark möglich zu machen; schließlich müssen 140 Millionen Mark Schulden abgetragen werden. Verständlich, daß der dickste Brocken der Einsparungen in der Landeshauptstadt dem Dezernat für Soziales, Jugend und Gesundheit abverlangt wird. In vier Jugendzentren wird die vierte Mitarbeiterstelle gestrichen, das Feriendorf Kirchheim macht im Winter zu. Um 14,4 Millionen ist der Etat des Sozialamts beschnitten – bei steigender Hilfsbedürftigkeit ein kluger Schritt; das Jugendamt spart 24,5 Millionen Mark. Aus dem 300-Millionen-Jahresetat der Sozialhilfe werden die Hilfen nur noch restriktiv gewährt, und für Beihilfen, wie beispielsweise Kleidung, werden noch rund 1,25 Millionen Mark ausgegeben. Der Rotstift wird auch bei der Altenbetreuung und Altenerholung angesetzt. Es werden 350 städtische Mitarbeiter entlassen, der Sparpaß, die Förderung der Familienerholung und die Spätaussiedlerbetreuung gestrichen, die Zahl der Sozialarbeiter in der Familienhilfe um zehn Prozent reduziert. Drei Jugendzentren und vier Spielparks müssen genauso wie drei Schulen geschlossen werden.

Aber weniger Betreuung von Jugendlichen beschleunigt das Risiko weiterer Verelendung. Die Schließung von Spielparks verhindert die Betreuung sozial benachteiligter Kinder. 1987 gab das Diakonische Werk erstmals Mittagessen an Bedürftige aus. Damals kamen täglich 16 Menschen. »Heute ist die Armut so groß«, berichtet Eckard Spoo, »daß eigentlich in allen Stadtvierteln (mit Ausnahme einiger Villenviertel) Verpflegungsstellen eingerichtet werden müßten.« Und es sind nicht nur Ungelernte, Arbeitslose oder Wohnungslose, die hier eine Möglichkeit, die einzige Möglichkeit finden, eine warme Mahlzeit zu sich zu nehmen. Man findet auch Akademiker unter ihnen.

Stolz ist die Hansestadt Hamburg auf ihren Reichtum. Dort, wo die Reichen leben, heißt das Viertel Boomtown, etwa Blankenese, wo sich die Millionäre in den prächtigen Villen mit großen Vorgärten angesiedelt haben. Weniger bekannt ist Downtown, etwa das Karolinenviertel, in dem die Armen im Dreck und in sozialer Verlassenheit leben – amerikanische Verhältnisse ziehen ein. Doch die Mittellosen kratzen zunehmend an der schönen Fassade. Hamburgs Ex-Oberbürgermeister Voscherau sieht Verhältnisse wie in Los Angeles voraus, und die Stadtentwicklungssenatorin sah bereits 1993 »regelrechte Slums wachsen, die von außen kaum noch betreten werden können«. Die deutschen Armenviertel sehen im Vergleich zu den Slums in den USA oder in Lateinamerika glücklicherweise weniger gräßlich aus. Baracken oder Wellblechsiedlungen ohne Strom- und Wasserversorgung gibt es noch nicht massenhaft in Deutschland. Aber die Vergleiche mit den Slums in USA sind trotzdem angebracht. Hier führten, genau wie in Los Angeles, um ein Beispiel herauszugreifen, Grundstücksspekulation und die gestiegene Nachfrage nach luxuriösen Wohnungen zu einem deutlichen Anstieg der Mieten, zur Verelendung innerstädtischer Wohngebiete und zur Verdrängung armer Bevölkerungsschichten.

Deutlich wird die Gettobildung, vor der immer wieder gewarnt wird, in bestimmten Hamburger Stadtteilen. Im Karolinenviertel sieht Hamburgs Stadtentwicklungssenatorin Traute Müller ein Getto, in dem ein »Armutskrieg« droht. Siebentausend Menschen leben in den Billighäusern, die immer weiter verfallen, auf engstem Raum zusammen, die Hälfte davon sind Ausländer aus 23 Nationen. Fast ein Drittel der Bewohner hat keine Arbeit. Wer es sich leisten kann, der flüchtet. Ein anderes Beispiel bietet die Berzeliusstraße, mitten im Hamburger Industriegebiet gelegen, eine Obdachlosenunterkunft. An der Zufahrt zur Siedlung ist ein Krämerladen, geschützt mit NATO-Stacheldraht auf dem Dach. Die Not ist hier sichtbar: schäbige Fassaden, mit Sperrholz verrammelte Fensterscheiben, in den Häusern sind die Briefkästen aufgebrochen. Vierhundert Menschen müssen hier leben: Langzeitarbeitslose, Asylbewerber, psychisch Kranke und Rentner. »Die Behörden haben uns hier in ein Getto gesperrt und vergessen«, resigniert ein Handwerksmeister, der bereits seit 1981 mit seiner Frau und zwei Kindern hier das Überleben gelernt hat. Erst wurde der ehemalige Schuhmachermeister krank, danach arbeitslos, darauf folgte die Verschuldung. Er verlor seine Wohnung, und jetzt lebt er am Rande der Gesellschaft.

159

Er ist einer von rund 150000 regelmäßigen Hamburger Sozialhilfeempfängern, wobei 30000 Menschen in Hamburg nicht wissen, was es heißt, in einer eigenen Wohnung zu leben. Hunderte leben in Baracken, in Abrißhäusern, andere brachten die Stadt und die Wohlfahrtsverbände in Pensionen, Containerdörfern und Wohnschiffen am Elbufer unter. Betroffen von der Armut sind vor allem ausländische Bürger. In Hamburg erhielten zum Jahresende 1990 knapp fünf Prozent aller Deutschen, aber fast 17 Prozent der ausländischen Mitbürger Hilfe zum Lebensunterhalt. Die Zahl der deutschen Sozialhilfeempfänger ist allein zwischen 1980 und 1990 um 111 Prozent gestiegen, die der ausländischen Einwohner um 556 Prozent.

Auch wer im Stadtteil Billstedt lebt, zählt zu den Armen. Hier lebt ein prozentual hoher Anteil von Sozialhilfeempfängern, alleinerziehenden Elternteilen und ausländischen Mitbürgern. Zwischen den sozialen Problemen und der ökonomischen Notlage besteht ein direkter Zusammenhang. Arbeitslosigkeit hat Verarmung, Verschuldung, oft auch Gewalt und Kriminalität zur Folge. Im Zusammenhang mit diesen Notlagen nehmen Mißbrauch von Drogen, Alkohol und Medikamenten zu. Mietschulden und damit drohende oder tatsächliche Obdachlosigkeit treffen einen sich ständig ausdehnenden Personenkreis. Isolierung, Ausweglosigkeit führen schließlich dazu, daß die Zahl der Familien, aus denen sexueller Mißbrauch von Kindern an die Sozialarbeiter herangetragen wird, ständig wächst. Ebenso die Zahl der Kindesmißhandlungen.

Billstedt ist so ein Sammelbecken der Armen geworden. Hier kommen immer häufiger Familien mit Kindern an, die aus anderen Stadtteilen, insbesondere der inneren Stadt, verdrängt wurden, weil sie die Wohnungsmiete nicht mehr bezahlen konnten. Wenn sie erst einmal hier gelandet sind, bleiben sie sich selbst überlassen. Es ist ein trostloser Stadtteil, der keine positiven Impulse von außen erhält. Im Armutsbericht der Stadt Hamburg heißt es dazu: »Es [Billstedt] hat sich inzwischen in ein regelrechtes Armengetto verwandelt. Das Quartier bestehe aus SAGA-Wohnungen, die über eine gute Grundausstattung verfügten. Diese Wohnungen würden jedoch zu fast 100 Prozent an

Dringlichkeitsfälle vergeben, so daß sich dort eine extreme Ballung von sozialen Problemen ergeben habe. Es lebten dort viele alleinerziehende Frauen. Im Wohnumfeld mangele es an sozialen Diensten und Infrastruktureinrichtungen. Das Leben der Frauen werde von der Erfahrung bestimmt, ›daß man nicht mehr herauskommt und einem niemand mehr wirklich hilft, mit dem Alltag und den vielen Problemen fertig zu werden‹.«

Mit Sorge beobachten die Sozialarbeiter Resignation bei ihren Klienten. Die haben inzwischen jede Hoffnung aufgegeben, ihr Leben noch einmal positiv wenden zu können und irgendwann über genügend Geld zu verfügen, um unabhängig vom Staat und von regelmäßiger Unterstützung leben zu können. Viele Menschen helfen sich dadurch, daß sie ihre Frustrationen nach innen richten. Es steigt die Vernachlässigung der Kinder, auch bei der Ernährung. Und wo sollen die Kinder hin? Es gibt nichts, abgesehen von einem Einkaufszentrum. »Wer seine materiellen Bedürfnisse auf das Minimum beschränken muß, der kann weder Kino noch Konzerte besuchen, Freunde oder Nachbarn nicht zum Essen einladen, Wochenendausflüge gibt es nicht, während sie gleichzeitig mit dem einzigen vitalen Treffpunkt des Stadtteils, dem Einkaufszentrum mit einem üppigen Warenangebot, konfrontiert werden. Es ist ein Teufelskreis, der anscheinend nicht aufgebrochen werden kann. Der seelische Druck der ins Elend Gerutschten entlädt sich innerhalb der Familie an den Schwächsten, den Kindern«, lautet das Fazit der Sozialarbeiter. Gewalt gegen Kinder ist die Folge. Die Eltern sind unter solchen Lebensumständen mit der Erziehung der Kinder überfordert. Die schlechte Versorgung der Kinder wirft sie in ihrer Entwicklung hinter den Gleichaltrigen zurück, sie entwickeln Verhaltensauffälligkeiten und übermäßige Aggressionen. Die Spirale der Gewalt dreht sich, die Sozialstrukturen zerfallen.

Der Zerfall der Sozialstruktur ist ein Zerfall der demokratischen Gemeinschaften. Wenn dann noch die wenigen Hilfemaßnahmen eingekürzt werden, entsteht die international berüchtigte Apathie der Armut: Abkapselung und offene Feindschaft gegenüber dem demokratischen Staat, der sie allein läßt.

Die regionalen Aspekte der Armut in Hamburg machen jedenfalls deutlich, »daß sich in den Strukturen der örtlichen Armut allgemeine Faktoren wiederfinden, die in jeder Region und unabhängig von der geographisch-historischen Situation des Stadtteils das Bild von Armut und Benachteiligung in Hamburg prägen«, heißt es in dem Armutsbericht der Stadt. »Dazu gehören gravierende Mängel in der Ausstattung mit sozialer Infrastruktur, insbesondere mit Kindertagesheimplätzen im Stadtteil, erhebliche Mängel in der Bausubstanz der Wohnungen, Mangel an wohnortnahen Arbeitsplätzen, insbesondere für Frauen mit Kindern und für Menschen mit sogenannten ›vermittlungshemmenden Merkmalen‹, Ballung von Dringlichkeitswohnungen, in denen sich überwiegend Haushalte mit erheblichen sozialen und wirtschaftlichen Problemen befinden, Mängel in der Zusammenarbeit von Sozialamt und Wohnungsamt bei der Vermeidung von Obdachlosigkeit, erhebliche Belastungen durch Verkehr im unmittelbaren Wohnumfeld.«

Fast eine ganze Stadt ein Slum, mit diesem Prädikat könnte sich Offenbach am Main vielleicht bald schmücken. Offenbach ist ein Gemenge aus einem zu groß gewordenen Dorf, einem Wirrwarr von Geschäften und heruntergekommenen Häusern und zudem eine riesige Baugrube. Millionen wurden investiert für eine S-Bahn-Anbindung nach Frankfurt, obwohl es eine direkte Straßenbahnverbindung gibt. Wie ein fremdartiger Klotz steht mitten in Offenbach das Rathaus. Hier versucht man nun die Haushaltskrise in den Griff zu bekommen, um das 200-Millionen-Mark-Defizit auszugleichen. Sparen, sparen, kürzen, lautet die Devise des Oberbürgermeisters. Die Hälfte der Mitarbeiter der Stadtverwaltung wurde entlassen, ganze Rathausabteilungen wurden privatisiert. Das Ziel: Die Stadtverwaltung muß wie ein kaufmännisches Unternehmen arbeiten, was in einer Stadt mit einer hohen Arbeitslosigkeit und entsprechend vielen Sozialhilfeempfängern zwangsläufig auf Schwierigkeiten stößt. Bereits in den siebziger Jahren hatte die Industriestadt Offenbach den Verlust von 10000 Arbeitsplätzen und die damit verbundenen Lohn- und Gewerbesteuerausfälle hinnehmen müssen. In keiner anderen hessischen Stadt gibt es heute – im Vergleich mit der

Gesamteinwohnerschaft – so viele Sozialhilfeempfänger wie hier. In Offenbach findet kaum noch soziales und kulturelles Leben statt. Es fehlen Jugendhäuser und Plätze, wo sich Jugendliche treffen können. Ein Musicaltheater, das den Kultursuchenden wieder etwas bieten sollte, hatte nur kurz Bestand, weil es unrentabel war. Wer konnte sich schon die hohen Eintrittspreise leisten? Und so wuchern die sozialen Gettos unaufhaltsam direkt im Zentrum der Stadt. Die Zuwanderung ausländischer Arbeitskräfte in den letzten Jahren hat die soziale Situation weiter verschärft, jede ethnische Gruppierung versucht sich abzuschotten. Manchmal sieht man in der Stadt Unternehmer, die Tagelöhner zu Niedrigstlöhnen anheuern, um sie gegen Profit an Großunternehmen für einen Tag »auszuleihen«. Ein Bild des Elends.

Nicht weit von Offenbach entfernt liegt Dietzenbach, und mitten in Dietzenbach ragen bis zu 14geschossige Wohnblocks auf. Eigentümer dieser Wohnanlagen sind meist Immobilien- und Verwaltungsfirmen.

Hier ist ein Getto, wie es sich in der Struktur kaum von solchen in den USA unterscheidet. In einem Hochhausviertel leben knapp 1200 Menschen, davon sind 600, also 51 Prozent, im Alter unter 25 Jahren. Einundneunzig Prozent der dort lebenden Menschen sind Ausländer, überwiegend türkischer Nationalität. Neben der Kindertagesstätte und der Grundschule, in deren Einzugsgebiet die Wohnanlage liegt, sind im Wohngebiet zwei verschiedene Träger der Jugendhilfe und sozialer Projekte tätig, um zumindest einen Hauch der sozialen Probleme aufzufangen. Denn insbesondere unter den Jugendlichen ist die Arbeitslosigkeit dramatisch gestiegen, allein zwischen 1992 und 1994 hat sie sich verdoppelt, mit steigender Tendenz.

Die Folgen sind in Statistiken festgehalten: Dietzenbach hat die höchste Sozialhilfedichte, und bezogen auf die Einwohnerzahl hat die Zahl der Straftaten weitaus stärker zugenommen als in jeder anderen Stadt im Kreis Offenbach. Das gilt vor allem für den Tatbestand der Körperverletzung. Die Sozialarbeiter berichten von einer dramatischen Eskalation der Rohheit und körperlicher Gewalt in den Schulen. Entgegen dem kolportierten Vorurteil zeigt sich aber, daß die ausländischen Kinder und Ju-

163

gendlichen bei den Klienten der Erziehungshilfen deutlich unterrepräsentiert sind.

Dabei leben die Familien mit den meisten Kindern überwiegend in den Hochhäusern mit der schlechtesten Wohnqualität, und umgekehrt verfügen die Familien mit den wenigsten Kindern über den meisten Wohnraum bei bester Wohnqualität. In dem besonders kinderreichen Stadtteil Rosenpark besteht seit Jahren ein hoher Bedarf an Infrastrukturversorgung. Hier überwiegen Hochhäuser zwischen neun und 17 Geschossen. Und die meisten Wohnungen sind völlig überbelegt. Nicht selten leben fünfköpfige Familien in Zwei-, ja sogar in Einzimmerwohnungen. Die bis zu dreißig Meter – extrem – langen Flure sind dunkle Sackgassen. Da es sich um frei finanzierte Wohnungen handelt, konnten bei der Planung Vorschriften, wie sie für Sozialwohnungen gelten, unbeachtet bleiben. Folglich liegt der Standard der Wohnungen weit unter dem von Sozialwohnungen. Wohnungsentlüftungen funktionieren nicht, es gibt keine ordnungsgemäße Müllentsorgung, und die wenigen Aufzüge sind meist außer Betrieb. Wenn die Familien mit ihren Kindern die Wohnung verlassen, finden sie nicht einmal einen Platz, wo sie sich erholen könnten. Die Kinderspielplätze sind heruntergekommen, für ältere Kinder und Jugendliche gibt es nur einen Bolzplatz am Bewohnerzentrum. Hinter den Hochhäusern erstreckt sich ein Schrottplatz, der vor allem wegen der Ölabfälle zu einer Verseuchung des Bodens geführt hat, und die erschreckend häßlichen Parkdecks sind zu einem unglaublichen Müllberg verkommen.

Die Wohnanlage am Rosenpark ist als Bauherrenmodell finanziert worden, das die Eigentümer verpflichtet, die Wohnungen zehn Jahre lang über einen gewerblichen Zwischenvermieter zu vermieten. Die Bindung an das Bauherrenmodell ist inzwischen ausgelaufen, was zur Folge hat, daß grundlegende Veränderungen der Baustruktur und des Wohnumfeldes in den vergangenen Jahren durch die besondere juristische Konstruktion der Eigentumsverhältnisse verhindert wurden. In einigen Wohnanlagen gibt es insgesamt 288 Wohnungen, davon 38 sogenannte »Dachwohnungen«, die vom Vermieter ohne Baugenehmigung eingerichtet wurden. Ein anderes Wohngetto in Dietzenbach besteht aus 1017 Wohnungen, die 1019 Eigentümern gehören. Offiziell leben dort 3200 Menschen, die Grundstücksverwalter geben jedoch die Zahl von bis zu 6000 Bewohnern an. Viele der Wohnungseigentümer, die im grünen Speckgürtel leben, spekulieren darauf, durch Vermietung zu Höchstpreisen und durch Überbelegung eine »schnelle Mark« zu machen. Es verdient also wieder einmal jemand an dem sozialen Desaster der Gettos.

Und was tun die Gemeinden gegen diese auffällige Not?

Um die Finanznot zu lindern, nötigen Bund und Kommunen den Bürgern immer mehr Steuern auf, Städte schließen ihre Schwimmbäder, heben die Müllgebühren an, lassen Schulen verlottern und streichen Programme des sozialen Wohnungsbaus, privatisieren städtische und staatliche Einrichtungen.

Die Bankenmetropole oder: Das Sittengemälde sozialen und moralischen Absturzes

Frankfurt ist die europäische Wirtschaftsmetropole. Hier wachsen die Bürotürme in den Himmel, hier findet der Besucher eine Stadt, die sich rühmt, die meisten Banken und Bankrepräsentanzen Deutschlands zu beherbergen, hier darf sich das Umland, der Main-Taunus-Kreis, rühmen, die höchste Dichte an Rolls-Royce-Karossen zu haben. Doch diese wirtschaftlichen Superlative stehen in Beziehung zu anderen Superlativen. Es besteht eine überdurchschnittliche Verquickung von Kriminalität und Politik, die Urbanität wurde zerstört, vorausgesetzt, man mißt eine Stadt nicht an ihren Banken, sondern an den sozialen Lebensbedingungen. Denn eine Stadt zeichnet sich bekanntlich nicht allein durch eine Ansammlung von Villen, Banken und Versicherungspalästen, als Börsenzentrum, durch Großflughafen und Messegelände aus, die in ein dichtes Verkehrsnetz eingespannt sind. In einer Stadt zu wohnen bedeutet, soziale Zugehörigkeitsgefühle zu den Nachbarn entwickeln zu können, Kommunikationsstrukturen zwischen den verschiedenen sozialen Gruppen bedeuten Leben.

Das soziale Leben wird jedoch immer schwieriger, insbesondere deshalb, weil im kommunalen Haushalt ein Milliardendefizit besteht. »Die Stadt befindet sich in der schwersten finanziellen Krise nach dem Zweiten Weltkrieg«, klagt Frankfurts Oberbürgermeisterin Petra Roth. Keine andere Kommune ist so hoch verschuldet wie die Bankenmetropole. Denn in Frankfurt wurde der Umbruch vom Industriestandort zum Dienstleistungszentrum in den letzten Jahren radikal vollzogen – mit entsprechend negativen Folgen. Das Gewerbesteueraufkommen schrumpfte in den letzten Jahren dramatisch, im Gegenzug explodierten die Sozialhilfeausgaben. »In keiner Stadt«, schreibt Sylvia Koppelberg, »prallen die Gegensätze so hart aufeinander

wie in Frankfurt, geht so ein tiefer Riß durch die Gesellschaft.«
Nirgendwo gibt es soviel Reichtum wie in der deutschen Bankenmetropole. Hinter den glitzernden Spiegelfassaden der Finanz-
paläste wird der große Reibach gemacht. Die Commerzbank
scheffelte 1993 über eine Milliarde Mark Gewinn, die Dresdner
zwei Milliarden und die Deutsche Bank sogar 5,27 Milliarden
Mark. Der Kontrast: Nur ein paar Schritte von den glänzenden
Wolkenkratzern entfernt, unter den Mainbrücken und vor den
Kaufhauseingängen auf der Konsummeile Zeil, lagern in ver-
dreckter und zerlumpter Kleidung Hunderte von Obdachlosen.

In Frankfurt droht neben der Langzeitarbeitslosigkeit die
Langzeitarmut. »Kinder und Jugendliche sind die mittlerweile
bedeutendste Armutsgruppe. Mit ihr wächst, wird nicht energisch und erfolgreich politisch gegengesteuert, ein großes Ar-
mutspotential heran, das kaum noch Zugang zum Arbeitsmarkt
findet.« Inzwischen sind fast 50 000 Arbeitslose im Arbeitsamt-
bezirk Frankfurt gemeldet, und ein Ende der Arbeitsplatzvernichtung ist nicht in Sicht, insbesondere der dramatische
Arbeitsplatzabbau in der Metallwirtschaft setzt sich weiter fort.

Das gleiche gilt für die chemische Industrie. Die Farbwerke
Hoechst sind einer der wichtigsten Arbeitgeber im Großraum
Frankfurt. Ende 1994 waren hier 30 000 Arbeitnehmer beschäftigt, 3000 weniger als zwei Jahre zuvor. Nur noch 22 Prozent des
Umsatzes werden jedoch in Deutschland gemacht, 30 weitere
Prozent werden in Europa und fast 50 Prozent in Übersee erwirtschaftet. Und da die Entwicklung weitergeht, haben die
Hoechst-Mitarbeiter nicht nur Angst um ihren Arbeitsplatz, sie
sorgen sich auch um die soziale Infrastruktur. Der Konzern hatte
die Mitarbeiter nicht nur mit übertariflichen Leistungen be-
dacht, sondern ihnen auch Wohnungen zur Verfügung gestellt
und sich des sozialen und kulturellen Umfelds angenommen.
Doch jetzt beginnt der Ausverkauf. Und weil ein Konzern zunehmend auf die Profite schaut, die Steuern nicht mehr der Stadt
gezahlt werden, wird überall gekürzt, droht ein ganzer Stadtteil
zu verkommen.

Das macht verständlich, warum es so viel Armut in Frankfurt gibt. Frankfurt ist bankrott. Die Stadt erstickt unter einer

Schuldenlast von acht Milliarden Mark. Manche Kritiker dieser Verschuldungspolitik wagen es, darauf hinzuweisen, daß die Kommunen im Schnitt jährlich zwischen sieben und acht Prozent Zinsen an die Banken für die Kreditaufnahmen zahlen. Das sind in Frankfurt täglich 1,4 Millionen Mark Zinsbelastungen. Und wenn – wie geplant – die Gewerbekapitalsteuer entfällt, was die Industrie seit langem vehement fordert, dann ist mit 63 Prozent aller Frankfurter Steuereinnahmen die größte Gemeindesteuer weggewischt. Für die Stadt Frankfurt bedeutet das den Ausfall von 300 Millionen Mark im Jahr. Wiesbadens Oberbürgermeister beziffert die Ausfälle für seine Stadt auf 60 Millionen Mark, das entspricht kostenmäßig der Größenordnung aller städtischen Kitas, der Zuschüsse für das Theater und sämtliche Sportvereine.

Dabei sind es gerade mal 28 Prozent aller Betriebe, die diese Steuer zahlen, die übrigen, vorwiegend Klein- und Mittelunternehmen, zahlen wegen der hohen Freibeträge schon jetzt nichts. Die Gewerbekapitalsteuer ist also eine Steuer für die 1000 größten Unternehmen, die 90 Prozent des Aufkommens liefern. Die Abschaffung dieser Steuer würde demnach gerade nicht die Klein- und Mittelbetriebe begünstigen, wie gerne behauptet wird, sondern diesen schaden, weil sie ihren großen Konkurrenten zugute kommt. »Statt die Großunternehmen mit ihren enorm hohen Gewinnen und ihrem enormen Kapital verstärkt zur Kasse zu bitten, um das Gejammer um die leeren Staatskassen zu beenden, werden diese Unternehmen auch noch mit Steuergeschenken überhäuft«, so eine Stellungnahme der Gewerkschaft Erziehung und Wissenschaft, GEW.

Zinsen und Tilgung können daher nur noch aufgebracht werden, indem notwendige Dienste und Leistungen für die Bürger rigoros zusammengestrichen werden. Der Magistrat ist zum Gerichtsvollzieher der Banken geworden, die Stadt dem Würgegriff der Gläubiger ausgeliefert. Sie sind es, die letztlich die Geschäfte in Frankfurt führen, sagen Zyniker. Ihnen zuliebe schließt der Magistrat Schwimmbäder und Jugendhäuser, spart bei Kindergärten und Bibliotheken, dünnt städtisches Personal aus. Aber trotz Personalkostensenkungen, trotz des stückweisen Verkaufs von allem, was nicht niet- und nagelfest ist, trotz Kürzungen bei den Sozialleistungen wächst der Schuldenberg unaufhörlich.

Wer ist dafür verantwortlich? SPD und Grüne sagen, es sei die CDU, die CDU schiebt den Schwarzen Peter der SPD und den Grünen zu. Mit Sicherheit haben beide recht. Aber da sind noch jene Unternehmen, die alle bisherigen Magistrate unter Druck gesetzt haben, Milliarden öffentlicher Mittel aufzuwenden, um der Stadt ein Metropolenflair zu verleihen, die mit Hilfe von Bestechung, Beziehungen und Kartellen Hunderte Millionen Mark für Aufträge zu überhöhten Preisen von der Stadt einkassiert haben, die die Sozialausgaben dadurch erhöhen, daß sie viele Menschen durch Abbau von Arbeitsplätzen und Zerstörung oder Umwidmung von Wohnraum für gewerbliche Zwecke zu Sozialhilfebeziehern machen, und die gleichzeitig mit legaler und illegaler Steuerflucht ihre Steuerzahlungen vermindern.

»Auch wenn wir für 50 Millionen Mark Bäder, Jugend- und Kultureinrichtungen schließen und für weitere 50 Millionen Mark bei den Sozialleistungen kürzen, wird der Haushalt ein Defizit ausweisen«, lautet der ohnmächtige Kommentar eines Stadtverordneten. Was bei einem Defizit von 300 Millionen Mark leicht vorstellbar ist. Wenn dann eine neue Spielbank eingerichtet wird, die der Stadt rund eine Million Mark monatlich zusätzlich bringt, so ist das ein Tropfen im Faß ohne Boden der städtischen Verschuldung.

Wohl deshalb fordert die Industrie- und Handelskammer, IHK, Frankfurt »Kürzungen für sogenannte arme Bürger«. Bei der Präsentation eines 18seitigen Positionspapiers mit dem Titel »Erwartungen der Wirtschaft nach der Kommunalwahl« sprach der Präsident der IHK 1993 von einem »Finanzdebakel« der Stadt, das zum Teil hausgemacht sei, denn SPD und Grüne hätten bei »den freiwilligen Leistungen allzuviel Freigebigkeit an den Tag gelegt« Der IHK-Präsident forderte deshalb eine drastische Verkürzung behördlicher Genehmigungszeiten, etwa für Industrieanlagen, und daß der Frankfurt-Paß für arme Bürger, mit denen diese kostengünstig öffentliche Einrichtungen, wie den Zoo oder Palmengarten, besuchen dürfen, gestrichen werde.

»Wir werden uns daran gewöhnen müssen, daß in Frankfurt

169

und anderen Großstädten Zelte und Holzhütten stehen werden.« Dieses Szenario von Jochen Meurer hat in der Bankenhochburg viel mit der Realität zu tun. In der Universität von Frankfurt fallen immer mehr Menschen auf, die gerade im Winter Schutz vor Kälte und Regen suchen. Unter den Mainbrücken hatten es sich Obdachlose unter Zeltdächern, den Umständen gemäß, gemütlich gemacht, bis im August 1994 das mondäne Mainfest stattfinden sollte. An den vielen Feinkostständen mit Champagnerausschank goutierte ein zahlungskräftiges Publikum kulinarische Köstlichkeiten. Die Geschäfte machten Umsätze wie selten zuvor. Fakire zeigten ihr Können, Musikanten spielten auf – da störten die Obdachlosen, der Schandfleck, am Main.

Störend wurden sie bald darauf auf der Frankfurter Einkaufsmeile Zeil. Weil immer mehr Obdachlose und Bettler das schöne Bild unbehinderten Konsums beeinträchtigten, forderten die Geschäftsleute, die Obdachlosen von Frankfurts umsatzstärkster Konsummeile zu verdrängen. »Eine reaktionäre gewaltsame Vertreibungspolitik findet ja bereits täglich statt«, beschwert sich der Vorsitzende des Vereins Lobby für Wohnsitzlose und Arme, Jochen Meurer. »Die Gangart der Sicherheitsdienste wird immer härter, Obdachlose beschweren sich immer häufiger über Übergriffe.«

Trotz aller Repression steigt die Zahl der obdachlosen Kinder und Jugendlichen in Frankfurt ständig, und die Betroffenen werden immer jünger. Die meisten sind zwischen zwölf und 14 Jahre alt. Sie schlafen auf den Bänken in den Parkanlagen oder unter den Mainbrücken, in S-Bahnhöfen, am Flughafen und am Hauptbahnhof. »Beengter Wohnraum, miese Perspektive und das Gefühl: ›Ich stehe auf der Seite der Verlierer‹«, beschreibt ein Streetworker die Gründe für den radikalen Ausstieg dieser Bevölkerungsgruppe. »Die Straßenkids sind außerordentlich solidarisch, die Clique ist Familienersatz, einander zu helfen ist Pflicht«, betont der Streetworker und erinnert damit fatal an die Straßenkinder in den Ländern der Dritten Welt. Auch dort ist die Gruppe, die Clique, der einzige Familienersatz. Immerhin verhungern sie hier nicht, es gibt Hilfen, insbesondere private

Initiativen. Doch wenn deren Mittel gekürzt werden, weiß niemand, was mit diesen Kindern geschieht.

Wie viele Straßenkinder es in Frankfurt sind, kann niemand genau sagen. Zweihundertfünfzig dürften es nach Schätzungen der Sozialarbeiter auf jeden Fall sein. Damit gehören sie zu jenen 5000 Menschen, die auf der Straße leben müssen. Sie hausen im Niemandsland zwischen Frankfurt und Offenbach; in »Iglus« aus Laub und Erde schlafen jene, die keinen Platz auf Heizungsschächten oder Parkbänken gefunden haben. Jeder Winter wird für sie zur tödlichen Bedrohung. Allein im Oktober 1993 sind in Frankfurt mindestens sieben dieser Menschen auf der Straße erfroren. Aber, so tröstet sich ein Wohnungsloser, »wer daran kaputtgeht, der hat es wenigstens hinter sich«. Unter den 5000 vagabundierenden Armen sind 600 Frauen. Jede zweite der obdachlosen Frauen ist unter 25 Jahre alt. Und es wird weiter gespart:

Der Verein Jugendhilfe und Jugendberatung muß nun mit 20 Prozent weniger Geld auskommen, was vor allem die über 4000 Drogenabhängigen in der Stadt trifft. »Da wird den Ärmsten der Armen das Geld beschnitten«, empörte sich Horst Koch-Panzner, Sekretär des DGB Frankfurt. Mit ein Grund für die Finanzmisere: Die 1993 in Bonn beschlossene Einsparung bei der Arbeitslosenunterstützung und anderen Leistungen der Bundesanstalt für Arbeit lassen weitere 3000 bis 4000 Menschen in die Sozialhilfe abrutschen. Auf die Stadt kommen damit Mehrausgaben von 20 bis 30 Millionen Mark zu.

Kein Wunder, daß auf Investitionen im Sozialbereich fast überall verzichtet wird. Fünfzehn geplante Kindergärten werden nicht gebaut, für neue Sozialwohnungen ist kein Geld mehr da. Einen vorderen Platz auf der Beliebtheitsskala nimmt beim Sparen die Gebäudereinigung ein. Von elf Reinigungskräften, die in der Gutenberg-Berufsschule beschäftigt waren, fielen sieben der Sparwelle zum Opfer. Jetzt muß jede der vier übriggeliebenen Frauen täglich innerhalb von sechs Stunden 3000 Quadratmeter putzen, für einen Stundenlohn von 18 Mark. »Das in sechs Stunden zu schaffen ist praktisch unmöglich«, beklagt sich eine Putzfrau. Und die Folgen dürfen dabei auch nicht vergessen werden.

Vom ständigen Bücken hat sie inzwischen chronische Rückenschmerzen. Dafür boomt in Frankfurt die private Reinigungsbranche wie andernorts. Während sich die Putzkolonnen für ein paar Mark krankschuften, verdienen sich die Firmen damit goldene Nasen. »Leere Kassen und Sparhaushalte«, kommentierte das Wirtschaftsmagazin *Forbes*, »sind das Erfolgsgeheimnis von Deutschlands erfolgreichstem Reinigungsunternehmer.« Peter Dussmann, Gebieter über ein Reinigungsimperium, hat sich mit dem Rezept Wisch und Weg schon nach ganz oben, in den Club der Umsatz-Milliardäre, geschrubbt.

In Frankfurts Schulen herrscht derweil Notstand. Grund- und Berufsschulen platzen aus den Nähten, weil die Stadt kein Geld für Erweiterungsbauten hat, in Fluren und Klassenräumen bröckelt der Putz von den Wänden. In der August-Jaspert-Grundschule kommen Eltern und Lehrer, um den gröbsten Dreck zu entfernen. Eine Lehrerin meint: »Seit die Putzkolonnen nicht mehr regelmäßig kommen, ist es halt schmutzig.« Es sei eine »pädagogische Aufgabe, wenn die Schüler ein bißchen mehr für Sauberkeit sorgen und Papiere nicht achtlos in die Ecke werfen«, meint sicher zu Recht die Schuldezernentin der Grünen. Eine Million Mark will man daher durch die Reduzierung der ohnehin schon seltenen Reinigung der Schulgebäude einsparen. Krisenmanagement auch beim Baudezernat. »Keine Schönheitsreparaturen mehr – repariert wird nur noch bei Gefahr für Leib und Leben.« Und so bleibt die notwendige Asbestsanierung in vielen Schulen erst einmal ein Zukunftsprojekt für bessere Zeiten.

»Wenn der nächste große Regen kommt, müssen wir wohl Eimer aufstellen«, fürchtet Pia Straßburger, Leiterin des Kinderhauses am Bügel, einer offenen Freizeiteinrichtung. Das Dach ist undicht. Von wegen Kinderhaus. Es bietet einen deprimierenden Anblick. Im Garten vergammeln die Spielgeräte, und rund um die Sandkästen ist die Holzeinfassung weggefault, die Schaukel ist kaputt, die Rutsche wegen Baufälligkeit schon abmontiert. Seit Jahren fehlt das Geld für Renovierungen. Und daran wird sich nichts ändern. Im Gegenteil: Die Stadt hat die Zuschüsse um 20 000 Mark gekürzt.

Auch die Stadtverwaltung hat sich auf Notzeiten eingestellt.

In einigen Ämtern sind die Kopien rationiert, in anderen die Papierhandtücher in den Waschräumen.

Armut in der Bankenmetropole. Deutlich wird dieser Gegensatz im Frankfurter Bahnhofsviertel, in dem viele ausländische Familien, Sozialhilfebezieher und ganz normale Mittelstandsbürger leben.

Westlich der Kaiserstraße blüht das Rotlichtmilieu, östlich von ihr erstreckt sich das heruntergekommene Bahnhofsviertel, dazwischen verläuft die Kaiserstraße selbst, die direkt in das Herz Frankfurts hineinführt, zu den großen Banken. Insgesamt wohnen im Bahnhofsviertel über 1000 Kinder und Jugendliche. Hier und im benachbarten Gutleutviertel leben 33 Prozent aller Kinder unter sieben Jahren in Armut. In diesem Gebiet, beklagt sich Heike Hecker vom Förderverein Kinder und Jugendliche, »ist die minimale Gesundheitsversorgung nicht gewährleistet«. Weder für die Kinder noch für die Erwachsenen gibt es in den engen und feuchten Räumen einen Platz zum Ausweichen, und es grassiert Tuberkulose, die Krankheit der Armen, mit einer »Durchseuchungsrate zwischen 20 und 30 Prozent«, wie zumindest im Stadtgesundheitsamt aufmerksam registriert wird.

Doch das ist kein Phänomen, das nur für das Bahnhofsviertel gilt. Der Anteil der offenen und damit ansteckenden Tuberkulose hat zumindest unter den Armen in Frankfurt »bedrohliche Ausmaße« angenommen, geht aus einer Untersuchung des Stadtgesundheitsamts hervor. Mit insgesamt 230 neuen Tbc-Patienten im Jahr 1994 ist die Krankheit in Frankfurt »fast doppelt« so stark verbreitet wie im Bundesdurchschnitt. Bei 22,7 Prozent der Tuberkulose-Patienten stellte das Gesundheitsamt fest, daß sie obdachlos waren. Daß die deutschen Sozialhilfeempfänger genauso häufig wie Sozialhilfeempfänger anderer Nationalitäten an Tuberkulose erkranken, bestätigt die These, daß Tbc am Ende des 20. Jahrhunderts eine soziale Krankheit ist, von der hauptsächlich die Armen und Schwachen betroffen sind.

Katastrophal ist auch die ärztliche Versorgung im Bahnhofsviertel. Hier praktiziert kein einziger Kinderarzt. Und dann gibt es hier noch eine Besonderheit, die Gruppe der Kinder von Asylsuchenden, die jahrelang in engen Hotelzimmern deponiert werden, als Nahrung allenfalls Chips und Cola zu sich nehmen. Die Familienstrukturen haben sich aufgelöst. Diese Kinder können sich nicht bewegen, denn es gibt in der gesamten Umgebung keine Spielmöglichkeiten. Das einzige, was viele dieser Kinder haben, ist der Fernsehapparat. Sozialarbeiter haben festgestellt, daß schon drei- bis vierjährige Kinder täglich zehn Stunden nichts anderes mehr machen, als vor der Glotze zu sitzen.

Die Kinder haben nur eine Chance, wenn sie sich einer Gang anschließen, und so gibt es einzelne Gangs, in denen Kinder schon ab fünf Jahren mitmachen. »Es sind die beengten Wohnraumverhältnisse, es mangelt an Bewegungsfreiheit. Eltern können ihre Kinder nirgends hinschicken«, resümiert die Leiterin des Kindergartens Gutleutgemeinde diese Zustände. Dabei ist es schon fast logisch, daß bis zu zwei von drei Kindern in diesem Kindergarten verhaltensauffällig sind, eigentlich eine Therapie machen müßten. Der Spielplatz wird von Arbeitslosen belagert. »Von unseren 40 Kindern sind 30 ausländische Kinder. Wir suchen vergeblich nach Räumen für eine Mutter-Kind-Gruppe«, gibt eine andere Sozialarbeiterin aus dem Bahnhofsviertel an. Viele sind Asylsuchende. 1992 erhielten 971 Asylsuchende im Monat durchschnittlich 360 Mark für ihren Unterhalt, also insgesamt 349560 Mark. Die meisten Asylsuchenden in Frankfurt sind in Hotels untergebracht. Und die kassieren ab: 45 dieser Hoteliers kassierten 1992 im Monat durchschnittlich 22656 Mark für Zimmermieten, also insgesamt 1019550 Mark.

Einst erhellten die Lampen das nächtliche Frankfurt. »Mehr Licht schafft mehr Sicherheit«, meinte seinerzeit der frühere Oberbürgermeister Volker Hauff. Jetzt sind sie ausgeschaltet, weil das Geld fehlt. Die Stadtwerke klagen über Kürzungen von 4,7 Millionen Mark, infolgedessen kann die gesetzlich vorgeschriebene Stadtbeleuchtung nicht aufrechterhalten werden. »Unsere Einsparungsmöglichkeiten sind erschöpft – wir können es nicht noch dunkler machen in der Stadt«, so der Stadtwerke-Sprecher Dirk Hess.

Seit Herbst 1996 müssen die Eltern, die ihre Kinder in Krippen und Kindergärten unterbringen wollen, bis zu 400 Prozent mehr bezahlen. Denn nach einer Änderung des Bundessozialhilfegesetzes streicht die Stadt an der wirtschaftlichen Jugendhilfe, die Eltern oder Alleinerziehende mit niedrigem Einkommen bisher erhalten hatten. So muß eine Mutter, die für ihr Kind bislang 60 Mark bezahlt hat, nun 320 Mark überweisen oder, anders gerechnet, eine alleinerziehende Mutter mit einem Nettoeinkommen von 2100 Mark muß künftig 250 Mark für den Kinderladen ausgeben. Das bedeutet, daß es sich viele Eltern künftig einen Kindergartenplatz überhaupt nicht mehr leisten können. Allein in den 70 Krabbelstuben, Kinder- und Schülerläden des Vereins zur Unterstützung berufstätiger Eltern sind 250 Eltern von dieser Streichung betroffen.

Gestrichen und gekürzt – das wird seit langem in Frankfurt. Bereits 1994 hat die Stadt die Ausgaben für ihre Mitarbeiter durch Stellenabbau um 25,6 Millionen Mark gekürzt. Gleichzeitig stiegen die Kosten der Sozialhilfe für die jetzt über 80000 Menschen, die in Frankfurt darauf angewiesen sind, um 45 Millionen Mark. Damit ist mehr als aufgezehrt, was die Stadt am Personal einsparte.

»Die Liste der Grausamkeiten trifft jeden«, lautete die Schlagzeile der *Frankfurter Rundschau* vom 23. Oktober 1993, nachdem der städtische Haushaltsentwurf 1994 vorlag. Das seit Monaten umkämpfte Stadtbad Mitte wurde geschlossen, dafür entsteht ein Luxushotel. Am Industriehof schloß das erste Jugendhaus, es folgten Altenclubs. Das Kinder- und Jugendtheater fiel Streichungen zum Opfer, die Stadtteilbüchereien, einst als großer kultureller Erfolg gefeiert, kürzten ihre Öffnungszeiten, die Volkshochschule strich Kurse. Anfang 1994 wurde das Jugendhaus am Industriehof geschlossen, das im Nordwestzentrum wurde bereits Mitte 1993 aufgegeben. Im Jugendbereich wurden drei Millionen eingespart. Und es wurden noch weitere Jugendhäuser dichtgemacht. Was sind schon schnöde 370000 Mark städtischer Ausgaben weniger für sechs soziale Initiativen, die keine Zuschüsse mehr erhalten. 370000 Mark zerreißen ein ganzes Netz, eine soziale Infrastruktur fällt weg, beklagen sich die Mitarbeiter vom Frankfurter Arbeitslosenzentrum, dem Einwanderertreff, der Beratungsstelle für persischsprachige Migrantinnen, der Frauenzukunftswerkstatt und der Arbeitslosen-

175

zeitung *Quer*. In den vergangenen Jahren waren sie Anlaufstelle für Tausende Hilfesuchender – Arbeitsamt, Sozialstationen und Gewerkschaften verwiesen regelmäßig Notfälle an sie. »Das sollen wir nun abbrechen«, meinte eine Mitarbeiterin der Schuldnerberatung im Arbeitslosenzentrum und fürchtete sich vor einem Vertrauensbruch bei den Hilfesuchenden. »Die Hoffnungen wären zerstört.«

»Ausgerechnet bei den Jugendverbänden den Rotstift anzusetzen«, so der Frankfurter DGB-Vorsitzende, »ist besonders wegen der durch Jugendarbeitslosigkeit wachsenden Gefährdung Jugendlicher mehr als unverständlich.«

1996 waren es dann 8000 Stellen weniger bei der Verwaltung, weitere Schwimmbäder und Bürgerhäuser müssen geschlossen werden, für neue Kindertagesstätten müssen private Betreiber gesucht werden. Freiwillige Sozialleistungen an Arme sollen um zwei Prozent oder fünf bis sechs Millionen gekürzt werden, die Richtlinien zur Vergabe von Sozialhilfe geändert werden, um weitere zehn Millionen einzusparen.

Armenküchen, Kleiderkammern und Wühltische – das ist die Erlebniswelt der Armen in der Stadt der Banken. Die Armen stellen inzwischen die größte homogene Gruppe der Bevölkerung, rund ein Drittel aller Einwohner. »Frankfurt, der Palast des Geldes, ist zugleich die größte Elendshütte der Republik«, schrieb *Der Spiegel*. Das erschreckende ist, es gibt Kirchengemeinden, die keine Reklame mehr für Essenshilfe machen, weil, wie in der Kirchengemeinde in Bockenheim, für die 200 Brötchen, die täglich ausgegeben werden, jetzt bereits kein Geld da ist.

Fast 80000 der 650000 Frankfurter beziehen inzwischen Sozialhilfe, das sind knapp 15 Prozent der Frankfurter. In Wirklichkeit lebten jedoch doppelt soviel Arme in der Stadt, warnte der inzwischen abgelöste Sozialdezernent Martin Berg bereits 1994. Das wären somit knapp ein Drittel der Einwohner.

Für die Betreuung der alten Menschen ist die Zahl der Berater halbiert worden. »Mit der Rotstiftpolitik«, empört sich der Paritätische Wohlfahrtsverband, »ruiniert die Kommune die Träger und schickt deren Mitarbeiter in die Arbeitslosigkeit.« Gleichzeitig geht damit unwiderruflich ein Beraternetz zugrunde, in dem viele ehrenamtliche Helfer Ratsuchenden geholfen haben. »Damit nicht genug. Die Beratung habe den etwa 50 000 Arbeitslosen zu Umschulungen verholfen oder sie vor der Sozialhilfe bewahrt.« Umgeschichtet, heißt es vornehm, werden die Mittel im Frauenreferat. Das bedeutet konkret, daß die »Maßnahmen zur beruflichen Qualifikation von Frauen« und »Projekte« im Frauenbildungs- und Kulturbereich um 20 Prozent gekürzt werden. Im Jahr 1994 bot die Frankfurter Volkshochschule, VHS, erstmals erheblich weniger Kurse an. Die Zuschüsse waren um zwei Millionen Mark gekürzt worden. Weil die Miete und das Personal sich nicht im Handumdrehen reduzieren lassen, wird es kräftige Einschnitte im Angebot der VHS geben.

Die Kosteneinsparungen auf der einen Seite verursachen soziale Folgekosten, die später vom Sozialamt oder der Arbeitslosenversicherung übernommen werden müssen. Eine soziale Infrastruktur wird aufgelöst. Das Arbeitsamt ist bei der Beratung so überlastet wie die Sozialstationen, in denen, so ein Aushang, »bei Anträgen, die nicht unmittelbar lebensnotwendig sind, mit einer Mindestbearbeitungszeit von zwei Monaten gerechnet werden muß«. Auch der Rückzug der Stadt aus dem Arbeitslosenzentrum, es sind gerade mal 170 000 Mark, ist ein Beitrag zur sozialen Desintegration, den die Helfer bislang mühevoll verhindern konnten.

Dafür fristen Frankfurts Arme ihr Dasein indes nicht nur »überzufällig gehäuft«, wie der Statistiker-Jargon formuliert, in bestimmten Quartieren, sondern das Armutsrisiko ist auch nach Nationalitäten und Familienstand ungleich verteilt. So sind knapp 45 Prozent der Sozialhilfeempfänger Ausländer bei einem Anteil der Gesamtbevölkerung von 27 Prozent. Das wird, früher oder später, zu massiven sozialen und kulturellen Konflikten führen. Und die sind teilweise jetzt bereits sichtbar.

Die Profiteure der Armut

Weil es überall fehlt, verscherbelt die Stadt ihr Vermögen. Städtische Wohnungen werden verkauft, andere Liegenschaften der Stadt auf dem privaten Immobilienmarkt feilgeboten, vermietet oder verpachtet. Private Käufer will die Stadt für das Rebstock-Bad suchen, das Stadionbad soll an den Bauherren eines Hotels am Stadioneingang verkauft werden. Das gleiche gilt für die Eissporthalle, das Sportzentrum, die Ballsporthalle.

Und selbst der Denkmalschutz soll aufgehoben werden. Die erst 1994 unter Industriedenkmalschutz gestellte Naxos-Halle im Ostend spielt eine Vorreiterrolle. Es ist in der Tat ein besonderes Denkmal. Nicht nur weil es Stadt- und Industriegeschichte dokumentiert – in Zeiten knapper Kassen spielt das eine geringe Rolle –, vielmehr weil die Stadt hier ein Geschäft abgeschlossen hatte, bei dem niemand mehr so genau weiß, wie es zustande gekommen ist. Auf jeden Fall durfte die Stadt viel dafür zahlen. Nachdem die Naxos-Union Ende der achtziger Jahre die Produktion eingestellt hatte, erwarb der Kaufmann Josef Buchmann das Gelände. Die Monatsmiete betrug immerhin stolze 188 000 Mark. Buchmann ließ sich zusätzlich eine Klausel unterschreiben, wonach sich die Jahresmiete jährlich um den Anstieg der Lebenshaltungskosten erhöhte. Es war Stadtkämmerer Ernst Gerhard, der für die Stadt mit Buchmann den langjährigen Mietvertrag unterschrieb, und zwar am 14. April 1989. Das Datum ist für die Frankfurter insofern interessant, weil es in einer politischen Zwischenzeit liegt, zwischen der von der CDU verlorenen Kommunalwahl im März 1989 und vor dem Amtsantritt des rot-grünen Magistrats. Gerhard beteuert bis heute, es sei im Interesse der Stadt gewesen, den Mietvertrag mit 20 Jahren Laufzeit und einer Option auf zehnjährige Verlängerung zu diesem Zeitpunkt und in dieser Form abzuschließen. Die Stadt kostete das bislang rund 13,5 Millionen Mark.

Auch ein anderes Ereignis spielt hier noch eine Rolle. Da

konnte 1990 die von der Stadt verwaltete mildtätige Stiftung Allgemeiner Almosenkasten kein Geld an bedürftige Frankfurter auszahlen. Denn die Stiftung hatte im Zusammenhang mit der Beker-Affäre einen 20-Millionen-Kredit bei der Stadt aufgenommen, um Häuser von den Brüdern zu kaufen. »Daß der 1428 privat gegründete Almosenkasten«, dessen Stiftungszweck allein »die Unterstützung von Armen und Notleidenden« ist, meldete die *Frankfurter Rundschau*, »vom CDU-Magistrat mißbraucht wurde, um die Geschäfte mit den Bekers und einem halben Dutzend vorbestrafter Dunkelmänner aus dem Milieu am Stadtparlament vorbei und unter Ausschluß jeder Öffentlichkeit abzuwickeln, ist im Römer unterdessen weitgehend geklärt.« Sie zwangen die Stadt, das als Großbordell geplante Apartmenthaus in der Breiten Gasse für 24 Millionen Mark zu übernehmen, nachdem Beker geflüchtet war. Sollte die Stadt den vorgeschlagenen Kompromiß ablehnen, drohten die Beker-Anwälte mit Klage. Dann müßte die Stadt 77 Millionen Ausfallbürgschaft zahlen, die sie den Bordellbossen vertraglich zugesichert hat. Denn der so klug ausgetüftelte Vertrag, der zwischen dem Magistrat und den Anwälten von Beker abgeschlossen wurde, sah vor, wenn aus Gründen, die Beker und seine Firma nicht zu verantworten hatten, das Bordell nicht eröffnet würde, dann müßte der Magistrat in den Mietvertrag für das 220-Zimmer-Haus eintreten. Bei einer Laufzeit der Mietverträge von 20 Jahren würde auf den Steuerzahler die Summe von 77 Millionen Mark zukommen.

Derjenige, der zumindest einen Teil politischer Verantwortung dafür trägt, daß den Rotlichtbossen und dem Immobilienkaufmann Buchmann üppige Pfründe erschlossen wurden, feierte im Frühherbst 1996 seinen 75jährigen Geburtstag im Frankfurter Römer. Gefeiert und geehrt, ist er sich keiner Schuld bewußt. Unlängst berieten Oberbürgermeisterin Petra Roth, Kämmerer Tom Koenigs und Planungsdezernent Wentz mal wieder, wie aus dem Mietvertrag bis 2011 vorzeitig auszusteigen wäre. Und Ernst Gerhard, der den Kontrakt einst schloß, saß mit am Tisch – wegen seines Sachverstandes, so der OB-Referent. »Ich habe meine guten Dienste angeboten«, erzählt der Ex-Käm-

merer der *Frankfurter Rundschau* und fügt treuherzig hinzu.
»Wenn ich gebeten werde, rede ich mit Buchmann.« Aber
Schuld, nein Schuld trage er nicht an der Angelegenheit Naxos.
Der Naxos-Vertrag könnte in den Augen des CDU-Politikers
längst erledigt sein, wenn die Stadt beim Baurecht für Buchmann
ein wenig nachgegeben hätte. Der Kaufmann möchte gerne Büros und Wohnungen auf dem Naxos-Areal errichten und würde
im Gegenzug vielleicht die Kommune vorzeitig aus dem Mietvertrag entlassen. Sein Ziel hat er inzwischen erreicht. Er wird
nach dem nun genehmigten Abriß Büros und Wohnungen
bauen. Dafür entläßt der gnädige Immobilienkaufmann die finanziell ruinierte Stadt aus dem Mietvertrag, demzufolge sie bis
zum Ende des Jahres 2011 knapp 70 Millionen Mark für die leere
Halle zu zahlen hätte.

Und wie war das mit dem Vertrag, der dem Besitzer des Nord-
westzentrums jährlich 16,5 Millionen Mark Miete für die Titus-
Thermen sichert – und das noch über zehn Jahre? »Wir standen
vor der Entscheidung, das Nordwestzentrum weiter herunter-
kommen zu lassen zu einem Treffpunkt für Kriminelle. Ohne das
Spaßbad und die Aufwertung des Einkaufszentrums müßten wir
dort einen Polizeiposten finanzieren.« Jetzt sucht die Stadt hän-
deringend einen privaten Betreiber, und wenn das mißlingt, wird
das Bad geschlossen. Dann kommt sie erst recht nicht um einen
Polizeiposten herum.

Auf die Frage, wie die 3,6 Millionen Mark jährliche Miete für
ein einziges Haus, die Kaiserstraße 52, für die Bordellbrüder Beker zustande kam, antwortet der listige Ex-Stadtkämmerer:
»Das English-Theatre zu retten war für den internationalen Ruf
der Stadt eine wichtige Sache. Alles hat einen kommunalpoliti-
schen Sinn.«

Wenn denn so eifrig vorgerechnet wird, was alles im sozialen
Bereich gekürzt werden muß, scheint gerade ein Blick auf die
andere Seite ganz nützlich.

800 000 Mark Schaden entstanden dem Land Hessen dadurch,
daß Amtsträger aus den Staatsbauämtern Frankfurt und Darmstadt mit 400 000 Mark bestochen wurden, damit unter Aus-
schaltung des Bauwettbewerbs die schmierenden Firmen weit

überhöhte Preise abrechnen konnten; die Bestechlichkeit von vier Bezirksleitern der Frankfurter Baubehörde hat die Stadt mehr als 1,3 Milliarden Mark gekostet. Für dubiose Grundstücksgeschäfte der Bosse des Bahnhofsviertels mußte Frankfurt mit insgesamt 100 Millionen Mark (geschätzt) geradestehen. Magere drei Millionen dagegen verlor die Stadt an betrügerische Hoteliers, die Geld für Sozialhilfeempfänger kassiert hatten, die überhaupt nicht im Hotel untergebracht wurden. Um 15 Millionen Mark hat ein Mitarbeiter des Straßenbauamtes den Stadtsäckel geschröpft, der als Gegenleistung für Bestechungsgelder gezielte Informationen über Ausschreibungsprojekte der Stadt, über den Bieterkreis und über interne Kostenvoranschläge weitergegeben hatte.

Frankfurt zeichnet sich jedoch noch durch die sympathische Eigenart aus, daß man über soziale Hilfsorganisationen sein persönliches Fort- und Einkommen aufbessern kann. Da hatte der Frankfurter Bezirksverband der Arbeiterwohlfahrt Ende der achtziger Jahre für die Unterbringung von Asylbewerbern sowie von Aus- und Übersiedlern innerhalb kürzester Zeit über 40 Häuser angekauft oder angemietet. Das finanzielle Volumen: 56 Millionen Mark. Nun ist die sozialdemokratische Arbeiterwohlfahrt kein reicher Verband, und die merkwürdigen Grundstücksgeschäfte verschlechterten die Finanzsituation zwangsläufig. Denn die kostspieligen Objekte wurden mit Hilfe teurer Kredite finanziert.

Vielleicht dachte der damalige Frankfurter AWO-Vorsitzende, ein SPD-Führungsmitglied, man könnte auf diese Art satte Gelder des Landes für die Unterbringung kassieren und diese dann wiederum für sozial Schwache verwenden. Diese Rechnung ging leider nicht auf, weil die Immobilien nach kurzer Zeit wieder verkauft wurden, und zwar mit erheblichem Verlust für die Arbeiterwohlfahrt. Wer aber waren die neuen Käufer der Immobilien? »Es ist augenfällig, daß an den Geschäften zu Lasten des Bezirksverbands – und nicht zuletzt der von diesem in Anspruch genommenen öffentlichen Mittel – immer wieder dieselben Immobilienhändler beteiligt waren. Es fällt schwer, in diesem Zusammenhang nicht an eine unredliche Absicht zu denken«, behauptet ein interner Prüfungsbericht des hessischen Rechnungshofes. »Wir sollten froh sein, daß wir endlich mal jemanden als Geschäftsführer haben, der mit Geld umgehen kann«, meinte hingegen frohgemut ein Delegierter auf dem SPD-Parteitag, als im August 1989 die ersten Verdachtsmomente gegen den Frankfurter AWO-Vorsitzenden Polzer bekanntwurden. Doch obwohl ihm die SPD ihr Vertrauen ausgesprochen hatte, mußte er im Februar 1990 wegen schwerwiegender Beanstandungen als Geschäftsführer abgelöst werden.

Wenig später gründete Polzer eine »Gesellschaft für den Erwerb, die Verwaltung, die Ausstattung, Beratung und den Betrieb von Beherbergungsstätten und sozialen Einrichtungen«, an der, welch ein Zufall, diejenigen mitbeteiligt waren, die zuvor bei den Immobiliengeschäften des Herrn Polzer abkassierten. »Sowohl vor als auch während seiner Zeit als Geschäftsführer der AWO betrieb Polzer zahlreiche private Immobiliengeschäfte. In einem Umfang von mehr als 5 Millionen Mark konnten sie nachgewiesen werden«, bemerkt der Rechnungshof. Und weiter: »Vor diesem Hintergrund erscheinen alle Immobiliengeschäfte, die Polzer mit S., B. und N. sowie einem Unternehmer Wisser abschloß, in einem besonderen Licht. Die engen persönlichen Kontakte des Erhard Polzer insbesondere zu S., N. und H. legen deshalb die Frage nahe, ob die Grundstücksgeschäfte zum Nachteil des Bezirksverbandes auf Unvermögen des Erhard Polzer zurückzuführen sind oder als eine absichtsvolle Vorteilsbeschaffung durch bewußtes und gewolltes Zusammenwirken mit diesen Immobilienhändlern bewertet werden müssen. Die Versiertheit des Erhard Polzer im Betreiben von Sozialeinrichtungen und im Umgang mit Grundstücksgeschäften spricht für letzteres.«

Im September 1991 wurde das gegen ihn eingeleitete Strafverfahren mit einer Geldauflage eingestellt: 5000 Mark an die Gerichtskasse. Und es dauerte nicht einmal drei Monate, da mußte die Arbeiterwohlfahrt eine Beratungsstelle für Flüchtlinge, drei Elternschulen und die Jugendgerichtshilfe auflösen sowie den Ausländersozialdienst von 34 auf 29 Planstellen reduzieren.

182

In dem Papier des Rechnungshofes wird im Zusammenhang mit den Immobiliengeschäften auch der Name Wisser genannt. Der ist in Frankfurt kein Unbekannter, nicht etwa deshalb, weil er sich der SPD verpflichtet fühlt und auch schon mal an die SPD-Parteikasse spendete. Der mehrfache Millionär konnte es sich leisten, einem ehemaligen SPD-Oberbürgermeister ein Haus ziemlich günstig zu überlassen, wie zumindest die Frankfurter Tageszeitungen hämisch berichteten. Und wenn ein anderer SPD-Oberbürgermeister mit Wisser auf die Ferieninsel Elba fährt, dann darf man dahinter nichts Böses vermuten. Daß ein OB-Referent früher bei Wisser beschäftigt war, ist allenfalls eine kleine Randbemerkung wert. »Nein«, sagte einst Wisser gegenüber der *Frankfurter Allgemeinen Zeitung*, »gerade weil meine Nähe zur SPD bekannt ist, möchte ich durch städtische Aufträge nicht in den Verdacht geraten, mich am Genossenfilz zu beteiligen.« Das klang gut. Dennoch war auffällig, daß der Millionär sich später daran nicht mehr halten wollte, als er einen Auftrag der Stadtwerke erhielt, mit seiner privaten Sicherheitspolizei für Ordnung auf der Zeil zu sorgen, oder den Auftrag für die Reinigung des neuen Verwaltungsgebäudes der Stadtwerke, ferner für Reinigungsarbeiten in den Sozialstationen sowie für die Säuberung des Depots des Völkerkundemuseums. Reinigungsverträge bestehen oder bestanden zudem mit der Flughafen AG, der Messe, der Frankfurter Aufbau AG sowie der Kunstmesse Frankfurt, wobei die Kontrakte teilweise seit Anfang der achtziger Jahre bestanden. Seine Firmen haben halt die günstigsten Angebote abgegeben. Das ist sicher auch den nicht besonders teuren Arbeitskräften zu verdanken, die im Dienste des Millionärs die Böden schrubben.

Nun gibt es einige Weiterungen. Wer als SPD-Millionär so viel Kapital hat, der versucht es wie jeder andere auch anzulegen, zum Beispiel in den neuen Bundesländern. Da haben zwei Treuhanddirektoren eine schwerwiegende Entscheidung getroffen, und zwar zugunsten einer Spekulantengruppe und zu Lasten der Arbeitsplätze. Es ging um die Geräte- und Reglerwerke in Teltow am Rande Berlins. Eine Reihe mittelständischer Unternehmen hatte sich für das Werk interessiert, legte sogar ein Konzept vor, wonach die Arbeitsplätze gesichert und neue geschaffen werden sollten. 38 Millionen Mark waren sie bereit, dafür aufzubringen.

Doch seltsamerweise verkaufte die Treuhand die gesamten Geräte- und Reglerwerke an einen Großinvestor, eine Firma Clawis. Clawis steht für Claus Wisser. Der arbeitet im Osten bereits eng mit der Roland-Ernst-Gruppe zusammen, einer Bauträger- und Immobilienfirma aus Heidelberg, die schon öfter negativ in die Schlagzeilen geriet. Viel Geld haben Wisser und sein Partner Ernst für ihr Geschäft nicht gebraucht. »Nicht 100 Millionen und nicht die 38 Millionen, die Lang von den interessierten Mittelständlern bekommen hätte. Lang verkaufte für eine Mark. Wisser hat ein Unternehmen im Wert von 130 Millionen Mark für eine Mark übernommen – das ist schon was«, meldete *Der Spiegel*. Das war eben ein Geschäft unter Freunden, denn als Freund von Wisser bezeichnete sich der Treuhanddirektor, der den Deal mit Wisser abschloß.

Da erinnern sich manche an die zum Imperium der Wisser-Gruppe gehörende Pfersee-Kolbermoor-Textilgruppe, ein traditionsreiches deutsches Unternehmen. Hatten die Wessis bei der Übernahme eines Ostbetriebes mit 1500 Leuten 1991 noch 750 Arbeitsplätze garantiert, so wurden die tatsächlich noch verbliebenen 600 Jobs bis zur Jahresmitte 1991 auf 100 Stellen zusammengestrichen. Eine Vertreterin der Textilgewerkschaft in Plauen warf Wisser daraufhin vor, von Anfang an nur an den Immobilien und nicht an der Produktion des Traditionsbetriebes interessiert gewesen zu sein. In der Gewerkschaftszentrale in Düsseldorf heißt es, man werde von Wisser »nur verarscht«. Der Unternehmer habe mit seinem Rückzug den letzten »Rest an Glaubwürdigkeit verloren«.

Der Unternehmer unterhält auch einen Sicherheitsdienst, der schon gelegentlich in die Schlagzeilen gekommen ist. Wie Sumpfblüten schießen die Schwarzen Sheriffs in Frankfurt hervor. Ihre Hauptaufgabe ist es, für die öffentliche Sicherheit zu sorgen, wobei die öffentliche Sicherheit mit dem schmucken Anblick der Geschäftsviertel gleichgesetzt wird, den Obdachlose und Bettler stören. »Heute können Städte – als letztes Mittel –

ein Bußgeld wegen aggressiven Bettelns erheben. Damit wird das Problem in der Regel nicht gelöst, sondern nur verschoben. Denn soweit Armut der Grund für Betteln ist, kann man ihr natürlich nicht mit dem Ordnungsrecht, sondern nur mit sozialer Politik begegnen«, mahnte Gertrud Witte vom Deutschen Städtetag an. Soziale Politik jedoch ist allemal teurer als die unterbezahlte Privatpolizei. Und so nimmt zumindest deren Stärke zu.

Die Mitarbeiter des Wisserschen Sicherheitsdienstes sollen mit äußerster Brutalität gegen Obdachlose und Ausländer vorgegangen sein. Das berichteten jedenfalls ausgeschiedene Mitarbeiter des Unternehmens. »Es handelte sich keineswegs um Einzelfälle, Ausländer und Stadtstreicher werden systematisch verfolgt, beleidigt und auch geschlagen.« Die einstigen Kollegen hatten unter anderem auf einen Fall aufmerksam gemacht, den sie am U-Bahnsteig beobachteten. »Er [ein Sicherheitsdienstler] ging mit einem weiteren Mitarbeiter auf einen Mann zu, der dort schon einige Zeit gesessen hatte, und brüllte ihn an: ›Wenn Sie nicht mit der Bahn fahren wollen – raus hier! Am besten lassen Sie sich oben für fünf Mark ein Bild von sich machen, denn nach meiner Sonderbehandlung erkennen Sie sich sowieso nicht wieder.‹ Als der Mann verschreckt davonlief, sagte der IHS-Mann zu seinem Kollegen: ›So, schreib auf, 80 Kilogramm Mist-Muli aus der U-Bahn entfernt.‹« Laufend haben demnach Angehörige des Sicherheitsdienstes Ausländer und Obdachlose provoziert, in die Diensträume gezerrt und geschlagen. »Es ist ein Wettbewerb unter den Sicherheitsdienstleuten, wer die meisten ›Vorfälle‹ aufschreibt und an die Stadtwerke weitermeldet. Die Schichtführer verlangen volle Zettel. Offen wird zur ›Kanakenjagd‹ aufgerufen.«

Am 31. Dezember 1994 haben die Stadtwerke den Vertrag mit dem zur Wisser-Gruppe gehörenden Sicherheitsdienst, der »Industrie und Handelsschutz GmbH«, IHS, nicht mehr verlängert. Die hatte immerhin fünf Millionen Mark pro Jahr für ihren Dienst kassiert. Seit März 1995 ist ein neuer Sicherheitsdienst für die »Ordnung« in Frankfurts Konsummeilen zuständig: Doch wie kam der Sicherheitsdienst mit dem zweifelhaften Ruf zu dem Auftrag?

»Die IHS«, schrieb die *FAZ* am 31. Dezember 1994, »hatte den Auftrag 1991 erhalten, obwohl sie bei der Ausschreibung nur das viertgünstigste Angebot abgegeben hatte.« Aber ein Mann wie Wisser holt sich zumindest die besten Leute. Dazu zählt auch Karlheinz Gemmer, bis September 1994 Polizeipräsident von Frankfurt. Jetzt arbeitet er als Sicherheitsberater für den privaten Sicherheitsdienst IHS. Gemmer hat bei Claus Wisser nach eigenem Bekenntnis eine neue Heimat gefunden. »Als Polizeipräsident hatte Gemmer den Stadtwerken geraten, den Auftrag für die neue City-Streife an das Wisser-Unternehmen zu vergeben, obwohl dies keineswegs das günstigste Angebot abgegeben hatte«, behauptete die *Frankfurter Allgemeine Zeitung* in einer kleinen Meldung am 25. Januar 1996.

Inzwischen soll auch der wegen merkwürdiger Aktiengeschäfte zum Rücktritt gezwungene einstige Vorsitzender der IG-Metall, Franz Steinkühler, für Wisser arbeiten, als Technologieberater. Das führt vom Einzelfall zum Allgemeinen.

Das Revisionsamt der Stadt Frankfurt stellt fest, daß der Stadt jährlich durch Verfehlungen, Betrügereien und Nachlässigkeiten zweistellige Millionenbeträge verlorengehen. Der Bund der Steuerzahler Hessens zieht eine erschreckende Bilanz und fordert eine wirksame Kontrolle städtischer Finanzen. Unverantwortliche Ausgabenpolitik beim sozialen Wohnungsbau, zu hohe Kosten beim Bau eines Kinderheimes, bei der Abfallentsorgung, bei Druckaufträgen, zehn Millionen Mark Ausgaben durch Anmieten nutzloser Räumlichkeiten. Laut *Frankfurter Rundschau* vom 30. November 1993 erwartete die städtische Wohnungs-Holding einen Gewinn von bis zu 22 Millionen Mark. Wer nun geglaubt hatte, das Geld sei in den sozialen Wohnungsbau sinnvoll reinvestiert worden, der irrt. Das Amt des hauptamtlichen Geschäftsführers ist dafür mit 300000 Mark jährlich dotiert, außerdem wird mit einer Tochtergesellschaft in Berlin spekuliert.

Diese Kungelei, diese Politik des Abkassierens muß man sich immer vor Augen halten, wenn man sich die soziale Situation in Frankfurt betrachtet.

Damit richtig gekürzt werden kann, hat die Stadt Frankfurt

die Unternehmensberatung Mummert & Partner beauftragt, ein Gutachten zur Konsolidierung des Sozialhilfehaushalts zu erstellen. Das kam zu dem gewünschten Ergebnis: »Über die Konsolidierungsmaßnahmen der Stadt zur Reduzierung der Sozialhilfeausgaben hinaus kann ein zusätzliches Einsparpotential erschlossen werden. Empfohlen wird, die Prüfung der Anspruchsvoraussetzungen für den Bezug von Sozialhilfe zu intensivieren und stärker als bisher Personen herauszufiltern, die keine Berechtigung dafür haben. Eine Möglichkeit besteht darin, Sozialhilfe erst nach Leistung gemeinnütziger Arbeit zu gewähren. Entsprechend den Erfahrungen, auch der Stadt Frankfurt, verzichtet ein Teil der Antragsteller gänzlich oder zeitweilig auf Sozialhilfeleistungen, wenn diese an die Voraussetzung der Leistung gemeinnütziger Arbeit gebunden sind.«

Seit Mitte 1995 hat das Sozialamt in den elf Sozialstationen der Stadt einen Ermittlungsdienst eingerichtet. Er überprüft, ob die Angaben der hilfesuchenden Bürger auch den Tatsachen entsprechen. Da beantragt eine Familie Geld für eine neue Wohnungseinrichtung. Mit unangemeldeten Besuchen in den Wohnungen versuchen die Kontrolleure sich ein Bild vom tatsächlichen Zustand der Möbel zu machen. »Es gibt immer wieder Fälle, bei denen sich herausstellt, daß die Möbel durchaus brauchbar sind«, meint die Amtsleiterin eines Sozialamtes. Gezielt suchen sie zwischen 18 und 22 Uhr die Sozialhilfeempfänger zu Hause auf – Privatsphäre ist ein Fremdwort. Jeder, der dann mehrfach zu Hause nicht anzutreffen ist, setzt sich in den Augen der städtischen Schnüffler dem Verdacht aus, einer Nebentätigkeit nachzugehen. Schließlich kann man ja von der Sozialhilfe in Frankfurt, 532 Mark im Monat für einen Alleinstehenden, in Saus und Braus leben. Das hat Methode. »Außenermittlungsbeamte«, nennt der CDU-Landrat im hessischen Landkreis Marburg-Biedenkopf die Angestellten, die in Zukunft untersuchen sollen, ob zu Unrecht Sozialhilfe bezogen wird. Dagegen sieht der Sozialdezernent die Mitarbeiter des Sozialamtes als »Helfer für schwierige Lebenslagen«, die nicht zu Schnüfflern werden sollen. »Ich will nicht, daß ein alter Mensch nur deshalb keinen

Antrag auf einen neuen Wintermantel stellt, weil er fürchten muß, wildfremden Sozialhilfepolizisten den zumeist kärglichen Kleiderschrank öffnen zu müssen.« Doch auch was im hessischen Landkreis Marburg-Biedenkopf bislang ermittelt wurde, ist eher kärglich. So gaben die Sozialhilfeempfänger nicht an, daß sie ein Auto oder ein Sparguthaben besitzen, in einer eheähnlichen Gemeinschaft leben oder nebenbei noch verdienen. Da wird das Beispiel eines Jugendlichen erwähnt, der sich mit dem Scheibenwischen an der Tankstelle ein paar Mark hinzuverdiente. Sollte der Sozialhilfepolizist zufällig hier vorbeikommen, würde dieser Junge als Betrüger kriminalisiert.

Inzwischen, im August 1996, ist die Zahl der Sozialhilfeempfänger in Frankfurt auf über 80 000 Menschen gestiegen. Einmal mehr überprüften die Mitarbeiter des Sozialamtes in einer gezielten Aktion, ob Sozialhilfeempfänger nicht zu Unrecht kassieren. Überprüft wurden 380 Asylbewerber und Flüchtlinge aus dem früheren Jugoslawien, die Sozialhilfe erhalten, ein Bruchteil der insgesamt 5000 Balkan-Flüchtlinge und 1600 Asylbewerber, die in der Stadt vom Sozialamt unterstützt werden. Dabei stellte sich heraus, daß 141 der Überprüften neben ihrer Sozialhilfe als Billigarbeitskräfte bei Reinigungsfirmen arbeiteten. Das ist bekanntlich verboten.

Und weil man die Mißbrauchsfälle nun statistisch erfaßt hat, präsentiert man gleich Hochrechnungen. Demnach würde der Stadt durch Mißbrauch ein Gesamtschaden von 1,6 Millionen Mark pro Jahr entstehen. Das ist weitaus weniger als der Betrag, den die Stadt Frankfurt für eine leerstehende Halle an einen Immobilienmillionär gezahlt hat.

Wie gut geht es den Frankfurter Armen? Von 40 Prozent der Sozialhilfeempfänger wisse man, so das Sozialdezernat, daß der Verlust des Arbeitsplatzes Ursache für ihre Hilfebedürftigkeit sei. Nach einer Studie des Sozialwissenschaftlers Rainer Roth reicht die Sozialhilfe aber lediglich für 20 Tage. Schwarzarbeit, Diebstahl, Schuldenmachen sind daher notwendig, um zu überleben. Mit dem 1991 eingeführten Frankfurt-Paß definiert die Stadt eine eigene Armutsgrenze. Den Paß erhalten Frankfurter mit einem monatlichen Nettoeinkommen von maximal 1500 Mark, zusätzlich 500 Mark pro Familienangehörigen. Bis Oktober 1992 waren mehr als 45 000 Pässe ausgegeben. Sie ermöglichten den Erwerb einer verbilligten Monatskarte für den Verkehrsverbund, den kostenlosen Besuch von VHS-Kursen, Zoo und Palmengarten, verbilligten Zutritt zu Museen, Theater und Schwimmbädern. Der Paß wird jetzt nur noch an Sozialhilfeempfänger ausgegeben, weil das Geld fehlt.

Dafür wird an der Mainzer Landstraße ein neues Parkhaus für 22 Millionen Mark errichtet. Bereits zwei Wohnhäuser sind dafür nach erfolgter Entmietung abgerissen worden. Nutzen werden diese Parkplätze in erster Linie den Mitarbeitern und Kunden der umliegenden Banken. »Von Finanznot spricht die Stadt und kürzt und kürzt im Sozialbereich. Und unter dem Deckmäntelchen Standortsicherung werden der Großfinanz großzügige Geschenke gemacht«, empört sich die Wohnraumbeschaffungsinitiative im Gutleutviertel.

Gleichzeitig kassieren die Kommunen, nicht nur Frankfurt, bei den Bürgern eifrig ab, erfinden und erhöhen Steuern, Gebühren und Eintrittspreise. So wurden in Frankfurt die Gewerbe-, Grund- und Hundesteuer angehoben, die Kosten für die Straßenreinigung kletterten um 800 Prozent.

Ausgerechnet für die Häuser an Durchgangsstraßen, die meistens von Mietern mit geringem Einkommen bewohnt werden, steigen die Gebühren erheblich. Für eine vierköpfige Familie in einer 90 Quadratmeter großen Wohnung kommt somit eine zweite »kalte« Miete hinzu, und zwar von zusätzlich 45 Mark im Monat. Für die Müllabfuhr wurden die Gebühren dagegen »nur« um 13,2 Prozent und für Abwasser um zwölf Prozent angehoben. »Wir geben inzwischen für Wasser und Abwässer mehr aus als für Getränke«, ärgert sich ein Frankfurter Metallarbeiter. Für ihn wurde alles teurer. Der Zoo, die Schwimmbäder, die Museen. »Wenn ich mit der ganzen Familie schwimmen gehe, sind gleich 30 Mark weg«, rechnet er vor.

Damit seine vierjährige Tochter halbtags den städtischen Kindergarten besuchen darf, muß er 110 Mark bezahlen. Über

100 Mark kostet das Mittagessen seines Sohnes in der Gesamtschule. Auch die Bestattungsgebühren sind deutlich teurer geworden, und zwar von 1185 Mark pro Person 1993 auf 2085 Mark.

Investitionen im Bildungsbereich sind nur noch schwer auszumachen. Während der Gesamtetat in Frankfurt von 1992 bis 1994 um 44 Prozent zunahm und 1995 auf das Ausgangsniveau heruntergefahren wurde, sackten die Schulinvestitionen von 1992 bis 1994 um 39 Prozent ab und wurden 1995 nochmals um 31 Prozent abgebaut. Das ist gegenüber 1992 ein Rückgang von 70 Prozent. Bei den Grund- und Hauptschulen ist der Investitionsrückgang besonders markant: von 7,2 Millionen Mark 1992 auf 1,8 Millionen Mark 1995; bei den Berufsschulen schrumpften die Aufwendungen von 14,3 Millionen Mark auf 7,4 Millionen Mark; der Etat der Sonderschulen wurde um 90 Prozent gekürzt.

Nackte Zahlen sind das, hinter denen sich jedoch ein weiterer struktureller Abbau gesellschaftspolitischer Errungenschaften abzeichnet: Bildung hat nicht mehr jene entscheidende Bedeutung für die Entwicklung einer Gesellschaft, die ihr einstmals beigemessen wurde. Dabei war und ist der Ausbau des Bildungssystems, zu dem alle Bürger gleichermaßen Zugang haben müssen, die einzige Voraussetzung, damit jeder sein Leben selbstbestimmend gestalten kann. Sind das romantische Träumereien? Ja, wird derzeit von den Sparpolitikern entgegengehalten. Bildung muß bekanntlich finanzierbar sein, und nur wer es sich finanziell leisten kann, der hat überhaupt eine Chance, daß ihm alle Bildungswege offenstehen. Bereits jetzt schreiben sowohl Schulleiter wie die Leiter von Kindergärten Brandbriefe an die Verwaltung, weil sie mit dem Problemdruck im Kindergarten beziehungsweise in der Schule nicht mehr fertig werden.

Solche Warnungen verhallen ungehört. Vielmehr findet man zunehmend Gefallen an dem Gedanken, daß man zum Beispiel die aufmüpfigen Lehrer wirksam auf den Sparkurs trimmt, indem man sie aus dem Beamtenverhältnis entläßt. Noch besser wäre es freilich, wenn die Bildungseuphorie der siebziger Jahre als nicht mehr zeitgemäß abgeheftet würde. Es geht Schritt für

Schritt. Nun ist eine Kommune wie Frankfurt nicht für das Bildungswesen verantwortlich. Aber wenn selbst die wenigen Voraussetzungen für qualifizierte Bildungseinrichtungen fehlen, und dazu zählt die Ausstattung und Einrichtung von Schulen genauso wie motivierte und entsprechend bezahlte Lehrer, dann kippt ein hoher Anspruch an die Bildungspolitik, dann nährt solche Weichenstellung den Verdacht, daß Bildung wieder eine Klassenfrage geworden ist oder zu werden droht.

Die Vorgehensweise, wie man die Bildungschancen mindert, verspüren derzeit die Lehrer. Mehr Pflichtstunden, größere Klassen, weniger Entlastungsstunden – das sind nicht etwa Instrumente einer effizienten Förderung der Kinder und Jugendlichen, sondern sie sind Grundlage für Einschränkungen. »Mit großer Bestürzung haben wir geplante Veränderungen im Grundschulbereich zur Kenntnis genommen«, schreibt beispielsweise die Personalversammlung einer Frankfurter Schule an den hessischen Kultusminister. »Wir kommen seit Jahren ständig steigenden gesellschaftlichen Anforderungen an die Grundschule unter zunehmend erschwerten Bedingungen nach. Unter anderem wird zusätzlich zu normalem Unterricht folgendes von uns geleistet: die Förderung schwacher und begabter Schüler, die Integration ausländischer und behinderter Kinder, neue Unterrichtskonzepte und -inhalte, die Aufarbeitung von Sozialisationsdefiziten, Prävention gegen Gewalt und Sucht und die sich daraus ergebende zusätzliche Belastung durch die notwendige Zusammenarbeit mit außerschulischen Gremien. Dies alles leisten wir bei zunehmend erschwerten Bedingungen, z. B. bei Klassenstärken bis zur Zeit 28 Schülern, radikaler Kürzung der Mittel.«

Es ist wohl ein Fortschritt, daß die Lehrer nun die ihnen zugewiesenen Geldmittel selbst verwalten dürfen sowie die Bestellungen für Schulmittel durchführen, kontrollieren und abrechnen. Dringend benötigte Schulassistenten werden ganz abgebaut, Schulsekretärinnen abgezogen und Hausmeister reduziert. Die Folgen: Qualifizierte Bildung ist im staatlichen Schulsystem nur noch rudimentär möglich. Wer eine gute Bildung für seine Kinder will, hat ja die privaten Schulen als Alternative. »Somit wäre die Privatisierung des Schulwesens und die Aufteilung in ›gute Schulen‹, die von den Schülern besucht werden, deren Eltern es sich leisten können, und ›schlechte Schulen‹, die öffentliche Schulen sind und lediglich den weniger Bemittelten eine mindere Qualifikation bieten können, erreicht«, warnt der Frankfurter Bezirksverband der GEW. Frankfurt ist hier keine Ausnahme.

In Hamburg hatten sich bereits 1994 mehr als 50 000 Schülerinnen und Schüler, Studenten und Lehrer gegen die Sparpläne der Stadt Hamburg im Bildungsbereich gewehrt. In einem Demonstrationsaufruf hieß es: »In einer Zeit, wo viele ohne Arbeit und Einkommen sind, wo Wohnungen fehlen oder nicht mehr bezahlbar sind, wo Betreuungsmöglichkeiten für Kinder ohnehin unzureichend sind und viele Jugendliche ihr Leben schon mit der Perspektive des Sozialhilfedaseins beginnen, ist das Vorhandensein sozialer und pädagogischer Begleitung und Beratung notwendiger denn je. Wer glaubt, dies ließe sich auch mit weniger Einrichtungen und gekürzten Etats bewerkstelligen, kennt offenbar die dramatischen Lebensrealitäten nicht mehr.«

In den Sparplänen der Hansestadt ist unter anderem die Erhöhung der Pflichtstundenzahl für Lehrer vorgesehen, Referendare solle einen bedarfsdeckenden Unterricht gewährleisten. Bei 4000 arbeitslosen Lehrern und Lehrerinnen und zusätzlichen 10 000 Schülern bis 1997 in Hamburg sind derartige Vorschläge eher als höhnische Reaktion auf die Misere an den Schulen zu werten. Außerdem gibt es Überlegungen, Berufsvorbereitungsklassen für Ausländer und Lernschwache abzuschaffen. Angesichts dieser Sparvorschläge dürfte das Motto der Demonstration, »Schafft die Schule ab, sie kostet nur Geld«, die Perspektive einigermaßen scharf umschrieben haben. Hamburgs Schulsenator hatte natürlich für die Demonstration kein Verständnis, schon deshalb nicht, weil sie während des Unterrichts stattfand.

Die verlotterte Stadt Frankfurt ist schon immer ein Mikrokosmos gewesen, in dem Aufstieg und Niedergang einer Kommune sowie soziale und gesellschaftliche Konflikte viel schneller und klarer als in anderen Kommunen sichtbar wurden. Ob es die erdrückende Schuldenlast, die gnadenlosen Absahner angeht, die korrupten Machenschaften politischer Entscheidungsträger, die Gettoisierung, die steigende Kriminalität und die krassen Unterschiede zwischen Arm und Reich, die existentielle Bedrohung breiter Kreise der Bevölkerung, die nur noch mühsam unterdrückten kulturellen Konflikte: hier wird exemplarisch vorgeführt, wie früher oder später in anderen Großstädten das soziale und kulturelle Leben zu einem Austragungsort für soziale Krisen verkommt.

Wenn heute die Städte unter den Soziallasten zusammenbrechen, dann erinnert das fatal an die letzten Jahre der Weimarer Republik: Im Verkehrswesen wurden durch Einsparungen bei Investitionen und Unterhaltskosten die städtischen Ausgaben halbiert. Die Berliner Verkehrsbetriebe etwa halbierten die Belegschaft 1929 und reduzierten sie 1932 um ein weiteres Viertel. Gekürzt wurden auch die Ausgaben für das Schulwesen durch Abbau von Lehrern und Erhöhung der Klassenfrequenzen. Die städtischen Personalkosten wurden durch Lohn- und Gehaltskürzungen sowie durch Einstellungs- und Beförderungssperren gesenkt, die Ausgaben im Bereich des Wohnungswesens zusammengestrichen. Die Folgen waren größere Wohnungsnot, unerschwingliche Verkehrstarife, überfüllte Schulklassen. Einzig die Ausgaben auf dem Sozialsektor stiegen weiter. Schon damals sanierte man die Arbeitslosenversicherung auf Kosten der Gemeinden. Durch fortgesetzte Leistungsdemontage wurde der monatliche Aufwand pro Unterstütztem der Arbeitslosenversicherung halbiert. Zugleich wurde Stück für Stück die Zugangsberechtigung zur Sozialversicherung beschnitten.

Was der Düsseldorfer Oberbürgermeister Lehr im Mai 1932 schrieb: »Die Kräfte der deutschen Gemeinden gehen sichtbar ihrem Ende entgegen«, das könnte auch heute gelten. Etwa ein Drittel bis ein Viertel der städtischen Bevölkerung war zuletzt auf Hilfe von kommunalen Wohlfahrtsämtern angewiesen. Und so geschah das damals, was auch heute ansatzweise zu beobachten ist. Die Menschen stürmten die Wohlfahrtsämter, in Frankfurt wurde ein Fürsorgebeamter niedergestochen, Handgreiflichkeiten, Drohungen und Beschimpfungen gehörten zum Alltag der

Fürsorgebeamten. »Der Sozialabbau«, so Wilfried Rudloff, wissenschaftlicher Assistent am Institut für Neuere Geschichte der Universität München, »zernagte eines der wenigen noch verbliebenen legitimatorischen Fundamente des Weimarer Gemeinwesens. Dies war Wasser auf die Mühlen der radikalen Parteien.« Denn wenn die Gemeinden nicht mehr der Ort der sozialen Kommunikation sind, das soziale Zusammenleben zerstört wird, dann gibt es auch keine Loyalität der Bürger dem Staate mehr gegenüber. Es scheint, daß sich ein düsterer Abschnitt wiederholt.

Sozialer Bürgerkrieg

Nachts, wenn die kühle Sterilität zwischen den gläsernen Büro-
türmen soziales Leben endgültig ausgehaucht hat, bewegen sich
die Habenichtse mit schleppenden Schritten am Straßenrand
entlang, immer ängstlich Umschau haltend, ob keiner der privaten Sheriffs, die durch die Straßenschluchten patrouillieren, sich
auf sie stürzt. Denn inzwischen gilt eine neue Polizeiverordnung
in Frankfurt. »Das Lagern oder das dauerhafte Verweilen auf
Flächen, auf denen typischerweise starker Fußgängerverkehr
stattfindet oder die ihrem Zweck nach hierfür bestimmt sind, ist
verboten. Das Nächtigen im Freien, auf Straßen, in Grün- und
Spielanlagen sowie in unterirdischen Anlagen, insbesondere auf
Bänken und Stühlen sowie das Auf- und Umstellen von Bänken
und Stühlen zu diesem Zweck, ist verboten.«
  Nur die sich besonders stark fühlen, die haben jetzt ihren Auf-
tritt. Kleine und große Kriminelle, deutsche und ausländische
Bandenmitglieder, die alle etwas vom großen Reichtum in dieser
Stadt mitnehmen wollen. In den Höhlen der Unterhaltung, den
Discos, lassen sich die Kids volldröhnen, um die Realität des
Lebens zu vergessen. Ferngesteuerte Kameras überwachen die
Luxusgeschäfte und die mit Stacheldraht bewehrten Villen, in
die sich jene ängstlich zurückgezogen haben, die fürchten, daß
ihnen die Armut zu nahe rückt. Das ist keine Horrorvision, sondern in Frankfurt Realität. Auffallend ist, auch in Frankfurt, daß
bislang alles so ruhig geblieben ist. Denn eigentlich müßten die
sozialen Notlagen zu massiven Protesten gerade derjenigen führen, die bereits jetzt am Hungertuch nagen und nicht mehr viel
zu verlieren haben.
  »Konkurrenzsituation, fehlende Zukunftsperspektive, die
Hoffnung auf glückliche Zufälle zu stützen, sein Elend in illusio-
nären Scheinbefriedigungen zu vergessen durch starke Abhän-
gigkeit von den Fernsehträumen«, das sind für den Frankfurter
Sozialwissenschaftler Henner Hess die Ursachen, »daß von der

195

Bevölkerung der Armutsgettos allenfalls nur Formen eskapistischen Widerstands, nur individuelle, revoluzzerhafte und kriminelle Konfliktlösungsversuche erwartet werden können, schlimmstenfalls aber Korrumpierbarkeit für die Zwecke der Reaktion zu erwarten sind.« Das meint, daß sie zu Rassismus und Rechtsextremismus neigen. Doch wie lange wird sich dieses Bewußtsein, das allenfalls im Wahlverhalten seinen Ausdruck findet, in Grenzen halten?

Die Verteilungskämpfe auf den Märkten (Arbeitsmarkt, Wohnungsmarkt, Sozialleistungsmarkt) werden sich weiter verschärfen »zwischen Arm und Reich, Arbeitsplatzinhabern und Beschäftigungslosen, zwischen den von Armut unmittelbar Bedrohten und den von Armut schon Betroffenen und natürlich auch zwischen den unterschiedlichen Armutsgruppen«, prophezeite Thomas von Freyberg auf dem zweiten Bürgerrechtsforum Paulskirche im September 1994. Und in diesen Verteilungskämpfen werden zunehmend die Waffen der Diskriminierung, Ausgrenzung, Stigmatisierung, Ethnisierung zur Legitimation sozialer Ungleichheit und politischer Repression eingesetzt. Weil es zuwenig Freizeitangebote zum Beispiel für die türkischen Jugendlichen gibt, ziehen die sich – wie überall – zunehmend in die Moscheen zurück. Die Imams freuen sich. Milli Görüs, eine islamische Fundamentalistenorganisation, unterhält unter anderem eine Moschee in einem alten Lagerhaus im Frankfurter Osthafen und präsentiert bei den Gebetsstunden passable Zuwachsraten. Mehr als 150 junge Menschen kommen inzwischen regelmäßig in die Moschee, sagt der Sprecher der islamischen Fundamentalisten. Vor ein paar Jahren waren es nicht mehr als 30 gewesen. Hier finden sie nicht nur einen Gebetsraum, sondern auch einen Jugendraum mit Billard, Tischtennis, Dart-Scheiben und Satelliten-TV. Kein Wunder. Die städtischen Jugendzentren, die zu 90 Prozent von ausländischen Jugendlichen besucht werden, sind von Kürzungen gebeutelt oder mußten ganz schließen beziehungsweise ihre Öffnungszeiten einschränken und bieten ihnen keine Alternative mehr.

Es ist eine explosive Entwicklung, die sich hier abzeichnet. Sie führt nämlich, so der Bielefelder Sozialforscher Wilhelm Heitmeyer, »zu einer türkisch-nationalistischen Einstellung und zur Tendenz, islamische Interessen auch mit Gewalt durchzusetzen.« 41,4 Prozent der 15- bis 21jährigen von ihm Befragten stimmten der Aussage »zu« (19,2 %) und sogar »voll zu« (21,9 %), sie seien bereit, sich mit körperlicher Gewalt gegen Ungläubige durchzusetzen, wenn dies der islamischen Gemeinschaft diene. Knapp 30 Prozent bejahten, in diesem Fall eventuell auch »andere zu erniedrigen«. Und 28,1 Prozent stimmten dem Satz zu: »Wenn jemand gegen den Islam kämpft, muß man ihn töten.« Jeder zehnte befragte türkische Jugendliche, so Heitmeyer, schloß sich diesem Satz sogar »voll« an.

Gleichzeitig beobachten Kenner der Szene, wie Cuma Yagmur vom Frankfurter Einwanderertreff (von Schließung bedroht), daß parallel zur wachsenden Zuwendung zum Islam sich auch der türkische Rechtsextremismus im Aufwind befindet. Da gibt es in Frankfurt eine Disco, in der auch türkische Jugendliche gern gesehen sind. Der Betreiber wird mit den »Grauen Wölfen« in Verbindung gebracht. Wenn dann in den Morgenstunden nationalistische Töne angeschlagen werden, recken sich die ausgestreckten Arme mit dem Gruß der Grauen Wölfe in den Lichterwirbel der Laserstrahler. An einer Großveranstaltung der türkischen Grauen Wölfe, im November 1994 in der Festhalle, nahmen »massenhaft« Jugendliche teil. Daß diese faschistischen Grauen Wölfe, bekannt durch ihre Terroraktionen in der Türkei gegen alle Andersdenkenden, zudem stark in den Drogenhandel verwickelt sind, sei nur am Rande erwähnt. Noch brodelt dies alles im Untergrund – von den offiziellen Stellen kaum beachtet.

»Ich sehe große Spannungen auf uns zukommen«, prognostiziert jedoch der ehemalige Frankfurter Kriminaldirektor und jetzige stellvertretende Landrat von Offenbach die Zukunft. Spannungen befürchtet er zwischen den hier lebenden ausländischen Bürgern und den dem freien sozialen und gesellschaftlichen Absturz ausgesetzten deutschen Bürgern. Tatsächlich wird die Aggressionsschwelle im Kampf jeder gegen jeden immer niedriger. Die latente Unzufriedenheit manifestiert sich in eruptiver Aggression bei den Benachteiligten. Zunehmende Gewaltbereitschaft an den Schulen und blutige Kämpfe zwischen rivalisierenden Banden in sozial benachteiligten Stadtteilen, wie in Griesheim oder im Gallusviertel, sind bereits etwas Alltägliches geworden.

Was heute massenhaft stattfindet, ist ein nach innen gerichteter Protest, der sich, wenn sich die Gelegenheit bietet, gegen die sozial Schwächeren entlädt. Das sind zwangsläufig die in Deutschland lebenden ausländischen Bürger, die in Frankfurt 25 Prozent der Gesamtbevölkerung ausmachen. Noch kapseln sie sich ab, spielen sich die persönlichen Dramen überwiegend im engen ethnischen Getto untereinander ab. Aber bereits jetzt ist von sozialer und kultureller Integration, früher einmal ein gern benutztes Wort, keine Rede mehr. Es ist nur eine Frage der Zeit, bis dieser Kulturkonflikt, die Distanz zwischen den verschiedenen kulturellen Systemen, zwischen unterschiedlichen Wert- und Normvorstellungen und Verhaltensweisen, nicht nur regional begrenzt, aggressiv ausbricht. Da liefern sich in Frankfurt junge Aussiedler tagelang Straßenkämpfe mit jungen Türken, marokkanische Banden schlagen sich mit deutschen Jugendlichen, und manchmal hilft nur massiver Polizeieinsatz, um Mord und Totschlag zu verhindern. Hinter diesem Szenario verbergen sich massive kulturelle und soziale Konflikte, und zwar in einem Umfang, daß sie trotz Hilfe durch soziale Netzwerke bald nicht mehr aufgefangen werden können. Noch gibt es keine Riots wie in den Vereinigten Staaten. Aber ist das allein eine Frage der Zeit? Denn wenn die sozialen Netzwerke, die bislang das Schlimmste verhüten konnten, nicht mehr finanzierbar sind, dann droht ein Flächenbrand. Ein Menetekel dafür ist der Rassismus, der Glaube von der Überlegenheit der einen über die andere Kultur.

Rassismus, gleichgültig welche Nationalität ihm huldigt, diente schon immer zur Legitimation sozialer, kultureller und ökonomischer Ungleichheiten. Noch ist Deutschland von diesen Konflikten weitgehend verschont. Sollten sich jedoch die sozialen Zustände weiter verschärfen, dann wird ein enormes Gewaltpotential freigesetzt, das nur schwer eingedämmt werden kann.

Der Staat als Privatunternehmen

»Der stinknormale, ganz gewöhnliche Kapitalismus hat uns eingeholt. Der Rotstift wütet, um die Umverteilung von unten nach oben, die Unternehmensvergünstigung im großen Stil zu finanzieren. Das ist Klassenkampf von oben.«

Dieser Satz stammt vom Vorsitzenden der Deutschen Postgewerkschaft Kurt van Haaren. Er hat ihn keineswegs 1995 oder 1996 geäußert, sondern am 27. Oktober 1983. Was würde er wohl heute zu den herrschenden Verhältnissen sagen?

»Um die ausufernden Kosten, die sich wie Mehltau auf die Volkswirtschaft legen, einzudämmen«, meinte die Mittelstandsvereinigung der CDU/CSU, muß der Staat »abgespeckt« werden. »Solidargemeinschaften stehen vor dem Bankrott«, befürchtet der Stuttgarter Theologe Eberhard Stammler, und der SPD-Politiker Wolfgang Thierse spricht vom Ende der Solidarität: »Solidarität ist ein knappes Gut geworden.« Es sind mächtige Interessengruppen, die an der Auflösung der Solidargemeinschaft mitwirken und das Totschlagargument lautet stets: Der Staatsapparat ist zu aufgebläht, zu einem Versorgungsunternehmen verkommen. Hilfe bieten Unternehmensberatungsgesellschaften an, die überall in Deutschland Hochkonjunktur haben. Sie schlagen ihren Kunden, zum Beispiel der Stadt Frankfurt vor, wie man durch den Umbau des öffentlichen Dienstes in private Rechtsfirmen Geld sparen kann. Das erwünschte Ergebnis: massiver Abbau von Personal.

Es war in Frankfurt immerhin eine rot-grüne Mehrheit, die beschloß, die städtischen Dienste auf ihre Privatisierungschancen hin zu überprüfen und gegebenenfalls zu veräußern. 1994 erfolgte der spektakuläre Verkauf der in Stadtbesitz befindlichen VEBA-Aktien. Man spekulierte mit drei Milliarden Mark, die man durch den Verkauf der städtischen Aktien an die Flughafen Frankfurt AG in den Schuldendienst einschieben könne. Dumm, daß die Allgemeine Treuhand, eine Wirtschaftsprüfungsgesellschaft, einen Buchwert für den Anteil der Stadt an der Flughafen AG von höchstens 387 Millionen Mark ausrechnete. Im Herbst 1995 wurden die Stadtwerke in eine GmbH umgewandelt, auf Vorschlag des Beratungsunternehmens D. Little. Ein Jahr später war der Schritt vollzogen, 500 Arbeitsplätze gingen verloren. Wenig Widerstand gegen den Stellenabbau regte sich damals bei der Frankfurter Bezirksleitung der Gewerkschaft ÖTV. Deren einstiger Geschäftsführer ist inzwischen Arbeitsdirektor bei der Stadtwerke GmbH geworden. Auf der einen Seite wurde Personal abgebaut, auf der anderen Seite wurden hingegen 26 neue Führungspositionen geschaffen und schnell 355 Beförderungen ausgesprochen. »Mehrkosten«, so monieren die städtischen Rechnungsprüfer:»3,1 Millionen Mark«. Dazu meinte der Stadtwerke-Direktor:»Die Beförderungen sind zum Teil notwendig geworden, weil Beschäftigte höhere Verantwortung tragen, nachdem beim Personalabbau Kollegen weggefallen sind.«

Wer gewinnt eigentlich bei diesen Privatisierungsorgien? Es sind die Banken, Versicherungen und Großkonzerne. Auf der Strecke bleiben die kleinen und mittleren Angestellten und Arbeiter. Dabei sind es gerade diese Gruppen, deren Umfeld von den negativen Begleiterscheinungen der Wirtschaftspolitik – Arbeitslosigkeit, Kurzarbeit, sinkenden Realeinkommen, Abbau von Tarifstandards, aber auch vermehrter Obdachlosigkeit, Drogenkonsum, Flucht in Kriminalität oder Lethargie – in besonderem Maße betroffen sind, die keinen »schlanken Staat« brauchen, sondern im Gegenteil ein verstärktes öffentliches Angebot. Dabei ist man erst am Anfang dieses Privatisierungsrausches.

Die Unternehmensberatung Arthur D. Little, die in Frankfurt bereits marktwirtschaftliche Effizienz zum Allheilmittel erhob, hat übrigens auch den deutschen Staat untersucht, und zwar wie eine Firma in der Krise, und entsprechende Vorschläge der Krisenbewältigung unterbreitet. Ihr Ergebnis: Es gibt ein Sparpotential von 260 Milliarden Mark. »Das Verblüffende an dem Sparpaket«, so *Der Spiegel*, »es werden keine Sozialleistungen für die Bürger gekürzt. Der Effekt ergibt sich aus organisatorischen Reformen und dem Abbau von Personen in Staatsdiensten.«

Zielvorgabe der Unternehmensberatungsgesellschaft war, was jeder befürwortet: Bürgerorientierung, Aufgabenbegrenzung, Kostenmanagement, Qualitätssteigerung und Mitarbeiterzufriedenheit. Wenn die Politiker den insgesamt 22 Vorschlägen der Unternehmensberater folgen würden, hätten die Deutschen sogar einen besseren Service des Dienstleistungsunternehmens »Deutschland AG«. Da taucht er wieder auf, der Begriff des Unternehmens, hier in die Form einer Aktiengesellschaft gegossen, die der Staat sein soll. Sicher ist, daß in der Tat innerhalb des bürokratischen Apparates in vielen Fällen Milliardenbeträge eingespart werden könnten. Nur hat das in den Großunternehmen bekanntlich nicht zu mehr Arbeitsplätzen geführt, im Gegenteil allenfalls zu einem Anstieg der Aktienkurse. Und viele der Vorschläge klingen auch überzeugend. Da gibt es Druckereien, Fahrdienste, Reinigungsdienste, Grundstücksverwaltungen, Rechtsberatung, Wirtschafts- und Rechnungsprüfung, Datenverarbeitung als private Dienstleistungen, an die Aufträge der staatlichen Behörden weitergegeben werden können. Aber es gibt genauso viele Hoheitsaufgaben, wo das zu einer Verschlechterung für den Bürger führt. Das Sozialamt als ein Profit-Center – ein absurder Gedanke.

Die Sparvorschläge für die Stadt Frankfurt zeigen genau den Pferdefuß, wenn es um den sozialen Bereich geht. Gerade hier wird nicht bürgernah gearbeitet, sondern gekürzt.

Ein anderes privates Geschäft, sozusagen die Teilprivatisierung, zeigt sich bei der Ausweitung des Leasinggeschäftes. In Bremen wird die Straßenbahn für 142 Millionen Mark an eine eigens gegründete Leasinggesellschaft verkauft, eine Daimler-Benz-Tochter. Die vermietet die Straßenbahnen wieder an die öffentlichen Verkehrsbetriebe. In der Nähe von Rostock wurde das erste privat finanzierte Gefängnis eröffnet, im westfälischen Uelzen das gesamte Bürgermeisteramt geleast, in Leipzig das Heizkraftwerk. Alle glauben nun, damit könne man die explodierenden Ausgaben der Stadt mindern, und es sieht offensichtlich auf dem Papier auch so aus. Man zahlt nicht mehr einen hohen Kaufbetrag oder finanziert über hohe Kreditraten, sondern auf dem Konto der Stadt erscheinen erstmals kleinere Beträge, die Leasingraten. Das ist das Faszinierende am Leasing.

Nun hat jedoch einmal ein Politiker nachgerechnet, und zwar in Niedersachsen bei 71 Leasingverträgen. In mehr als 70 Prozent der Fälle hatten die niedersächsischen Städte und Gemeinden bereits nach fünf Jahren mehr Miete für die Computer, Lastwagen oder Kopierer bezahlt, als die Geräte gekostet hätten. Der Landkreis Bad Doberan, berichtet *Der Spiegel*, läßt sich von einem Fonds, den die Vereins- und Westbank aufgelegt hat, für garantierte 103,7 Millionen Mark ein neues Kreiskrankenhaus bauen. Anfang 1997 soll es eröffnet werden. Was wird wohl sein, wenn die Rechnung präsentiert wird? Die Laufzeit des Leasingvertrages beträgt 20 Jahre. Dafür muß der Landkreis 150 Millionen Mark zahlen. Danach darf er das Gebäude für knapp 50 Millionen Mark kaufen. Ein enormer Verlust, aber der tritt ja erst dann ein, wenn die Politiker schon lange in Pension sind und die Verantwortung nicht mehr übernehmen müssen. Die einzigen, die davon profitieren, sind die Leasinggesellschaften. »Dem Staat fehlen mindestens 300 bis 500 Milliarden Mark zur Finanzierung dringender Bauten«, so der Geschäftsführer der ING Lease Deutschland GmbH – da fällt auch für seine Firma etwas ab. Die einzigen Gewinner sind die Leasingfonds, an denen sich die Betuchten beteiligen. Die dürfen ihre finanzielle Anlage auch noch als Steuerersparnis beim Finanzamt geltend machen. So kann man selbst mit der Armut der öffentlichen Hand noch Gewinne machen.

Wie weit dem goldenen Kalb freier Markt inzwischen gehuldigt wird, das zeigt sich im Bonner Arbeitsministerium. Dort liegen Pläne in den Schubladen, denen zufolge die Arbeitslosenhilfe künftig nicht mehr nach dem früheren Nettoeinkommen des Arbeitslosen bemessen wird, sondern nach seinem geschätzten Marktwert. »Eine abenteuerliche Konstruktion, die mehr mit einem orientalischen Basar gemein hat als mit einem Rechtsanspruch«, empört sich Vera Gaserow in der *Tageszeitung*. Solche Pläne sind tatsächlich die logische Konsequenz betriebswirtschaftlicher Erwägungen. Damit hält aber gleichzeitig kalt kalkulierte Willkür ins Sozialsystem Einzug – zur Freude bestimmter Politiker.

»In Deutschland haben wir eine Sozialorthodoxie entwickelt, die bislang jeder Veränderung trotzt. Die Aufbruchstimmung, der sozialpolitische Unternehmergeist, der Wille, soziale Verhältnisse neu zu gestalten, sind verlorengegangen und haben sich zu einer Sozialscholastik verfestigt. Diese Verkrustung durch Systeme der Offenheit, durch Infragestellungen, durch innovative Gedanken zur Veränderung zu zwingen, das ist die Aufgabe offener, freier und privater Anbieter sozialer Dienstleistungen.« Das gibt nicht der Bundesverband der deutschen Unternehmen von sich, sondern ist die Überzeugung des Oberbürgermeisters von Pforzheim. Und deshalb sucht er ja auch nach »neuen Wegen zur sozialen Gerechtigkeit«. Er will durchsetzen, daß öffentliche Hilfe nur diejenigen erhalten, die sie wirklich brauchen, die sie nicht nur konsumieren, sondern aktiv und selbstbewußt für sich einsetzen. Wer sich nicht selbst helfen will, der Arbeitslose beispielsweise, der sich partout um keinen Arbeitsplatz auf einem leergefegten Arbeitsmarkt kümmert, dem wird nach Beckers Thesen auch nicht geholfen. Alles soziale Handeln wird bei ihm durch leistungsbezogenes, scharf kalkuliertes und offen am Markt für soziale Dienstleistungen konkurrierendes Handeln der Beteiligten ersetzt. Er spricht von »menschlicheren sozialen Versorgungen, gemeinde-, wohnort- oder familiennah, zu niedrigeren Kosten, niedrigen Löhnen der Betreuenden und höherer Eigenleistung der Bedürftigen – gemeint sind eigentlich nur Kürzungen bei Kindergärten, Krankenhäusern und Altenpflegeeinrichtungen.

Der Individualismus feiert wieder einmal Triumphe, jeder ist eben seines Glückes Schmied, darauf läßt sich die mit viel Zustimmung bedachte These des Oberbürgermeisters reduzieren. Nicht mehr die Verhältnisse, die zur Verarmung geführt haben, werden verändert, sondern die Armen sollen die Verhältnisse in ihren vier Wänden, sofern sie welche haben, in Ordnung bringen und bitte schön mit ihrer Mühsal den Staat nicht mehr belasten.

»Zwangsarbeit« und »Arbeitsdienst«?

Es ist ein böses Wort, Zwangsarbeit. Aber was ist es anderes, wenn die Sozialhilfeempfänger gezwungen werden, Arbeiten anzunehmen, damit sie ihre Sozialhilfe kassieren können? Zunehmend werden sie gezwungen, Tätigkeiten auszuüben, die bislang von städtischen Arbeitern und Angestellten übernommen wurden. Das ist inzwischen gesetzlich festgeschrieben. »Sozialhilfeberechtigte sind grundsätzlich zu gemeinnütziger Arbeit verpflichtet«, beschlossen die Koalitionsfraktionen 1993. Parallel dazu wird der Umfang der Arbeitsmöglichkeiten hin zu regulären Pflichtaufgaben der Städte und Gemeinden erweitert. Sozialhilfeempfänger konnten schon immer zu Arbeiten herangezogen werden, doch mußten diese Arbeiten »gemeinnützig« sein. Im Paragraph 19 des Bundessozialhilfegesetzes heißt es: »Zusätzlich ist nur die Arbeit, die sonst nicht, nicht in diesem Umfang oder nicht zu diesem Zeitpunkt verrichtet werden würde.« Wurden Sozialhilfeempfänger zu Arbeiten herangezogen, was im Einzelfall auch bisher möglich war, so mußten diese Arbeiten »gemeinnützig« *und* »zusätzlich« sein.

»Das wichtigste am Zusätzlichkeitskriterium ist, bestehende, reguläre Arbeitsplätze und die Rechte der abhängig Beschäftigten zu schützen.« Wenn die Arbeitsgelegenheit für Sozialhilfeempfänger nun nicht mehr »zusätzlich« ist, bedeutet das den Einstieg in eine umfassende Umstrukturierung im kommunalen Bereich, »das trifft die öffentlich Beschäftigten«, kritisiert der Düsseldorfer Rechtsprofessor Utz Krahmer. Wenn das Kriterium der »Zusätzlichkeit« nun entfällt, so Krahmer, »wird das System der öffentlichen Beschäftigungsverhältnisse umgekehrt. Dann sind die Arbeitsgelegenheiten keine ›Hilfe zur Arbeit‹ mehr, die dem Sozialhilfeempfänger die Rückkehr ins Arbeitsleben erleichtern, sondern nichts anderes als ein ›Arbeitsdienst‹.«

Das sieht auch die Landesarbeitsgemeinschaft der Sozialen

Brennpunkte in Hessen so: »Dahinter steckt die Absicht, Erwerbslose in schlecht bezahlte Jobs zu zwingen, um dadurch Druck auf die gesamte Lohnstruktur auszuüben.« Sanktionsdrohungen würden aber erfahrungsgemäß demotivieren.

Das Wort »zusätzlich« ist inzwischen dem Sparstift zum Opfer gefallen. Mit Folgen, die Wolfgang Scherer, Geschäftsführer der Bundesarbeitsgemeinschaft der Sozialhilfe-Initiative, wie folgt beschreibt: »Die Kommunen gehen nun dazu über, reguläre Arbeitsplätze abzubauen, um so ihre Haushalte zu entlasten.«

Überall, wo die Tätigkeiten keine besondere Ausbildung erforderten, wie bei der Müllabfuhr, bei der Straßenreinigung, können problemlos Sozialhilfeempfänger eingesetzt werden. Und das geschieht natürlich auch. In Leipzig wurde bereits unter dem Schlagwort »Arbeit für Leipzig« ein Programm entworfen, wonach bis zu 5000 Arbeitsgelegenheiten für Sozialhilfeempfänger in der realen Arbeitswelt geschaffen wurden, die meisten davon ohne Tarifverträge. Denn, so die Begründung der Stadtverwaltung: »Ansonsten kann der Anschluß an den Standard der westdeutschen Infrastruktur nicht erzielt werden.« Folglich ist es das Ziel der Messestadt, den Sozialhilfeempfängern Beschäftigung in der »realen Arbeitswelt« anzubieten. Nun hat ein großer Teil der Sozialhilfeempfänger in Leipzig keine Aussicht auf einen regulären Arbeitsplatz, und sie fallen daher, wie es im Leipziger Amtsdeutsch heißt, »der dauerhaften Alimentierung anheim«. Für die Stadt Anlaß, die Betroffenen, die »ohne Gegenleistung der Stadt alimentiert werden«, zu verpflichten, Aufgaben, »die der Allgemeinheit und der Öffentlichkeit dienen«, zu erledigen.

In einem internen Papier der Leipziger Stadtverwaltung heißt es, man dürfe »Arbeitsangebote nicht ausschließlich der ›Freiwilligkeit der Hilfeempfänger überlassen‹«. Wahrscheinlich, weil diese sich zu Recht weigern würden. Demnach müssen sie gezwungen werden, und zwar per »Verwaltungsakt«, um sie dadurch »zur Arbeit heranzuziehen«. Wer da nicht folgt, dem droht die Stadt das kümmerliche Existenzminimum zu entziehen. »Bei Nichtannahme der Arbeitsgelegenheit wird die Sozialhilfe gekürzt oder eingestellt.« Schließlich grassiert in Leipzig ein ärgerliches Bewußtsein unter den Sozialhilfeempfängern, »das, auch ohne Beschäftigung Sozialhilfe zu beziehen, zunehmend Anhänger gewinnt«. Dem muß energisch entgegengetreten werden, und da die Stadt Leipzig wie alle anderen Städte ein riesiges Haushaltsdefizit verwaltet, sieht man eine Möglichkeit, mit Hilfe der Armen das Defizit zu mindern: durch Arbeitsdienst.

Als diese Praxis 1993 bekanntwurde, gab es merkwürdigerweise nur wenig Proteste. Einer der wenigen Verbände, der reagierte, war der Arbeitslosenverband Deutschland: »Hilfeempfänger per Verwaltungsakt zur Arbeit heranzuziehen ähnelt den Praktiken des Arbeitsdienstes«.

Wie dieser Arbeitsdienst in Leipzig konkret aussieht, berichtet ein Betroffener:

»Vor einiger Zeit erhielt ich die Aufforderung zum Arbeitsstützpunkt zu kommen. Dort sollten ich und andere, die inzwischen auf Sozialhilfe angewiesen sind, weil sie keine Arbeit fanden, ›an Arbeit gewöhnt werden‹. Mit zwei Mark pro Stunde wird der Einsatz für die Stadt vergütet. Wenn wir nicht kommen, hieß es, wird uns die Sozialhilfe um die Hälfte gekürzt. Verlangt wird außerdem, 40 Stunden in der Woche zu arbeiten, also eine Arbeitszeit wie bei regelrechter Anstellung bei der Stadt. Nur der Verdienst ist eben nicht wie bei normaler Beschäftigung: 80 Mark bekomme ich in der Woche, 320 Mark im Monat, ohne soziale Absicherung. Ich bin als Sozialhilfeempfänger nicht einmal krankenversichert. Ich habe gefragt, was bei einem Arbeitsunfall passiert: Das ist schon geregelt, war die Antwort.

Der Einsatz beginnt morgens sieben Uhr mit einem Zählappell. Alle treten, nach Brigaden getrennt, um das Verwaltungsgebäude des Stützpunktes herum an. Dann wird gezählt. Wer Minuten zu spät kommt, dem wird mit Stundenabzug gedroht. Die Leute kommen von überall her aus der Stadt. Manche brauchen eine Stunde und mehr für die Anfahrt. Einige von uns haben gefragt, ob sie nicht gleich zum Arbeitsort gehen können, weil der bei ihnen um die Ecke liegt. Sie durften das nicht. Alle müssen zum Zählappell morgens antreten. Dann beginnt der Einsatz. Es gibt Arbeiten im Stützpunkt selbst, oder wir werden in Kleinbussen zum Arbeitsort gefahren. Wir sind ABM-Brigaden zugeordnet. Die Arbeiten sind in der Tischlerei, Schlosserei, Mauern, Tiefbau, Begrünung und Malern. Auch in der Verwaltung werden Sozialhilfeleute eingesetzt. Man hat uns gesagt, diese Arbeiten sind alle gemeinnützig und zusätzlich. Schlechthin ist jede öffentliche Arbeit gemeinnützig, wichtig also, was in unserem Fall als zusätzlich angesehen wird: Wir setzen Wege instand, pflanzen Bäume, mähen Rasen, Tischlern und schweißen Gegenstände für Kinderspielplätze, malern Schulen und Bibliotheken.

Bisher werden täglich ungefähr 30 bis 40 Leute eingesetzt, darunter sind auch Alleinstehende mit Kindern. Für den Arbeitsdienst sind allerdings noch mehr erfaßt: zur Zeit zirka 100. Einige kommen nicht zum Einsatz, weil sie es als Verhöhnung empfinden. Wer ist schon bereit, im Zwangsdienst für einen Hungerlohn zu arbeiten und auch noch gegen andere, die deshalb keine feste Arbeit bekommen, ausgespielt zu werden. Deshalb droht ihnen die Stadt mit der Kürzung der Sozialhilfe.

Ich bin der Maurergruppe zugeordnet. Den Vorarbeiter in der Maurer-Brigade kenne ich. Der war früher bei der Kirche als Maurer beschäftigt. Dann hat er seine Arbeit verloren. Als einzige Möglichkeit bot sich ihm eine ABM-Stelle. Nach einem Jahr läuft diese Stelle aus. Anstatt daß er fest eingestellt wird, wird er entlassen. Er ist die einzige Fachkraft in der Gruppe. Wegen der Anfahrtskosten und dem teuren Mittagessen arbeiten viele von uns bis zum Mittagessen quasi kostenlos. Wenn ich die Sozialhilfe und meinen jetzigen Wochenlohn zusammenzähle, dann bekomme ich ungefähr 820 Mark im Monat. Der Stundenlohn beträgt dann für mich fünf Mark. Ein fest eingestellter Maurer bei der Stadt müßte viel mehr verdienen, nämlich mehr als das Dreifache. Die Stadt spart auf dem Rücken der Ärmsten. Das ist Ausbeutung.«

Es wäre gegen diese Arbeiten ja im Prinzip nichts einzuwenden, wenn den Sozialhilfeempfängern ein tariflich bezahlter Lohn mit einer entsprechenden Sozialversicherung bezahlt würde, wenn sie eine gewerkschaftliche Interessenvertretung hätten und die Möglichkeit bestünde, einen dauerhaften Arbeitsplatz zu erhalten. Aber das ist natürlich nicht der Fall. Diese Form des schwarzen Arbeitsmarktes hat vielmehr einen Hintergrund. Feste Arbeitsplätze sollen untergraben werden. Gerade die Städte und Gemeinden im Osten – durch Abgabenlasten überfordert – müssen überall sparen, und sie verlangen nun, daß die Sozialhilfe, quasi als Gegenleistung, abgearbeitet wird. Schließlich müssen auch die Almosen verdient werden.

Davon ist, wen wundert es, auch Wirtschaftsminister Rexrodt überzeugt. Für ihn ist klar, daß Sozialhilfeempfänger als Landschaftsgärtner, Maler in Städten und Gemeinden, in Sachbearbeiterstellen der Ämter arbeiten können. Damit sie später, so das Kalkül, sollten sie jemals eine Arbeit bekommen, die Niedriglohnbereiche abdecken können, zumal sie ja dann Erfahrung mitzubringen haben.

Die Ablehnung solcher regierungsamtlich verordneter Aushöhlung der Tarifpolitik kommt inzwischen auch aus den Gewerkschaften. Es war das IG-Metall-Vorstandsmitglied Horst Schitthenner, der das Vorgehen gegen Massenarbeitslosigkeit mittels Ernteeinsätzen, Hand- und Gespanndiensten mit dem einstigen »Reichsarbeitsdienst« verglich.

Nun ist es kein Geheimnis, daß Zwangsarbeitsdienste und ökonomische Krise schon häufig in einem direkten Zusammenhang gestanden haben. Denn immer dann, wenn verstärkt Zwangsarbeiter zu sogenannten gemeinnützigen Arbeiten verpflichtet wurden, befand sich die deutsche Industrie in tiefen Schwierigkeiten. Und auch das Ritual ist keineswegs neu. Erst wird den Arbeitslosen und Sozialhilfebeziehern Mißbrauch von Versicherungs- und Sozialleistungen vorgeworfen, als nächstes werden die geringen Lohnersatzleistungen noch weiter gekürzt und schließlich ein Teil der Betroffenen mit Zwangsarbeit überzogen. Wer sich wehrt und auf einem tariflich bezahlten, seinen Fähigkeiten entsprechenden und unbefristeten Arbeitsplatz besteht, gilt als arbeitsunwillig, hat keinen Anspruch auf soziale Leistungen. Seltsamerweise aber fördern bei den Betroffenen derartige Angebote die Akzeptanz dieser Zwangsarbeitsmaßnahmen. Dort, wo ehemalige Sozialhilfebezieher in kommunalen Werkstätten und so weiter tätig sind, setzt sich in nicht wenigen Fällen die Auffassung durch, wer Sozialleistungen erhält, soll auch dafür arbeiten, ohne nach dem Sinn und Zweck dieser Arbeit zu fragen.

Die Stadt Stuttgart beispielsweise hat ein Programm »Hilfe zur Arbeit« aufgelegt und finanziert damit – zumeist bei freien Trägern – knapp über 600 sozialversicherungspflichtige, aber untertariflich bezahlte Arbeitsplätze. Inzwischen hat das Stuttgarter Arbeitsamt ohne rechtliche Grundlage die Vermittlung von sozialversicherungspflichtigen Arbeitsangeboten im Rahmen von »Hilfe zur Arbeit« übernommen. Und nunmehr werden, wie Volker Lubinski, im Stuttgarter Sozialamt zuständiger Koordinator, bestätigt, auch Pläne zur Ausweitung von Arbeitsformen nach Prämienvarianten konkret. Wer die niedrig entlohnten Arbeitsplätze annimmt, erhält als Prämie einen Zuschlag auf seine Sozialhilfe.

Doch wehe dem, der sich darauf nicht einlassen will, vielleicht weil er noch soviel Selbstbewußtsein hat, daß er nicht jede Drecksarbeit annehmen will, weil er sich unter Umständen sagt, daß er jahrzehntelang Sozialversicherungsbeiträge bezahlt hat. Einen der Betroffenen verschlug es in die Redaktionsräume der Arbeitslosenzeitung *Quer*. Er hatte gegen die Heranziehung zum »Arbeitsdienst« Widerspruch bei der Sozialbehörde eingereicht und sich geweigert, diese »Arbeit« aufzunehmen. Daraufhin kürzte ihm das Sozialamt die Sozialhilfe: Nach einem weiteren Widerspruch gegen die Kürzung, stellte es die Zahlungen ganz ein.

Im hessischen Gießen stieß die entsprechende Forderung der CDU nach »Arbeitsdienst« immerhin auf heftigen Widerstand. Die CDU ist der Überzeugung, daß Sozialhilfeempfänger auf Kinderspielplätzen herumliegende »Flaschen, Drogenspritzen, Kondome und anderen Unrat« aufsammeln könnten. Das sei vor allem »eine Frage der Gerechtigkeit«, weil die Empfänger staatlicher Leistungen »auch selbst nach Möglichkeit Leistung zurückgeben sollten«.

Sogar der Deutsche Städte- und Gemeindebund kritisierte die Praxis, erwerbsfähigen Sozialhilfeempfängern die Sozialhilfe zu kürzen und statt dessen zusätzliches Einkommen nur teilweise auf die Sozialhilfe anzurechnen. Denn dieses Instrument dürfte nicht verwendet werden, um bei denen zu kürzen,»für die keine Arbeit da ist«. Der Sozialdezernent der Stadt Düsseldorf kommentiert die Idee mit den Worten:»Selten habe ich einen solchen Unsinn gehört.«

In der Landeshauptstadt von Nordrhein-Westfalen erhalten 40000 Menschen laufende Hilfe zum Lebensunterhalt. Monatlich kommen 300 hinzu, fast ausschließlich wegen Arbeitslosigkeit.»Wohin soll ich diese Leute schicken?« fragt er. Er hält es für unverantwortlich, die Sozialhilfe für jene ohne Aussicht auf Arbeit zu reduzieren, denn diese decke ja ohnehin nur das Existenzminimum.»Sollen diese Menschen dann weniger essen?«

Mit gemeinnütziger Arbeit beschäftigt die Stadt 700 Menschen, die dafür eine Aufwandsentschädigung von 1,50 Mark pro Stunde erhalten. Noch einmal die gleiche Zahl ist im Programm»Arbeit statt Sozialhilfe« bei der Kommune zu Tariflöhnen beschäftigt. Selbst wenn sie genügend Arbeit in der Stadtverwaltung hätte, kämen dafür maximal rund zehn Prozent der 40000 Sozialhilfeempfänger in Frage. Denn allein 13000 sind Kinder und Jugendliche, ein ebenfalls größerer Teil alte Menschen, deren Rente nicht ausreicht, und vor allem alleinerziehende Frauen.»Arbeit ist durchaus genug vorhanden. Wegen der leeren Kassen verkommen ja bereits unsere Parks und Anlagen.«

Gegen eine Ausweitung der Gemeinschaftsarbeit liefen jedoch die Personalräte der Städte Sturm, die nicht einsehen wollten, daß einerseits Arbeitsplätze für Arbeiter abgebaut würden, die andererseits wieder durch Billigarbeitsplätze ersetzt würden.

In Frankfurt werden Sozialhilfeempfänger nur in Ausnahmefällen zu solchen Aushilfstätigkeiten herangezogen. Sie arbeiten beispielsweise im Grüneburg-Park. Die Männer tragen Turnschuhe und Lederjacken, auch im Winter.»Arbeitsbekleidung gibt es nicht.« Für die eine Mark, die sie sich hier pro Stunde zur Sozialhilfe dazuverdienen – der Regelsatz liegt derzeit bei 530 Mark im Monat –,»kann man sich keine vernünftigen Schuhe kaufen«.

Um acht Uhr müssen sie antreten und bis zwölf Uhr bleiben,

sonst wird ihnen die Sozialhilfe erst gekürzt und dann gestrichen. Einige machen das nun seit Monaten: »Laub kehren, Unkraut jäten, Papier aufsammeln, Erde umgraben.« Unter ihnen ist der 30jährige Antonio D., der zu Hause drei Kinder und eine Frau hat. Die Lehre zum Kraftfahrzeugmechaniker hat er abgebrochen, danach als Fahrer gearbeitet. Seit einem Unfall vor vier Jahren ist er arbeitslos und gehbehindert. »Das Arbeitsamt wollte mich als Putzmann vermitteln. Aber das kann ich mit dem Bein nicht.« Er fährt einen kleinen Traktor durch die Parks. Andere haben bereits eine »Hilfskarriere« hinter sich. Zum Beispiel der 60jährige ehemalige Handwerker. Nachdem er arbeitslos wurde, wurde er von der »Werkstatt Frankfurt« übernommen, einer von Stadt, Land und Bundesanstalt für Arbeit finanzierten Beschäftigungsgesellschaft. Da jobsuchenden Sozialhilfeempfängern mangels vorgeschriebener Versicherungszeiten der Instrumentenkatalog des Arbeitsamtes weitgehend verschlossen bleibt, werden sie zunehmend in kommunalen Beschäftigungsprojekten, eben der »Werkstatt Frankfurt«, untergebracht. Diese läuft mit ihren verschiedenen Angeboten inzwischen so gut, daß das Finanzamt ihre Gemeinnützigkeit in Zweifel zieht. Über 900 Männer und Frauen sind hier in einem halbwegs geregelten Arbeitsverhältnis untergebracht. Für die Einrichtung einer zweiten Werkstatt, die eigentlich dringend notwendig wäre, fehlt der Stadt das Geld. Der ehemalige Handwerker verdiente dort 2400 Mark brutto. Sein Arbeitsvertrag läuft im nächsten Monat aus, dann wird er in Rente gehen. Da wird für ihn und seine Frau bei 1000 Mark Wohnungsmiete wenig übrigbleiben, es wird, wie er sagt, »vorne und hinten nicht langen. Da muß ich wohl wieder zum Sozialamt.« Ein Teufelskreis.

Zumindest Frankfurt gehört zu jenen Städten, deren Sozialverwaltung nicht davon ausgeht, daß diejenigen, die Sozialhilfe empfangen, Schmarotzer seien, dieser Überzeugung ist jedenfalls der Leiter des Sozialamtes. »Vor zehn oder fünf Jahren habe man noch häufiger den Verdacht auf Arbeitsunwilligkeit gehabt. Heute überwiegt weitaus die Zahl derjenigen, die fast jede Tätigkeit annehmen.«

Etwa 119000 Sozialhilfeempfänger waren 1993 bundesweit in

solchen Projekten beschäftigt, das ergab eine Umfrage des Deutschen Städtetages. Kosten für die Kommunen: 2,1 Milliarden Mark. Von Bonn kam kein Pfennig.

Doch was ursprünglich nur in Ausnahmefällen zur »psychosozialen Stabilisierung von Menschen mit besonderen Schwierigkeiten« gedacht war, ist heute zu einem durch »fiskalisches Denken geprägten Nebeneinander von arbeitsmarktpolitischen Hilfen geworden«, verwahrt sich der Deutsche Gewerkschaftsbund.

Schließlich ist die Arbeitsverpflichtung Teil eines größeren Systems, bei dem es darum geht, die Lohn- und Gehaltsstrukturen generell herabzusetzen. Der »Arbeitsdienst« ist demnach eine Art Laborversuch, um zu testen, inwieweit es Widerstände gegen die Deregulierung der Arbeitsverhältnisse gibt.

Denn es ist doch klar: Über die Pflicht zur Zwangsarbeit soll versucht werden, bestehende tarifliche und gesetzliche Mindeststandards auf breiter Basis auszuhöhlen, den Kommunen die Möglichkeit einzuräumen, reguläre Arbeitsplätze abzubauen, um diese Tätigkeiten dann von Zwangsarbeitern ausführen zu lassen und damit die kommunalen Haushalte zu entlasten. Diese Strategie der Arbeitsplatzvernichtung und Profiterhöhung könnte schon bald auch in der Privatwirtschaft Schule machen.

Was für Sozialhilfeempfänger gilt, soll inzwischen sogar auf Arbeitslose ausgedehnt werden: Zwangsarbeit. Die Bundesregierung hält beharrlich an ihrem Vorschlag fest, Bezieher von Arbeitslosenhilfe zu unbezahlten »Gemeinschaftsarbeiten« oder zu »Ernteeinsätzen« in der Saisonarbeit einzusetzen. Wer dies ablehnt, dem soll die Arbeitslosenhilfe gesperrt werden. Diese Zwangsarbeit steht im Zusammenhang mit der Praxis vieler Sozialämter, Sozialhilfebezieher zu Arbeiten in öffentlichen Einrichtungen zu zwingen. Der besorgten Öffentlichkeit wird das Ganze als »Beschäftigungsprogramm« verkauft, denn wer befürwortete heutzutage nicht mehr Arbeitsplätze?

Verborgen bleibt der zynische Hauch solcher Entscheidungen.

Auf der einen Seite organisierte die Bundesregierung mit Regierungsabkommen die dreimonatige »Hilfe« von Ausländern in der Saisonarbeit. Auf der anderen Seite begründet sie die Zwangsarbeit mit dem hohen Anteil an Ausländern bei eben diesen Arbeiten. Hier werden die Niedrigverdienenden gegeneinander ausgespielt. Was verdient ein Saisonarbeiter? Die Bezahlung der Saisonarbeit liegt noch unter der Arbeitslosenhilfe, die im Durchschnitt bekanntlich weit weniger als 1000 Mark ausmacht.

Oft müssen die Arbeitslosen noch ergänzende Sozialhilfe in Anspruch nehmen, um überleben zu können. »Löhne noch unter dieser Grenze sind an sich schon ein Skandal«, kritisiert die Bundesarbeitsgruppe gegen Arbeitslosigkeit. »Daß wir aber mit staatlicher Gewalt in solche Arbeitsverhältnisse gezwungen werden sollen, ist als ein offener Schritt in Richtung Arbeitsdienst zu werten – mit dem Ziel, noch härteren Druck auf die gesamte Lohn- und Gehaltsstruktur auszuüben.«

Dabei muß die Bundesanstalt für Arbeit als Ergänzung zu diesen niedrigen Löhnen pro Arbeitstag und Arbeitslosen 25 Mark dazuzahlen, womit die Unternehmer, die Hungerlöhne zahlen, auch noch subventioniert werden. Und letztendlich wird kein einziger neuer Arbeitsplatz geschaffen, kein einziger der Arbeitslosen wird eine dauerhafte Beschäftigung finden, aber Hunderttausende ausländischer Arbeitnehmer werden um ihre letzte Verdienstmöglichkeit betrogen.

Auf diese Art und Weise werden Arbeitsverhältnisse erzwungen und zementiert, die gegen den Tarifschutz verstoßen. Daß hier die Stoßrichtung solcher Staatsverordnungen liegt, erfuhren Arbeitslose, die einmal vor dem Hauptsitz des Bundesverbandes der Arbeitgeber in Köln demonstrierten. Sie hatten den Arbeitgebersitz blockiert und einen Lastwagen mit altem Obst und Gemüse abgeladen. »Diesmal haben wir euch nur eure faulen Früchte zurückgebracht, in Zukunft nehmen wir uns das frische Obst und Gemüse«, hieß es auf dem Transparent. Nach längerem Zögern stellte sich der Geschäftsführer des Arbeitgeberverbandes den Demonstranten und wies die Vorwürfe, daß diese neue Gesetzesvorlage auf Druck der Arbeitgeber zustande gekommen sei, mit allem Nachdruck zurück.

»Ihr wollt«, so ein Aufruf der Arbeitsloseninitiative Deutschlands, »unsere billige Arbeitskraft und die soziale Kontrolle über uns. Und wo der stumme Zwang der Verhältnisse uns nicht in eure Ausbeutungsarbeitsplätze preßt, helft ihr mit staatlich verordneter Zwangsarbeit und Arbeitspflicht nach. Wer nicht arbeitet, soll auch nicht essen, Arbeit um jeden Preis.«

Was das unter anderem bedeutet, ist täglich bei jenen Menschen zu beobachten, die aufgrund politischer Verfolgung, Mord und Folter wie aufgrund wirtschaftlicher Not nach Deutschland gekommen sind: den Asylsuchenden. Es drängt sich der Eindruck auf, daß auch sie als »Versuchskaninchen« dafür herhalten müssen, was irgendwann einmal deutschen Arbeitnehmern zugemutet wird. Manche Wirtschaftswissenschaftler fordern deshalb gerne die »offene Grenzen«. Sie hoffen, daß es durch zusätzliche Konkurrenz auf dem Arbeitsmarkt gelingt, Löhne und Nebenkosten so weit wie möglich nach unten zu drücken. Es ist kein Zufall, daß der Anteil von Migranten in Branchen wie Bau-, Hotel- und Gaststättengewerbe, Saisonlandwirtschaft, Gebäudereinigung, Privathaushalten und der privaten Pflege am höchsten ist. In diesen Bereichen gibt es traditionell besonders viele Teilzeit- und Gelegenheitsjobs, ungeschützte Arbeitsverhältnisse, Subunternehmen und Scheinfirmen. Hier boomt der Arbeitskräftebedarf. Es bildet sich eine endlose Spirale nach unten, und am Ende verlieren alle Arbeitnehmer.

»Betrachtet man die Arbeitsbedingungen – niedrige Löhne, lange Arbeitszeiten, hohe Arbeitsintensität, soziale Unsicherheit und in vielen Fällen Erschwernisse wie Schichtarbeit und mangelnde Arbeitsschutzeinrichtungen – in ihrem Zusammenhang, so wird deutlich, daß die industrielle Nutzung der Arbeitskraft in freien Produktionszonen und Weltmarktfabriken in unterentwickelten Ländern Überausbeutung dieser Arbeitskraft ist. Die Reproduktion der Arbeitskraft, das heißt die physische und psychische Wiederherstellung der in den Arbeitsprozeß eingebrachten Arbeitskraft, ist angesichts der niedrigen Löhne, langen Arbeitszeiten und hohen Arbeitsintensität nicht gesichert. Darüber hinaus führen lange Arbeitszeiten und hohe Arbeitsintensität zu einem frühzeitigen Verschleiß der Arbeitskraft.« Das schrieben die Wirtschaftswissenschaftler Folker Fröbel, Jürgen Heinrichs und Otto Kreye bereits 1977 in ihrem Buch *Die neue internationale Arbeitsteilung*. Ihre Analyse bezog sich nicht auf Deutschland, sondern vor allem auf die hemmungslose Ausbeutung in jenen Schwellenländern, wie Malaysia oder Südkorea, die heute in Deutschland als großes Vorbild gefeiert werden. Das zynische an diesen Lobeshymnen ist nicht nur die manische Sucht, sich diesen Verhältnissen, moderat natürlich, anzupassen, sondern daß die gleichen Menschen, die teilweise diesen Verhältnissen entflohen sind, heute in Europa und in Deutschland wieder unter den gleichen Bedingungen arbeiten müssen. Das heißt, wir haben die von Kreye beschriebene internationale Arbeitsteilung jetzt im eigenen Lande.

Bekanntlich dürfen nur diejenigen Flüchtlinge in Deutschland arbeiten, die als Asylsuchende anerkannt sind. Der Blüm-Erlaß vom 5. März 1993 verpflichtet die Arbeitsämter, die Bevorrechtigungsregel für deutsche Arbeitnehmer konsequent anzuwenden. Hat ein Flüchtling eine Stelle gefunden, muß das Arbeitsamt zunächst sechs Wochen lang versuchen, diese anderweitig – das heißt mit einem Deutschen – zu besetzen. Erst danach kann dem Fremden eine Arbeitserlaubnis gewährt werden. Diese Praxis führt dazu, daß insbesondere in den Ballungszentren die Flüchtlinge kaum mehr feste und legale Arbeitsstellen finden. Aber auch Asylsuchende sind billige Arbeitskräfte, jene die im dunkeln arbeiten, in den Küchen, in schäbigen Absteigen – das Lumpenproletariat der Neuzeit oder das getreue Abbild amerikanischer Verhältnisse. Anfang 1993 gab es weit über 100 000 Beschäftigte mit Asylbewerberstatus. Der Hotel- und Gaststättenverband Baden-Württemberg schreibt in einer Branchenstudie, »bei der Bewältigung des Arbeitskräftemangels auf der Hilfskräfteebene« komme kaum noch ein Betrieb »ohne Asylsuchende aus«. Als Ungelernte bei »Ernte, Saat und Hackarbeiten« sind Flüchtlinge, laut dem Deutschen Bauernverband, neben Saisonarbeitern aus Osteuropa »das prädestinierte Potential«.

Obwohl fast die Hälfte der in Deutschland lebenden Flüchtlinge im Heimatland eine Ausbildung oder ein Studium abgeschlossen hat, fand gerade jeder zwölfte eine Anstellung in seinem Ausbildungsberuf, so gut wie keiner im gewünschten Beruf. Das gilt in jüngster Zeit auch für deutsche Arbeitskräfte. Beide, ob deutsche oder ausländische Arbeitskräfte, müssen Arbeitsplätze mit extrem unattraktiven Arbeitszeiten in Kauf nehmen, bei denen sie nach Bedarf immer zur Verfügung stehen. Allenfalls im Lohngefüge gibt es gravierende Unterschiede. Der Durchschnittslohn liegt bei den Asylsuchenden unter zehn Mark, die Dauer der Beschäftigung bei über der Hälfte unter einem Jahr. Länger als zwei Jahre »schaffte« es kaum einer.

Es ist ein Teufelskreis. Erst finden sie keine, dann nur eine extrem belastende Arbeit. Den Streß bei der Arbeit kompensieren sie mit Alkohol und Spielen, sie bekommen Ärger mit Landsleuten, weil sie Schulden nicht bezahlen können, sind isoliert und werden depressiv, weil sie immer häufiger erkranken. Daraufhin wird ihnen gekündigt, und schließlich arbeiten sie im illegalen Sektor. »Sechs Tage in der Woche arbeiten wir«, berichten zwei anerkannte Flüchtlinge. »Das Restaurant gibt uns meistens zwölf Stunden Arbeit, nicht weniger als das. Nur zwei von uns bekommen Pausen. Wir fangen um zehn Uhr morgens an und arbeiten bis Mitternacht, und dafür bekommen wir sieben Mark die Stunde. Ich habe bereits gesagt, wir arbeiten wie ein Sklave. Und Sklaven haben kein Recht, Pause zu machen. Wenn ein Asyler sich vier oder fünf Minuten hinsetzt, dann kommt der Chef rein. Dann sagt er: Warum sitzt du hier? Steh auf! Mach die und die Sachen sauber, die Wände oder so – egal ob sie bereits sauber sind oder nicht. Die behandeln uns wie Tiere. Denn sie wissen, die sind Asyler, und die gelten nichts in diesem Land.«

Andere Flüchtlinge, ebenfalls als politisch Verfolgte anerkannt, schildern ihre Erfahrungen mit jenen, die illegal arbeiten: »Die Hauptsache ist, daß sie arbeiten. Und sie arbeiten vier- oder fünfmal soviel in der Stunde wie andere. Das ist hundertmal schlimmer als Sklaverei. Das ist Sklaverei im 20. Jahrhundert. Sie haben keine Arbeitserlaubnis, sie haben keine Aufenthaltserlaubnis oder Bleiberecht.« Gemeint sind jene Frauen, die als

Dienstmädchen bei den Vermögenden arbeiten dürfen, Frauen, die von einer Schlepperorganisation nach Deutschland gebracht wurden. Wie hoch die Zahl dieser illegalen Migranten ist, weiß niemand genau. Vorsichtige Schätzungen gehen immerhin für Deutschland von über 300000 aus. Sie verschwinden irgendwo, und nur bei Razzien sieht man sie wieder.

Wenn der Selbständige in die Sozialhilfe fällt

Solche neuen Arbeitsverhältnisse sind inzwischen zahlreich entstanden: Werkverträge, Leiharbeit, selbständige Subunternehmen, geringfügig Beschäftigte, unfreiwillige Selbständigkeit, illegale Beschäftigung oder befristete Beschäftigungsverhältnisse. Im Kern gemeinsam sind diesen Arbeitsformen höhere Profite auf seiten der Unternehmer. Vorwiegend im Bau- und Montagebereich werden sie praktiziert. Es geht um die Aushebelung der tariflichen und sozialen Absicherung, indem alle Risiken auf den einzelnen Arbeitnehmer abgewälzt werden. Immer häufiger werden Arbeitnehmer in diese unfreiwillige Selbständigkeit gedrängt. Mit der Vergabe von Aufträgen an sogenannte Scheinselbständige sparen die Unternehmen natürlich Personalkosten. Die Firma kündigt zunächst ihrem bisherigen Beschäftigten und empfiehlt ihm anschließend, ein eigenes Gewerbe anzumelden.

Und immer mehr Arbeitslose suchen nun ihre Chancen in der »Selbständigkeit«. Harald F., zum Beispiel, 34 Jahre, war lange Zeit ohne Job, bis er das Angebot bekam, eine Gaststätte zu übernehmen. Ein Steuerberater bescheinigte ihm die Wirtschaftlichkeit des Betriebes. Da er bis dahin Arbeitslosenhilfe bezog, bekam er vom Arbeitsamt für ein halbes Jahr Überbrückungsgeld. Bei Verwandten und Bekannten lieh er sich das Geld zusammen, das er für die Existenzgründung brauchte, für die Banken war er nicht kreditwürdig. Nach 16 Monaten stand er vor dem Aus, weil das saisonale Zusatzgeschäft wegen schlechten Wetters ins Wasser fiel. Nun hat er Konkurs angemeldet und gleichzeitig den Anspruch auf Arbeitslosenhilfe verloren. So wie Herr F. versuchen sich viele Existenzgründer, und ebenso viele landen im Aus. Im ersten Halbjahr 1996 sind insgesamt 4147 Unternehmen aus dem Firmenregister verschwunden. Gescheiterte Existenzen haben es besonders schwer. Der Wiedereinstieg in das Wirtschaftsleben als Selbständiger ist dauerhaft verstellt, die Rückkehr an den alten Arbeitsplatz kaum möglich, und ein neuer Arbeitsplatz scheitert an anhaltenden Zwangsvollstreckungen.

Beim Baugewerbe, in der Spedition, in der Versicherung und im Einzelhandel sind sie schon längst tätig, die Scheinselbständigen – ob Maurer oder Vertreter, ob Propagandist oder Fernfahrer. Immer mehr Menschen wechseln in das scheinbar lukrative Geschäft des Unternehmers, um selbstbestimmt und frei zu arbeiten. Die Realität sieht meist anders aus. Sie besitzen zwar den Status des Unternehmers, stehen aber de facto unter dem Diktat von Firmen, die Arbeit, Auftragsabwicklung und Entlohnung bis ins Detail festlegen und jede unternehmerische Freiheit unterbinden. Die Unternehmen, die sich der Arbeit von Scheinselbständigen bedienen, haben handfeste Vorteile. Sie sparen Sozialversicherungsbeiträge und wälzen einen Teil ihres unternehmerischen Risikos auf die Arbeitnehmer ab. Sie senken ihre Lohnnebenkosten und sparen die gesetzlichen Versicherungsbeiträge.

Den ehemaligen Arbeitnehmern bleibt ohnehin kaum eine Wahl. Vor die Alternative gestellt, in die Arbeitslosigkeit entlassen zu werden oder sich selbständig zu machen, entscheiden sie sich dafür, ihr »eigener Chef« zu sein. Die neuen Subunternehmen sind nicht gesetzlich rentenversichert und brauchen sich nicht privat für das Alter abzusichern. Sie fallen aus der Arbeitslosenversicherung heraus, und werden sie arbeitslos, fallen sie direkt in die Sozialhilfe. »Hier wird auf einen Schlag das ganze Arbeits- und Sozialsystem ausgehebelt«, beurteilt der Kölner Arbeitsrichter Ludger Backhaus die Situation.

Über die Zahl dieser Scheinexistenzen gibt es keine verläßlichen Angaben. Schätzungen schwanken zwischen 200000 und einer Million, die formal selbständig, tatsächlich aber abhängig beschäftigt sind. Der Schaden jedenfalls ist enorm. Experten schätzen, daß allein den Sozialversicherungen pro Jahr 20 Milliarden Mark entgehen. »Der Schein macht die Selbständigkeit und die Illusion das Geld«, schreibt die Zeitschrift für Wohnsitzlose und Arme in Frankfurt, *Lobby*. »Und für viele wird das Sein die Sozialhilfe.«

Ein Beispiel. Große Bauunternehmen bekommen in der Regel

einen Auftrag zum schlüsselfertigen Bau. Zunehmend vergeben diese Großfirmen einzelne Aufträge an kleinere Betriebe oder Selbständige. Diese Subunternehmen erledigen dieselben Aufträge zu einem viel günstigeren Preis, weil sie entsprechend »gedrückt« werden können. Manchmal vergeben die Subunternehmen diese Aufträge weiter an noch kleinere »Subunternehmen«, und das sind in Wirklichkeit Einzelpersonen. Der Arbeiter meldet zum Schein ein Gewerbe an, obwohl er fachlich ganz andere Arbeiten ausführt. Im vorliegenden Fall wird eine Bau-Grobreinigung angemeldet, die in Wirklichkeit aber Böden verlegt. Für eine Grobreinigung gelten andere Rahmentarife: eine Winterbauförderung gibt es nicht, und eine Meisterprüfung wird nicht vorausgesetzt. Handwerker ohne Meisterausbildung können so ihre eigene Firma gründen. Unter dem Druck von Fertigstellungsterminen wird beinahe rund um die Uhr gearbeitet. Ein zwölfstündiger Arbeitstag ist dann schon fast die Normalität. Um die Preise halten zu können, schaffen neben angemeldeten oft unangemeldete Arbeiter mit. Das finanzielle und rechtliche Risiko geht von den Unternehmen an die Subunternehmen über, und diese geben es an ihre Arbeiter weiter. Letztere können sich nur behaupten, wenn sie alle Risiken auf sich nehmen. Bereits 1986 stellte eine Untersuchung der Hans-Böckler-Stiftung fest, daß Arbeitssicherheit und Unfallschutz in den meisten Fällen fehlen: »Es fehlt an Sicherheits- und Wetterschutzkleidung, abenteuerliche Konstruktionen ersetzen ordnungsgemäße Baugerüste, Umkleide- und Aufenthaltsräume sind ebensowenig vorhanden wie die vorgeschriebenen Waschgelegenheiten.«

Angehende Fuhrunternehmer müssen beispielsweise einen gebrauchten Fahrmischer von ihrem Auftraggeber erwerben – eine Investition von rund 60 000 Mark, die über einen Kredit finanziert wird. Der Fuhrunternehmer darf ohne Genehmigung des Auftraggebers keinen Beton für andere Unternehmen transportieren. Mit dem Versprechen, daß sie einen jährlichen Gewinn von mehreren zehntausend Mark erzielen, wird der Traum von der Selbständigkeit schmackhaft gemacht. Ein Traum, der daran gekoppelt ist, daß alle Arbeitszeiten über den Haufen geworfen werden; trotzdem tritt häufig anstelle eines Gewinns ein fünfstelliger Verlust ein. Um die drohende Arbeitslosigkeit abzuwenden, nehmen die unfreiwilligen Selbständigen daher alle Nachteile in Kauf, haben weder Arbeits- und Sozialschutz noch den Kündigungsschutz und sind von Lohnersatzleistungen ausgeschlossen. Am Ende steht die Pleite des »freien« Unternehmertums.

Wohnungsnot

Man kann einen Menschen nicht nur mit der Axt,
sondern auch mit einer Wohnung erschlagen.
Heinrich Zille

Müde und abgearbeitete Frauen auf dem Weg zur Arbeit, ver-
härmte Männer, die spätabends von der Nachtschicht oder den
Überstunden nach Hause kommen, sie alle verbindet eines: Sie
müssen immer mehr malochen und extrem belastende Arbeiten
annehmen, damit sie die ständig steigenden Mieten für ihre
Wohnungen bezahlen können. Die Wohnung ist das einzig ver-
bliebene Refugium. Hier können die Menschen auf ein paar
Quadratmetern ihr Leben einigermaßen selbstbestimmt gestalten. Millionen anderer haben selbst diese Möglichkeiten nicht
oder nur in beschränktem Umfang – und ihre Zahl steigt.

Es ist eigentlich eine Binsenweisheit, die Friedrich Engels bereits in seinem Zustandsbericht über die *Lage der arbeitenden
Klasse* in England im letzten Jahrhundert drastisch beschrieb:
»Die Wohnungen der Arbeiter sind durchgehend schlecht grup-
piert, schlecht gebaut, in schlechtem Zustand gehalten, schlecht
ventiliert, feucht und ungesund.«

In den Kriegs- und Nachkriegsjahren lebten, von wenigen
Ausnahmen abgesehen, alle Menschen unter katastrophalen Bedingungen (Wohnraumzerstörung, nicht ausreichender Wohnraum durch Flüchtlingszustrom) auf minimalem Raum mit unzureichender Ausstattung der Wohnungen oder in Baracken. Und
fünfzig Jahre später? Da hausen in Berlin sechs Personen, davon
vier Kinder, in einem kleinen Häuschen, das zum Abbruch vorgesehen ist. Es besteht akute Einsturzgefahr. In den drei Zimmern ist es im Winter eisig kalt. In einer anderen, 45 Quadratmeter kleinen Wohnung leben acht Personen in zwei Zimmern.
Stockbetten und zwei Matratzen auf dem Boden – das muß für

die Kinder reichen. Die Wände sind feucht, man riecht schon den Schimmel. Der Mieterverein sieht darin keine Ausnahmen: »Manche leben in ehemaligen Ställen, in Gartenhütten und Kellerwohnungen.«

Die Zeit scheint auch in Friedberg in der Wetterau stehengeblieben zu sein. Seit Jahrzehnten hat sich wenig an den Wohnungen nahe der Bundesstraße 3 geändert. Hinter einem der Häuser stehen im Freien Plumpsklos. Die Wohnungen selbst sind teilweise in einem schlimmeren Zustand als die Viehstallungen der wenigen Bauernhöfe. Kalte, feuchte, schimmelige Wände, in denen sich von Zeit zu Zeit Ratten einnisten, machen ein menschenwürdiges Wohnen unmöglich. »Wenn es bei uns stark regnet, sitzen wir mit dem Regenschirm beim Essen.« Sind diese Menschen hier Parias? Wollen sie es vielleicht gar nicht anders? Fühlen sie sich im Dreck wohl? Weshalb gibt es für sie keine Wohnungen?

Viele Vermieter behaupten und werden von einigen Sozialämtern noch in ihrer Ansicht bestätigt, daß Menschen, die aus sozialen Brennpunkten kommen, schwer vermittelbar seien. Blanker Zynismus. Denn seit langem ist nachgewiesen, daß die katastrophalen Bedingungen, unter denen viele Menschen, auf engstem Raum zusammengepreßt, in unhygienischen Verhältnissen – mangels sanitärer Einrichtungen – leben, jeden krank machen, fast jedes Individuum zu einem seelischen Krüppel verkommen lassen. Deshalb ist die Rate der sozialen Auffälligkeiten und psychischen Krankheiten in solchen Quartieren im Vergleich zu durchschnittlichen Wohngegenden extrem hoch. Wie sagte doch eine Mutter aus einer Obdachlosenunterkunft in Mainz: »Ich wäre froh, wenn ich ein ganzes Haus hätte und mit meinen Kindern richtig normal leben könnte, wie sich das gehört. Ich will nicht im Luxus leben. Ich will normal leben und daß die Kinder so richtig ihr Eigentum und alles haben. Es ist alles so eng hier und im Winter furchtbar kalt. Sehen Sie mal, was das für ein Leben ist, von den armen Leuten.« Ein karges Leben. Wenn gegessen wird, passen alle Kinder und Erwachsenen nicht ins Wohnzimmer, das gleichzeitig Küche ist und wo die Wäsche zum Trocknen an der Decke aufgehängt wird.

223

Betonklötze in Fertigbauweise mit anonymen Fluren, überquellenden Müllcontainern und Aufzügen, in denen es nach Urin stinkt. Wohnsärge. Sie stehen überall in Deutschland und unterscheiden sich in nichts von den sozialen Hochhausgettos in Paris, Madrid oder Mailand. Die Verslumung schreitet unaufhaltsam voran. Von Augsburg bis Kiel droht den kommunalen Quartieren der Weg ins Getto. Immer stärker konzentrieren sich hier die Bevölkerungsgruppen, um deren Wohnbedürfnisse sich niemand mehr kümmert. Daran seien die Ausländer schuld, ist eine oft gehörte Erklärung für diese Verhältnisse. Doch die Praktiker in den Wohnungsunternehmen akzeptieren diese Ausrede, allein die Zuwanderung nach Deutschland sei die Wurzel allen Übels, nicht. Auch ohne die Millionen Zuwanderer in den letzten Jahren würde es diese Wohnungsnot geben. Sie beklagen sich vor allem darüber, wie hilflos die politischen Entscheidungsträger die sozialen Folgen der Wohnungsnot angehen.

Überall hört man die gleichen Beschwerden: Enge der Wohnung, Nässe, Angst vor dem Winter, mangelhafte sanitäre Einrichtungen.»Nein, das habe ich nicht erwartet«, sagt die 30jährige Frau, in deren Gesicht die Verbitterung tiefe Spuren hinterlassen hat, die sie um Jahre älter erscheinen lassen. Sie kommt aus einer kleinen Unternehmerfamilie, hat in ihrer Kindheit und Jugend nur Wohlstand kennengelernt. Dann starben die Eltern, vollkommen überschuldet, und sie stand mit ihrem Abitur alleine da. Vier Semester Jura studierte sie noch, weiter reichte das Geld nicht mehr. In der Zwischenzeit hatte sie ihren Mann kennengelernt, sie war 23 Jahre. Ein Jahr später kam ein Kind, im nächsten Jahr das zweite Kind und zwei Monate danach die Scheidung von ihrem Mann. Jetzt lebt sie in einer Einfachwohnung in Worms. In einer Baracke bewohnt sie ein Zimmer, an dessen Decke Pappendeckel die Nässe abhalten sollen. Die wenigen Habseligkeiten sind auf den zwei Schränken verwahrt. Ihr Ausblick geht auf eine vielbefahrene Durchgangsstraße, die nur ein dreißig Zentimeter breiter Bürgersteig von ihrer Behausung abtrennt. Ein hoher Bleigehalt im Blut aufgrund der Abgasbelastung – wen kümmert es? – oder die Wachstumsstörungen und erhöhten Bronchial- und Kreislauferkrankungen in den Gebieten mit hohem Verkehrsaufkommen, wo diejenigen wohnen, die nicht flüchten können. Dieser Zustand wird heute nicht einmal im Ansatz problematisiert. Eher kontrolliert man die Richtwerte für Blattgemüse, als daß man versuchte, die gesundheitliche Belastung der Familien abzuwenden, die, weil sie keine Wahl haben, an den Verkehrsadern leben müssen.

Die Ärmsten der Armen, sie leben direkt oder zumindest in unmittelbarer Nähe von Kläranlagen. Hier gibt es die billigsten Unterbringungsmöglichkeiten, denn von Wohnen kann man schwerlich reden. Auffällig ist, daß viele dieser Bewohner unter Darmkrankheiten leiden. Tatsächlich zeigen Untersuchungen, daß bei entsprechender Wetterlage eine Ausbreitung von Kolibakterien oder Salmonellen in der Umgebung auftritt.

»Wo sollen die Kinder spielen?« fragt eine 35jährige Mutter von drei Kindern. »Nein, ein Leben ist das nicht«, sagt sie und »ich halte das nicht mehr aus«. Trost findet sie manchmal bei den anderen Mitbewohnern. »Aber die haben selbst zu kämpfen. Wie können die mir helfen?«

Verhärmt, resigniert, ausdruckslos sind die Gesichter von Frauen und insbesondere Kindern der Armen in den heruntergekommenen Wohnungen. Vergleichsaufnahmen der Fotografin Renate von Forster von Fotos aus den siebziger Jahren mit der heutigen Situation zeigen, daß sich nichts verändert hat: Hoffnungslosigkeit, der trügerische Trost im Alkohol.

Die wenigsten Außenstehenden können sich ja leider vorstellen, was es für Kinder und Jugendliche bedeutet, mit den Geschwistern zusammen in einem Bett schlafen zu müssen, weil kein Raum da ist, welche psychischen Probleme entstehen, wenn Kleinkinder oder pubertierende Jugendliche keinerlei Rückzugsmöglichkeiten haben, sondern unter ständiger Beobachtung stehen, permanent diese Atmosphäre von Aggression und Depression aushalten müssen. Da beklagen sich Mütter über die unzureichenden Wohnungsgrößen, über die Hellhörigkeit der Wohnungen, die fehlende Isolierung gegen den Straßenlärm, die zu kleinen Fenster, die primitiven Badezimmereinrichtungen –

vergebens, es gibt für sie keinen Ausweg. In einigen Kommunen leben Menschen in Turnhallen, in Feuerwehrgerätehäusern, auf Schiffen und in einer baden-württembergischen Kleinstadt im Kassenraum des Freibades.

Das Ergebnis: Jede deutsche Stadt hat ihre sozialen Brennpunkte. Das sind Wohnbezirke mit einer überdurchschnittlich hohen Anzahl von Menschen, die nahe am Existenzminimum leben, mit einer überdurchschnittlich hohen Belegdichte und einer wenig gemischten Bevölkerungsstruktur, gleichwohl mit einer unterdurchschnittlichen Infrastruktur wie sozialen Gemeinschaftseinrichtungen, Gaststätten, Arztpraxen, Spielplätzen. Wo große Betriebe schließen, geraten oft ganze Siedlungen oder Stadtteile in Not.

Bekannt für miserable Wohnungsbedingungen sind im Ruhrgebiet die ehemaligen Bergmannssiedlungen, wie die in Gelsenkirchen. Zweistöckige, fast schwarze Häuser, die die Kokshalden dicht daneben fast zu verschütten drohen. Zum Glück trennt beide eine Mauer voneinander – und ein Stück Sumpf, von dem aus die Ratten in die Häuser kommen. 280 Personen müssen hier leben.

Allein in München leben 11000 Menschen ohne eigenes Obdach, rund 1000 von ihnen auf der Straße, der Rest in sogenannten Obdachlosenunterkünften, Gemeindewohnungen oder auch in überteuerten Pensionen. »Wohnen ist ein Menschenrecht«, heißt es in einem Aufruf der freien Wohlfahrtsverbände. »Dieses grundlegende und selbstverständliche Recht wird selbst in der Bundesrepublik Deutschland Hunderttausenden von Menschen vorenthalten.«

Die Zustände in den von der öffentlichen Hand verwalteten Elendsquartieren, den Obdachlosenunterkünften, reduziert das öffentliche Interesse kurzsichtig auf die sozialen Brennpunkte. Die Wohnbedingungen in den Obdachlosengettos gelten übereinstimmend als eine der sichtbarsten Formen der Armut. Doch zu viele Bundesbürger gehen davon aus, das Wohnungselend beschränke sich auf solche Bezirke, woanders aber gebe es das nicht. Daß tatsächlich ein noch größerer Prozentsatz der Deutschen und in Deutschland lebenden Ausländer in ähnlichen, wenn nicht sogar schlimmeren Unterkünften lebt, wird unterschlagen. Verdrängt werden die Mietskasernen und Wohncontainer mit den verdreckten und dunklen Hinterhöfen, in die nicht einmal tagsüber Licht fällt, verdrängt werden die engen Behausungen mit viel zuwenig Lebens- und Entfaltungsmöglichkeiten. Und wer seine Miete nicht mehr aufbringen kann, den bewahrt nicht immer das Sozialamt vor der Obdachlosigkeit, indem es die Miete übernimmt.

Gerade in ländlichen Gemeinden kommt es immer häufiger vor, daß die zahlungsunfähigen Familien in die letzten Drecklöcher verbannt werden, zur Strafe. Im hessischen Solms ist eine Familie im Backhaus untergebracht. Das ist vielleicht insofern etwas Positives, das es dort immer warm ist. Denn im Parterre wird Brot gebacken. Nicht weit davon entfernt lebt in einem heruntergekommenen Bauernhaus, in dem selbst die Elektrizität nicht mehr funktioniert, eine Familie mit vier Kindern. »Manche Bürgermeister«, so die Landesarbeitsgemeinschaft Soziale Brennpunkte in Hessen, »bringen die Leute in umgebauten Ställen unter. Es ist ein Skandal, was in ländlichen Regionen mit den Familien geschieht, denen, aus welchen Gründen auch immer, die Wohnung gekündigt wurde.«

»Zur neuen Wohnungsarmut«, so der Caritasverband, »gehören vor allem Arbeitslose und Alleinerziehende, die als verdeckt arm gelten.« Von ihnen ächzen 39,9 Prozent unter einer Mietbelastung von 40 Prozent und mehr. Über die Hälfte hat eine Wohnung ohne Bad oder Toilette oder keine Zentralheizung; 34,7 Prozent müssen mit weniger als einem Raum pro Person auskommen; 20,2 Prozent waren mit ihren Mietzahlungen im Verzug und mußten Räumungsklagen riskieren. Denn ein Risikofaktor für den sozialen Absturz sind die Mieten.

Von 1978 bis 1993 haben sich die Wohnungsmieten in den alten Bundesländern von durchschnittlich 286 Mark monatlich auf 652 Mark erhöht. Das entspricht einem Anstieg von 130 Prozent. Im gleichen Zeitraum sind die verfügbaren Einkommen allerdings nur etwa halb so stark gestiegen. Während 1978 immerhin 20 Prozent der Haushalte so niedrige Mieten zahlten, daß sie weniger als ein Zehntel ihrer Einkünfte ausmachten, waren 1993 nur noch sechs Prozent so günstig dran. Umgekehrt mußten 1993 ein Viertel der Mieter Mietbelastungen von mehr als 30 Prozent des verfügbaren Einkommens tragen; 1978 waren das erst zehn Prozent der Haushalte.

Entgegen der weitverbreiteten Meinung sind Frauen in größerem Umfang von Wohnungslosigkeit betroffen, als bisher angenommen, und vor diesem Schicksal sind auch Frauen aus der Mittelschicht keineswegs gefeit. Weibliche Wohnungsnot ist vorwiegend verdeckt: Die Frauen wohnen in Autos oder in Frauenhäusern, kommen bei Bekannten unter oder finden bei Männern Unterschlupf. Sie versuchen, eine Fassade aufrechtzuerhalten und soweit wie möglich ein gepflegtes Erscheinungsbild zu bewahren.

Die Lehrerin Eva L. wurde durch eine psychische Erkrankung aus der Bahn geworfen, verlor Familie und Wohnung. Sieben Jahre lang irrte sie durch Frankfurt. In einer klaren Winternacht erfror die 48jährige. Vermutlich wurde sie in ihrer Todesnacht aus einer wärmenden Unterführung vertrieben. Allein in Frankfurt haben 600 Frauen kein Dach über dem Kopf, wobei die Ursache immer mit der sozialen Notlage zu tun hat. Nach einem Magistratsbericht sind 25 Prozent dieser Frauen nach Frankfurt gekommem, um hier zu arbeiten, konnten aber weder einen Arbeitsplatz noch eine Wohnung finden.

Zur Wohnungsnot gehört auch, daß Hunderttausende Studenten ein Obdach suchen, Zehntausende ihre Bildungschancen nicht wahrnehmen können, weil sie kein Zimmer finden und teilweise in Zelten oder Matratzenlagern hausen müssen.

Die Lage spitzt sich zu. Jetzt bekommen auch die Wohlfahrtsverbände die Wohnungsnot zu spüren. Ihre psychiatrischen Einrichtungen, Heime für behinderte Menschen, stationäre Dienste für Obdachlose und Jugendliche, sind heillos überfüllt, weil Bewohner, die längst entlassen werden könnten, kein Unterkommen finden. Solange sie weiterhin die Plätze belegen, werden diejenigen, die Hilfe dringend benötigen, weggeschickt. Ein Beispiel: Jeder fünfte Patient, der in die Psychiatrische Klinik der von Bodelschwinghischen Anstalten in Bethel kommt, hat keine Wohnung. Viele andere, die zu Beginn noch eigene vier Wände hatten, verloren während ihres Klinikaufenthalts ihre Bleibe. Rehabilitation verliert hier ihren Sinn, warnen die Wohlfahrtsverbände, wenn der Betroffene außerhalb der Einrichtung keine Lebensperspektive mehr hat. Das führt dazu, daß Sozialarbeiter und Pfleger neben ihrem Job auf Wohnungssuche für die Heimbewohner gehen, mit mäßigem Erfolg.

Die Zahl der Haushalte, die unter unwürdigen Bedingungen hausen, ist im Vergleich mit anderen Ländern noch gering und hat in den letzten zwanzig Jahren abgenommen. Seit Ende der siebziger Jahre sind die in Obdachlosenunterkünften lebenden Haushalte von zirka 65000 auf 25000 im Jahr 1987 zurückgegangen. Waren 1978 noch 800000 Haushalte in Wohnungen ohne jeglichen Wohnstandard, das heißt ohne Bad, ohne eigenes WC in der Wohnung und ohne Sammelheizung, betraf das 1987 nur noch 250000 Haushalte. Über 200000 Haushalte wohnten 1978 extrem beengt mit mehr als zwei Personen pro Raum. Bis 1982 hatte sich die Zahl der Haushalte in überbelegten Wohnungen auf 90000 reduziert und ist dann, so Rudi Ulrich vom Institut Wohnen und Umwelt in Darmstadt, »offenbar allmählich wieder bis auf 120000 gestiegen«. Insgesamt waren seinen Berechnungen zufolge (neuere Ergebnisse gab es Ende 1996 noch nicht) gut 300000 bis 350000 Haushalte, in denen 800000 bis 900000 Personen lebten, nach diesen Kriterien unzulänglich untergebracht.

Von Überbelegungen der Wohnungen sind vor allem Ausländerhaushalte betroffen, und das zehnmal so häufig wie deutsche. Sie bewohnen fast die Hälfte der überbelegten Wohnungen, obwohl sie nur sechs Prozent aller Haushalte ausmachen. Und obendrein werden sie diskriminiert. Unternehmen der Wohnungswirtschaft begründen die Misere des sozialen Wohnungsbestandes in erster Linie mit dem Argument, in die Wohnungen würden »nur noch Menschen aus extremen sozialen Situationen und fremden Kulturkreisen« eingewiesen, dadurch sei eine »ausgewogene soziale Struktur« nicht mehr gegeben. Richtig ist, das ergab die Wohnungsstichprobe 1993, daß sich der Anteil der Ausländer unter den Mietern von Sozialwohnungen in den letzten 15 Jahren verdoppelt hat. Trotzdem ist der Ausländeranteil im Sozialwohnungsbestand immer noch unterproportional und beträgt weniger als zehn Prozent.

Wenn man also den offiziellen Zahlen glaubt, sind die Wohnungen in Deutschland mehr oder minder auf einem hohen Standard. Die Zahl der wegen schwerwiegender baulicher Mängel unbewohnbaren Wohnungen wird mit 100 000 angegeben, realistische Schätzungen reichen jedoch an eine halbe Million heran.

In dieser Rechnung nicht enthalten sind die Wohnungen in den neuen Bundesländern. Den Wohnstandard dort an dem im Westen messen zu wollen, wäre sicher falsch. Im Osten sind die Wohnungen seit jeher heruntergekommen, ständige Erinnerung an den real existierenden Sozialismus: beengt, verkommen und vom Verfall bedroht.

Zum Beispiel die Leipziger Südstadt, ein Stadtbezirk mit 41 000 Einwohnern. Knapp die Hälfte sind Einpersonenhaushalte. Die Häuser entstanden überwiegend um die Jahrhundertwende, und weil Eigeninitiative nicht besonders ausgeprägt war, sind sie stark sanierungsbedürftig. Ganze Straßenzüge sind unbewohnbar, da nach der Wende die wahren Eigentümer nicht festgestellt werden konnten oder gerade eine Sanierung durchgeführt wird. Während des Verkaufs beziehungsweise der Rückgabe von Grundstücken sind viele Häuser an westdeutsche Eigentümer übergegangen, die viele Altmieter mit durchaus üblichen 20 Mark pro Quadratmeter in große Schwierigkeiten stürzen. Gegenüber DDR-Zeiten stiegen die Warmmieten im Durchschnitt von 1,50 Mark auf rund 7,50 Mark pro Quadratmeter – ohne daß sich am Zustand der meisten Gebäude etwas änderte. Es wären jedoch erheblich höhere Mieten nötig, um das für die Sanierung notwendige Kapital aufzubringen. Insgesamt, so wird geschätzt, sind 1,5 Millionen Wohnungen im Osten renovierungsbedürftig.

Wie angespannt bereits in der ehemaligen DDR die Wohnungsmarktlage war, zeigt sich daran, daß bei den für die Wohnungsvergabe zuständigen kommunalen Stellen im Jahr 1996 insgesamt 780 000 Anträge von Wohnungssuchenden vorlagen, größtenteils Familien, die sich zusammen mit anderen eine Wohnung teilen mußten. Daß sich die Lage seit 1989 trotz der hohen

Abwanderung nach Westdeutschland nicht gebessert hat, belegt die Zahl der ausgestellten Wohnungsberechtigungsscheine. Vom September 1990 bis Juni 1991 haben sechs Prozent aller Haushalte einen Wohnungsberechtigungsschein mit Dringlichkeit erhalten. Versorgt werden konnten davon nicht einmal ein Drittel, sondern lediglich 28 Prozent.

Woran fehlt es demnach im Osten wie im Westen? Weniger an Eigentumswohnungen als an preiswertem Wohnraum zumindest für kinderreiche Familien und junge Menschen. Letztere berappen beispielsweise in Frankfurt am Main für eine Dachzimmerwohnung von 36 Quadratmetern knapp 600 Mark, und damit können sie sogar glücklich sein. Denn auf dem Wohnungsmarkt werden auch schon 700 und 800 Mark für eine Einzimmerwohnung gefordert. Familien oder Einzelpersonen, die ihre Wohnung wechseln, verfügen oft nicht über große Reichtümer, nicht einmal über kleine. Unter den Wohnungssuchenden überrepräsentiert sind junge Familien, Alleinerziehende, Ausländerhaushalte und junge Einpersonenhaushalte, alles Bezieher von eher schmalen Einkommen. Und ändert sich an dieser Misere nichts, dann rechnen Experten mit einer Zunahme der Wohnungslosen in Deutschland bis zum Jahr 2000 auf über eine Million Menschen.

Kennzeichen der Krise auf dem Wohnungsmarkt sind die stark anziehenden Mieten bei der Neu- und Wiedervermietung. Zwar gibt es hierzu keine repräsentativen Statistiken. Doch die jährlichen Mitteilungen des Rings Deutscher Makler lassen erkennen, daß sich in den Ballungszentren der westlichen Bundesländer die Mieten auf dem Wohnungsmarkt zwischen 1987 und 1991 um rund 50 Prozent verteuert haben. Dem steht für den allgemeinen Mietpreisspiegel ein Anstieg von weniger als 20 Prozent gegenüber. In Großstädten, so das Institut Umwelt und Wohnen, sind nicht nur Haushalte mit geringem Einkommen, sondern auch »Normalverdiener« kaum noch in der Lage, die hohen Mieten aufzubringen.

Wer daher glaubt, Wohnungslosigkeit treffe schicksalhaft nur irgendwelche Außenseiter der Gesellschaft, die Jugendlichen zum Beispiel, die in Wagenburgen ihre eigene Kultur der Armut pflegen, der irrt. »Obdachlosigkeit ist keine exotische Krankheit, die nur Außenseiter trifft, und hat nur selten mit Selbstverschulden zu tun«, erklärt der Münchner Mietervereinsvorsitzende Kurt Mühlhäuser.

Im Landessozialbericht »Wohnungsnot und Obdachlosigkeit«, den das Ministerium für Arbeit, Gesundheit und Soziales des Landes Nordrhein-Westfalen bereits im Frühjahr 1993 veröffentlichte, heißt es: »Die klassischen Obdachlosen, die das öffentliche Bild von Wohnungsnotfällen prägen, sind mittlerweile eine Minderheit unter all jenen, deren Recht auf Wohnen durch die gegenwärtigen marktwirtschaftlichen Entwicklungen auf dem Wohnungssektor nicht mehr sichergestellt wird. Immer weitere Bevölkerungsgruppen sind betroffen.«

Denn es gilt: Je höher das Einkommen, desto besser die Wohnungsversorgung, je größer die Familie und je geringer das Einkommen, um so unwürdiger die Wohnverhältnisse. Zahlungskräftige Mieter können sich nahezu jede Wohnung leisten, was dazu führt, daß die Mietpreise in die Höhe getrieben werden. Durchschnittsverdiener und Einkommensschwache dagegen können nicht einmal ihren Mindestbedarf an Wohnraum befriedigen. Infolgedessen werden die Warteschlangen bei den Wohnungsämtern und die Wartelisten bei den Wohnungsunternehmen immer länger, und die Notquartiere sind überfüllt. Den Menschen in den langen Schlangen vor den Zeitungsgebäuden, die nach den druckfrischen Ausgaben mit den Immobilienangeboten gieren, hilft der Hinweis nicht, daß die Mehrzahl der Deutschen angemessen versorgt ist und daß die Wohnungsversorgung im statistischen Durchschnitt einen hohen Standard erreicht hat.

Fazit: Wohnungsnot und Wohlstand, das ist natürlich kein Widerspruch, sondern eine Wirkung des freien Marktes. So müssen die Haushalte mit niedrigem Einkommen mindestens ein Drittel ihres Einkommens für die Mieten aufbringen, während der Staat um so höhere Steuerfreibeträge gewährt, je mehr der Häuslebauer verdient. Und wo selbst bei durchschnittlichem Einkommen die Miete inzwischen in der Regel zwischen 30 und 40 Prozent des Gesamteinkommens verschlingt, sieht sich mancher vor

232

die Alternative gestellt, sich noch weiter einzuschränken oder die Wohnung aufzugeben. Es ist ein gesellschaftliches Problem, das in zunehmendem Maße jeden Mieter treffen kann. In München etwa sind in den letzten zehn Jahren die Mieten um 70 Prozent gestiegen, das gleiche kann von den Einkommen nicht gesagt werden. Die Gefahr ist offenkundig: Je länger die Armutspirale mit der Wohnungsnotspirale zusammentrifft, um so mehr Menschen werden in diesen Strudel hineingerissen.

Spekulation und Maklerunwesen, Luxussanierung und Mietwucher versperren zudem den Wohnungsmarkt für Wohnungssuchende mit mittlerem Einkommen. Die Ausnutzung der Wohnungsnot durch Wuchermieten hat zumindest kriminelle Ansätze.

Für viele Mieter, die ihre Miete nicht mehr bezahlen können, ist daher der Weg zum Sozialamt die letzte Chance, nicht aus der Wohnung geworfen zu werden.

Viele Kommunen registrieren die Zahlen der Wohnungssuchenden nur in Ausnahmefällen, nicht regelmäßig und umfassend. Allein das existiert, worüber Zahlen vorliegen. Was nicht gezählt wird, existiert auch nicht. Deshalb können viele Kommunen behaupten, es gebe bei ihnen keine Wohnungsnot, obwohl sie in der Stadt bei Wohnungsgesellschaften, bei freien Verbänden eindeutig vorhanden ist. Die Wirklichkeit sieht etwas anders aus:

»In größeren Städten steht ein Dammbruch« bevor, befürchtet die Bundesarbeitsgemeinschaft Wohnungslosenhilfe. Es fehlen in Berlin 200 000 Wohnungen, in Hamburg 70 000, in Köln und Dresden jeweils 30 000. Die Schlangen in den Ämtern werden immer länger. In Bremen suchen 14 000 Menschen eine Bleibe, in Frankfurt 12 500 und in Leipzig 11 000. Von einem »doppelten Skandal« in der Wohnungspolitik spricht daher der Präsident des Deutschen Mieterbundes. »Es fehlten 2,5 Millionen Wohnungen, aber die Politik vertuscht dieses.« Allein in der Mittelstadt Darmstadt, nahe Frankfurt, sind 3000 Wohnungssuchende beim Amt für Wohnungswesen registriert. Daneben gibt es noch zirka 2500 Wohnungsnotfälle, das sind Menschen, die unzureichend oder überhaupt nirgendwo wohnen.

Um dem Prinzip der freien Marktwirtschaft Folge zu leisten – Vermieten muß sich wieder lohnen –, setzte die Bundesregierung nach der Wende bekanntlich auf den freien Markt. Der zeigte sich dankbar. Die Mieten explodierten, gleichzeitig zogen die Baupreise kräftig an, weil die Kommunen nicht genügend Bauland auswiesen. Da paßt es in das »marktwirtschaftliche Konzept«, daß die Bundesregierung vor zirka zehn Jahren den sozialen Wohnungsbau auslaufen ließ mit der Begründung, allein die Mechanismen der »freien Marktwirtschaft« können Wohnraummangel beheben. Gleichzeitig wurden die Wohnungsbaumittel umgeschichtet in Eigentumsbildung für Besserverdienende. Nun wird ein Großteil der Mittel nicht etwa für den Bau, sondern für den Erwerb von Wohnhäusern und Eigentumswohnungen eingesetzt.

Eine Übersicht, um die Dimensionen der Wohnungsnot sichtbar zu machen: Eine Million Menschen haben keine Wohnung. Für zirka 1,8 Millionen Menschen ist die Mietbelastung untragbar geworden. Mindestens drei Millionen Personen müssen laut Deutschem Mieterbund in zu kleinen oder heruntergekommenen Wohnungen leben. Bislang ermöglichte der Doppelverdienst vielen »normalen« Bürgern, die Mietlasten zu tragen. Die steigende Arbeitslosigkeit auf der einen Seite und die weitersteigenden Mieten auf der anderen haben nicht unbedingt auf die Wohnungsnot durchgeschlagen – die verharrt seltsamerweise auf dem gleichen Stand wie in den achtziger Jahren –, aber die Gefahr, in Armut zu fallen, ist gewachsen. Von den Mieterhaushalten, die keine Sozialhilfe beziehen, haben 38,4 Prozent eine monatliche Warmmietbelastung von 30 Prozent und mehr. Davon beziehen lediglich 36 Prozent der Haushalte Wohngeld.

Gerade Familien mit Kindern haben zunehmend Schwierigkeiten, eine bezahlbare Wohnung zu finden. Nach Angaben des Mieterbundes werden in 40 Prozent aller Fälle Familien allein wegen der Kinder von den Vermietern abgelehnt. Alleinerziehende würden sogar zu 76 Prozent aus sozialen Gründen nicht akzeptiert. Wen wundert es da, daß etwa eine halbe Million Kinder in Obdachlosensiedlungen oder anderen schlechten Wohnverhältnissen aufwachsen. »Insbesondere am Markt benachteiligte Gruppen, wie kinderreiche Familien, Alleinerziehende, Alleinstehende, alte Menschen, Ausländer, einkommensschwache und sozial ausgegrenzte Haushalte, sind von akuter Wohnungsnot betroffen«, moniert der Diöszesancaritasverband in der Bischofstadt Limburg.

Es ist ein interessanter Zahlenvergleich: 1965 gab es in Deutschland 46000 Räumungsklagen. Ein Vierteljahrhundert später waren es 60000 jährlich. Und im Sommer 1996: »Fristlose Kündigungen wegen Mietrückständen und Zwangsräumungen nehmen immer mehr zu. Allein in Sachsen und Sachsen-Anhalt wurden 1995 weit mehr als 5000 Zwangsräumungen von Mietwohnungen angeordnet. Und das ist erst die Spitze des Eisberges«, fürchtet Franz-Georg Rips, Direktor des Deutschen Mieterbundes.

Obwohl seit 1990 die Mieten im Westen um mehr als 30 Prozent gestiegen sind, ist das vielgepriesene Wohngeld seit 1990 nicht mehr der neuen Situation angepaßt worden, mit der Folge, daß inzwischen 30 Prozent der wohngeldberechtigten Haushalte aus der Förderung herausfallen und zwei Drittel aller Wohngeldempfänger eine höhere Miete zahlen müssen, als bei der Wohngeldberechnung berücksichtigt wird. Viele Haushalte erhalten trotz gestiegener Mieten weniger Wohngeld als 1990. Grund hierfür ist, daß die bei der Wohngeldberechnung berücksichtigten Nominaleinkommen seit 1990 gestiegen sind, der Reallohn aber um 4,1 Prozent gesunken ist. Deshalb bekommen Mieter, die 1990 aufgrund ihres Einkommens noch Wohngeld erhalten haben, wegen nominaler Einkommensverbesserungen heute weniger oder gar kein Wohngeld mehr und müssen ihre drastisch gestiegene Miete mit einem tatsächlich geringeren Einkommen bezahlen.

So spart der Bund auf Kosten der Ärmsten: 1995 gab er 3,1 Milliarden Mark für Wohngeld aus, 1996 sind im Haushalt 2,9 Milliarden vorgesehen, 1992 waren es immerhin noch 3,7 Milliarden Mark. In der Sitzung des Bundestages vom 9. November 1995 erklärte Bauminister Töpfer wörtlich: »Ich kann zum Wohngeld genau das wiederholen, was wir gesagt haben. Wir werden das Gesetz so novellieren, daß es noch im Jahr 1996 wirksam wird. Das haben wir an dieser Stelle fünfmal gesagt. Wenn Sie es zum sechsten Mal hören wollen, habe ich es damit jetzt gesagt.« Vollmundige Reden. Die Wohngeldreform ist ausgeblieben, und 1996 hat es keine Wohngelderhöhung gegeben, im Haushalt 1997 ist kein Pfennig mehr dafür vorgesehen. Da ein Minister »Wortbruch« begehen kann, wie es der Direktor des Deutschen Mieterbundes formuliert, müssen die Folgen die Mieter tragen, und in erster Linie diejenigen, die auf jeden Pfennig angewiesen sind.

Bis Mitte der sechziger Jahre war in vielen Städten grundsätzlich für jede Wohnung der Mietpreis gebunden. Nach Abschaffung der Mietpreisbindung stiegen die Mieten rapide an. Jahr für Jahr fallen in den alten Bundesländern schätzungsweise 150 000 ältere Sozialmietwohnungen aus der Mietpreis- und Belegungsbindung heraus. Mochte die ehemalige Bauministerin Irmgard Schwaetzer 1992 auch stolz verkünden, es seien doch 130 000 Sozialwohnungen in Förderprogramme der westdeutschen Länder aufgenommen worden – in den Ballungsräumen wirken die Staatszuschüsse kaum, da die Baukosten zu hoch sind, um neue Wohnungen zu erstellen. Und was tut die Bundesregierung? Sie vereinfacht das Mietrecht, damit die Vermieter ihre Wohnungen schneller umsetzen können. Das ist doch etwas, zumal es damit begründet wird, es diene den Interessen der Mieter. Daß nur die Vermieter von einer »Vereinfachung« profitieren, ist die Kehrseite der Medaille. Dennoch behaupten manche unverdrossen, das sei der Königsweg für eine Wohnungskette: Die betuchten Familien verlassen die wenig komfortablen Wohnungen und machen dadurch preiswerten Wohnraum frei. Dummerweise funktioniert das bis zum heutigen Tag nicht. Der Bau neuer Wohnungen löst keineswegs automatisch diese Umzugskette aus, an deren Ende eine einfache Wohnung für die sozial Benachteiligten frei würde. Viel häufiger ziehen materiell Bessergestellte in die großen Wohnungen ein. Wo Platz für eine große Familie wäre, wohnen zum Beispiel doppelt verdienende Ehepaare ohne Kinder oder gutverdienende Singles. Seit dem Urteil des Bundesverfassungsgerichts vom Februar 1989, das den Anspruch des Vermieters auf Eigenbedarf erleichterte (»bei vernünftigen und nach-

236

vollziehbaren Gründen«), ist die Zahl der Eigenbedarfskündigungen sprunghaft in die Höhe geschnellt; gleichwertige Ersatzwohnungen konnten nur in wenigen Fällen gefunden werden. Nicht selten wird Eigenbedarf vorgeschoben, um unwillige Mieter, die einen Preisaufschlag nicht akzeptieren wollten, gefügig zu machen. Außerdem werden zunehmend knapper begrenzte Mietverträge abgeschlossen, um die Wohnungen nach Ablauf der Mietverträge leer verkaufen zu können. Der Vermieter spekuliert auf eine erhebliche Preissteigerung des Gebäudewertes.

Wie schön klingen in diesem Zusammenhang Politikerworte. »Mehr Mietengerechtigkeit«, kündigte Bundesbauminister Töpfer bei der Reform der Mieten im Sozialwohnungsbestand an. Doch sind die Sozialmieten dann noch tragbar und für wen? Der Plan, die Sozialmieten generell auf die Vergleichsmiete zu erhöhen und bedürftigen Mietern auf Anforderung einen Mietzuschuß oder Wohngeld zu bezahlen, ein solcher Plan dient der Sanierung der Vermieter. Ihnen beschert das bei den 2,5 Millionen Sozialwohnungen Mehreinnahmen in Höhe von rund 3,6 Milliarden Mark jährlich. Vielleicht haben das jene Immobilienkrösusse schon lange erkannt, die feierlich versprechen, neben Bürohochhäusern auch Sozialwohnungen zu bauen. Einige sind auch entstanden, aber für potente Mieter.

Die Preise für den neuen sozialen Wohnungsbau sind heute derart in die Höhe geklettert, daß jene Menschen, für die diese Einrichtung einmal geschaffen wurde, sie sich nicht mehr leisten können. Die Sozialwohnungen mit ihren erheblichen Nebenkosten – sie erreichen oft bereits einen Anteil von 40 Prozent der Kaltmiete – werden für die unteren Einkommensgruppen unbezahlbar, insbesondere für kinderreiche Familien, die auf große Wohnungen angewiesen sind.

Mit der gesellschaftlichen Umverteilung ist der öffentlich geförderte Wohnungsbau als politisch ungeliebtes Kind stark rückläufig. Während der Bedarf steigt, werden die Fördermittel aus Bund und Land reduziert. 1995 kürzte der Bund seine Zuschüsse für den sozialen Wohnungsbau um rund 500 Millionen Mark, um den gleichen Betrag noch einmal 1996. Doch ohne den sozialen Wohnungsbau wird es nicht gehen, denn das Wohnraumversor-

237

gungsproblem liegt nicht bei den teuren Miet- oder den Eigentumswohnungen, es dreht sich um den bezahlbaren Wohnraum. Die Entwicklung des sozialen Wohnungsbaus in Darmstadt macht das deutlich. 1990 wurden 14 805 Sozialwohnungen gezählt. Bis zum Jahr 2000 wird sich die Anzahl der Sozialwohnungen auf 7031 reduzieren. Das bedeutet, daß der preiswerte Wohnungsbestand in zehn Jahren halbiert sein wird, ohne daß finanzierbare Wohnungen in nennenswerter Anzahl neu entstünden.

Die Behandlung des sozialen Wohnungsbaus ist eine reine »Bankrotterklärung« der Bundesregierung, urteilt denn auch der Direktor des Deutschen Mieterbundes. Nach einem von Bauminister Töpfer vorgelegten Gutachten stehen für zwölf Millionen Haushalte, die wegen niedriger Einkommen zum Bezug einer Sozialwohnung berechtigt sind, nur noch 2,4 Millionen Sozialwohnungen zur Verfügung. Durch Auslaufen der Sozialbindung und Rückzahlung der Fördermittel schmilzt dieser Bestand an preiswerten Wohnungen sukzessiv. Statt nun den sozialen Mietwohnungsbau verstärkt zu fördern oder auf hohem Niveau fortzuführen, streicht die Bundesregierung die Mittel für den sozialen Wohnungsbau Jahr für Jahr zusammen. Im Haushalt 1997 sind Kürzungen in Höhe von 200 Millionen Mark vorgesehen. Damit hat Bonn gegenüber 1993 die Gelder für den sozialen Wohnungsbau auf die Hälfte zusammengestrichen.

Nach Kürzung der Bundeszuschüsse erwartet der Deutsche Mieterbund einen drastischen Rückgang der Förderzahlen auf unter 100 000 jährlich. Denn die Länder sind nicht in der Lage, die Finanzierungslücke zu schließen, und haben ebenfalls für 1997 eine weitere Kürzung ihrer entsprechenden Wohnungsbauprogramme angekündigt.

Desungeachtet gilt für die Wohnungspolitik das Dogma, wonach der Markt über Angebot und Nachfrage die notwendige Versorgung aller Bevölkerungsgruppen mit Wohnraum sicherstellt und das staatliche Wohngeld als Regulativ für soziale und individuelle Härten Ausgleich schaffen soll. »Statt gegenzusteuern, verkommt die Bonner Wohnungspolitik immer mehr zur Spar-, Streich- und Ausverkaufspolitik«, kritisieren die Präsidentin des Deutschen Mieterbundes, Anke Fuchs, und der IG-Bau-Chef Klaus Wiesenhügel. »Die Mittel werden 1997 um weitere 450 Millionen Mark gekürzt und die 1996 zugesagte gesamtdeutsche Wohngeldreform auf den Sankt-Nimmerleinstag verschoben.«

Wie schwach das soziale Bewußtsein bei den Regierenden in Bonn ausgeprägt ist, dokumentiert der geplante »Ausverkauf« von 200000 sozial gebundenen Eisenbahner- und Wohnungen der Bundesanstalt für Angestellte; es handelt sich überwiegend um preis- und belegungsgebundene Wohnungen. Weg damit, sagt die Bundesregierung, wir brauchen das Geld im Etat.

Wohnungsnot in den großen Metropolen ist nicht zuletzt eine direkte Folge des Ausbaus der Städte zu großen Dienstleistungszentren. Auch hierbei darf sich Frankfurt einer gewissen Vorreiterrolle rühmen. Obwohl in der Stadt im Vergleich zu anderen bundesdeutschen Großstädten bereits jetzt über 50000 Wohnungen fehlen, sollen in den nächsten Jahren zirka 100000 Arbeitsplätze des Dienstleistungssektors hinzukommen, und zwar im bereits jetzt extrem verdichteten Bereich westlich der Innenstadt. Konsequenz dieses Wahns: Abrisse beziehungsweise Zweckentfremdung sowie Umwandlung und Luxussanierung von Wohnraum, dazu kaum lösbare Verkehrsprobleme und eine gesundheitsschädliche Umwelt. Wohnverhältnisse, Freizeit und Kulturangebot werden zusätzlich auf die gutbezahlten Arbeitskräfte der Konzerne zugeschnitten. Die Wohnung muß dem Eigentümer eine hohe Rendite einbringen.

Wer sich dem nicht beugt, der wird rausgeworfen – zunehmend auf die brutale Art und Weise. »Und dann kam der Hausbesitzer zurück, und wir hörten einmal ein Gespräch. Da wohnte noch eine Familie. Die hörten, wie der Hausbesitzer draußen sagte, jetzt müssen wir mit anderen Schikanen auffahren, damit wir die Leute hinausbekommen. Dann kam alles von oben runter: Badewanne, Heizkörper, Waschbecken, alles ließ er von oben runter, hinten in den Garten. Schließlich war das Haus oben offen, und von Stockwerk zu Stockwerk wurden die Decken weggehauen. Dann kam die größte Schikane. Der Hausbesitzer ließ die Heizung bei uns ausmontieren. Wir waren

239

ohne Heizung, es war eiskalt«, berichtet eine Familie aus Frankfurt.

In einem anderen, keineswegs untypischen Fall erhielten die Bewohner vom Hausbesitzer zuerst einen zarten Hinweis auf sich anbahnende Veränderungen: »Im Zuge einer baulichen Neuorientierung wurde an eine als Interessengemeinschaft in Erscheinung tretende Käuferin die Liegenschaft verkauft.« Die alten Mieter mußten ausziehen, und jene, die sich weigerten, weil sie bereits über zwanzig Jahre in dem Haus wohnten, wurden herausgeekelt. »Als der neue Hauseigentümer im Herbst keine Kohlen mehr bestellte und die Heizung nicht anstellte, da war die letzte übriggebliebene Mieterin gezwungen, eine Wohnung weit außerhalb der Stadt zu beziehen. Zehn Tage später starb sie.« Diejenigen, die aus ihrer Wohnung hinausgeworfen werden, haben wenig Möglichkeiten, ihren künftigen Wohnort selbst zu bestimmen. Durch die Vertreibung verlieren sie die bestehenden Bindungen zu Freunden und Nachbarn, die meist alten Menschen werden ihrer notwendigen sozialen Kontakte beraubt. Gleichzeitig ist in der Regel jede Kündigung mit einer spürbaren Einkommensverschlechterung verbunden, da die neuen Mieten auf jeden Fall teurer werden.

Gemach, wird wohl mancher einwenden – noch sind wir nicht soweit wie in Moskau, wo Hauseigentümer Killerkommandos anwerben, um vorwiegend die alten Bewohner zu »entmieten«. Immerhin tauchen auch in Deutschland Schlägertrupps in den begehrten Spekulationsobjekten auf und geben den Mietern handgreiflich zu verstehen, daß es nun endlich Zeit sei auszuziehen. Wer bei solchen Aktionen erwischt wird, der erhält vielleicht ein Bußgeld, wie in Frankfurt ein einschlägig bekannter Hausbesitzer. Um die Bewohner von Häusern im Frankfurter Stadtteil Westend zu vertreiben – es sollte ein Büropalast errichtet werden –, wurden ganz einfach ausländische Arbeiter in die Wohnungen gesetzt. Die mußten obendrein Wuchermieten zahlen: bis zu 200 Mark für 15 Quadratmeter. In anderen Fällen kam es zu einem Brandanschlag, oder es wurde die Wohnungseinrichtung der Mieter zerstört. Jene Immobilienspekulanten in Frankfurt wie anderswo, die einst die Mieter mit brutaler Gewalt aus ihren Wohnungen vertrieben, sind heute gemachte Männer, ehrenwerte Personen in der Gesellschaft, die gerne an die Parteikasse spenden.

Entscheidendes Hindernis für die bezahlbaren Wohnungen ist die Gretchenfrage des Systems: Wie halte ich es mit der sozialen Eigentumsverpflichtung. Solange Grund und Boden als Kapitalanlage verwertet werden, gibt es gravierende Mißstände und Ausgrenzungen, Armut. »Es bedarf einer Revolution der ›Heimatlosen‹, um den Staat in seine Pflicht zu zwingen, das Gemeingut an Grund und Boden vor privatwirtschaftlichem Mißbrauch zu schützen«, fordert der Paritätische Wohlfahrtsverband.

Doch anstatt der anhaltenden Wohnungsnot mit ihren kriminellen Auswüchsen endlich mit neuen Prioritäten im Wohnungsbau zu begegnen, zum Beispiel dem Genossenschaftswohnungsbau oder gar der Kommunalisierung eines Teils des Wohnungsbaus, beschränkt sich die Bonner Koalition auf marginale Verbesserungen beim sozialen Wohnungsbau und setzt weiter auf das freie Spiel der Kräfte. Mieten müssen eben rasch Gewinn bringen.

»Warum sollten die Kommunen nicht einen Teil der hohen Gewinne von Grundstückseigentum abschöpfen«, fragt Joachim Geiger im *Deutschen Allgemeinen Sonntagsblatt*. »Auch für bebaubare Grundstücke, die brachliegen, sollten deren Eigentümer Abgaben zahlen.« Nein, das geht nicht, antwortet die Bundesregierung. Da würde ja Sand in das Getriebe der freien Marktwirtschaft gestreut.

Verständlich. Die Wohnung ist eine Ware wie jede andere auch und ihr Besitz oder die Veräußerung an die Bedingungen des freien Marktes gekoppelt.

»Sonntagsreden, feierliche Versprechungen und bloße Ankündigungen helfen den Mietern nicht weiter. Bauminister Töpfer muß endlich handeln, sich in der Koalition durchsetzen und seine Versprechungen einlösen«, forderte der Deutsche Mieterbund bei seiner Mitgliederversammlung im März 1996. Die Entwicklung der Baukonjunktur ist zweifellos besorgniserregend. 1995 sind die Baugenehmigungen in Westdeutschland

241

um 22 Prozent zurückgegangen. Statt eine antizyklische Wohnungs-, Bau- und Bodenpolitik zu betreiben, hat die Bundesregierung jedoch die Mittel für den sozialen Wohnungsbau weiter auf 2,3 Milliarden Mark gekürzt und die Abschreibungsbedingungen für den Mietwohnungsbau deutlich verschlechtert. Bis weit über das Jahr 2000 hinaus müßten aber 500 000 bis 600 000 neue Wohnungen pro Jahr gebaut werden, um den künftigen Bedarf zu decken und den Fehlbestand von rund 1,5 Millionen Wohnungen abzubauen.

Dabei müssen, das räumt selbst das Bundesbauministerium in einer Studie ein, bis zum Jahr 2010 zusätzlich 3,8 Millionen Haushalte mit Wohnraum versorgt werden. Jahr für Jahr gehen wenigstens 100 000 Wohnungen durch Abriß, Umwidmung und Zusammenlegung verloren. Das bedeutet rein rechnerisch, daß allein in den westlichen Bundesländern bis weit über das Jahr 2000 hinaus 500 000 bis 550 000 Wohnungen jährlich gebaut werden müssen – ein unerreichbares Ziel.

Mehr Sozialwohnungen mindern aber nicht nur die Wohnungsnot, sondern sorgen auch für Beschäftigung, hängen doch vom Wohnungsneubau zirka 1,6 Millionen Arbeitsplätze ab. 100 000 neue Wohnungen geben 250 000 Menschen ein Jahr lang »Lohn und Brot«. Das wiederum würde die Einnahmen des Staates erhöhen und ihn beim Arbeitslosengeld entlasten. Aber so weit denkt man derzeit nicht.

Gesichter der Armut – die Kinder...

Die lieben Kinder, für die sich die Herzen vieler Politiker vorzugsweise zu Weihnachten öffnen, sind nicht nur die Verlierer des sozialen Überlebenskampfes ihrer Eltern, sie prägen auch die Zukunft dieser Gesellschaft. »Ohne eine gesunde Familie gibt es keinen gesunden Staat«, weiß Bundeskanzler Helmut Kohl und betont: »Die Familie muß wieder absoluten Vorrang bekommen.« Damit man diesem Ziel nahe kommt, wurde beim Kinder- und Erziehungsgeld gespart, 870000 bedürftigen Familien mit rund 1,35 Millionen Kindern der ihnen zustehende Kindergeldzuschlag vorenthalten. In Rheinland-Pfalz hat sich, wie anderswo auch, die Zahl der Familien mit Kindern, die auf Sozialhilfe angewiesen sind, in zehn Jahren um 250 Prozent erhöht. Kinder sind ein Armutsrisiko erster Güte – ein Schlag ins Gesicht der christdemokratischen Familienpolitiker.

»Wer ja zu Kindern sagt, soll auch spüren, daß die Gesellschaft ihn dabei unterstützt«, lautet eine ebenso wohlfeile Lebensweisheit von Bundeskanzler Helmut Kohl, die nur auf dem Papier steht. Deshalb fühlen sich über zwei Drittel (68 Prozent) der Eltern in Deutschland vom Staat im Stich gelassen.

In den letzten Jahren fehlte es nicht an gefälligen politischen Ankündigungen wie 1994 die der damaligen Bundesfamilienministerin Hannelore Rönsch (CDU). Während des Festaktes zum Internationalen Jahr der Familie in Berlin verkündete sie, das Jahr solle »einen Anstoß dazu geben, unsere Gesellschaft kinder- und familienfreundlicher zu machen«. Bei der Ankündigung ist es geblieben, wie eigentlich nicht anders zu erwarten war.

»Und wenn uns nun in der Weihnachtszeit täglich Dutzende Briefe resignierender Eltern erreichen, weil die Arbeitslosen- oder Sozialhilfe nicht reicht, um den Kindern ein auch nur annähernd freudevolles Weihnachtsfest mit Lichterglanz und kleinen

243

Überraschungen zu bieten, dann können wir nur soweit mit Weihnachtspaketen helfen, wie wir von der Bevölkerung darin unterstützt werden. Dabei geht es sowieso nur um Bekleidungsstücke, natürlich nicht neuwertige, und kleine Spielsachen«, heißt es in einem resigniert klingenden Aufruf der Deutschen Hilfe für Kinder von Arbeitslosen e. V.

Einst kannte man ein solches Bild aus den Ländern der Dritten Welt: Kinder, die in vielen lateinamerikanischen Städten vor den an der Ampel wartenden Autos auftauchen und für wenige Münzen die Windschutzscheiben reinigen. Nun sieht man sie auch in Deutschland, insbesondere in der neuen Bundeshauptstadt Berlin. Alles nur zum Spaß? Da mahnt denn auch der Vorsitzende des Zentralkomitees Deutscher Katholiken vor einer wachsenden Verwahrlosung von Kindern in Deutschland: »Das Problem der Straßenkinder wird bei uns verdrängt, seine Tragweite nicht erkannt. Unsere Gesellschaft hat nicht begriffen, daß sie eine Gesamtverantwortung für ihre Kinder hat. Zahlenmäßig ist es hier nicht so schlimm wie in Südamerika, die Situation ist aber die gleiche. Kinder fühlen sich zunehmend heimatlos und allein gelassen.«

Dem Auseinanderklaffen der Schere zwischen Arm und Reich sind sie am ohnmächtigsten ausgeliefert, die Kinder, sie haben die geringsten Möglichkeiten, sich zu wehren. Das kommt nicht von ungefähr. Wurden sie in den siebziger Jahren dem Wachstumswahn geopfert, sind sie nun die Leidtragenden der weltweiten sozialen Krise, weil ihre Zukunft nicht nur durch die ökonomische, sondern auch von der ökologischen Katastrophe bedroht ist. Unter dem Gesichtspunkt ihrer Rentabilität und ihres Marktwertes spielen sie in den Verwertungsstrategien einer auf Kosteneffizienz ausgerichteten Gesellschaft zwangsläufig keine Rolle. Kinderfest beim Bundeskanzler, markige Worte gerade christdemokratischer Politiker über den Schutz der Familie, wenn es um Abtreibung geht, sind ziemlich wertlos, wenn gleichzeitig Millionen Kinder unter armseligen Verhältnissen und ohne Zukunftsperspektive leben müssen.

Die Opfer des zunehmenden Verarmungsrisikos der Familien

sind daher gerade die Kinder, in deren Zukunft der Sozialstaat eigentlich investieren sollte. Diese Investitionen kann man jedoch nicht einmal mehr mit der Lupe ausmachen: In den deutschen Gemeinden fehlen rund 800000 Kindergartenplätze. Wollten Bund und Länder den Rechtsanspruch – für jedes Kind ab dem dritten Lebensjahr einen Platz bereitzustellen – erfüllen, müßten mindestens 21 Milliarden Mark bereitgestellt werden.

Professor Hans-Uwe Otto von der Universität Bielefeld macht das bestürzende Anwachsen der Kinderarmut »zu einem Merkmal der Bundesrepublik genauso wie das dramatische Absenken der Versorgungsmöglichkeiten und Leistungen für Kinder in entsprechenden pädagogischen Einrichtungen. Die Runderneuerung der Wirtschaft diktiert den Zerfall des Sozialen für immer mehr Menschen in der neuen Bundesrepublik. Dieses ist die eigentliche Krise des Wohlfahrtsstaates.«

Aber wie viele Kinder leben in Armut?

Insgesamt, so der Deutsche Kinderschutzbund, leben in Deutschland 2,2 Millionen Kinder in Armut. Dagegen sind nach Meinung des Vorsitzenden der Arbeiterwohlfahrt und SPD-Bundestagsabgeordneten Wilhelm Schmidt rund 1,5 Millionen Kinder von Armut betroffen. Eltern von einer Million Kindern benötigen Sozialhilfe. »Aber auch Eltern, die erwerbstätig sind, können ihre Kinder häufig nicht ausreichend materiell versorgen«, heißt es in der Erklärung des Kinderschutzbundes. »Es ist ein Skandal, daß in diesem Land Kinder zum sozialen Abstieg führen können«, wettert der Präsident des Kinderschutzbundes.

In Obdachlosengettos oder vergleichbaren verheerenden Wohnzuständen hausen zirka eine halbe Million Kinder. Fünfzigtausend Kinder leben, so der Deutsche Kinderschutzbund, – zumindest zeitweise – verlassen, werden obdachlos und tauchen auf der Straße auf. »Auffällig ist, daß immer mehr Eltern ihre Kinder nicht als vermißt melden, vor allem, wenn sie bereits öfter ausgerissen sind. Es scheint eine Menge Eltern zu geben, denen es zuviel wird«, stellen Sozialarbeiter in Frankfurt fest, »Eltern, die selber Probleme haben mit der Arbeit, in der Beziehung oder auch Suchtprobleme. Die schaffen das nicht mehr.« Unter denjenigen, die dem Elend ihrer Familie entkommen wollen, sind viele Mädchen, die sich schließlich prostituieren, um an Geld heranzukommen. Und gleichfalls ein Ergebnis der familiären Not: Nach Angaben des Kinderschutzbundes Nordrhein-Westfalen sind derzeit etwa 100000 vernachlässigte Kinder in Heimen oder bei Pflegeeltern untergebracht. Wie viele Kinder es insgesamt sind, die von ihren Eltern vernachlässigt werden, weiß niemand genau zu sagen, zumal das, was bekannt ist, nur die Spitze des Eisberges sein dürfte. Der Deutsche Kinderschutzbund schätzt ihre Zahl immerhin auf 200000. Wobei eines sicher ist, die Betroffenen kommen zu 90 Prozent aus armen Familien.

Einst war eine Kinderschar die Zierde einer Familie. Heute ist sie ein ökonomischer Mißstand. Kinderreichtum ist, nach einem Forschungsbericht der EU, einer der häufigsten Gründe für Armut in Europa. Da darf Deutschland nicht außen vor bleiben. Die monatlichen Kosten für ein Kind betragen zwischen 800 und 900 Mark. Jeder kann sich unschwer ausrechnen, wie hoch das Einkommen der Familie mit zwei und drei Kindern sein muß, um über die Runden zu kommen. Mit einem Durchschnittslohn sind die Kosten nicht auszugleichen.

Statistische Berechnungen legen das Existenzminimum auf 600 Mark fest, andere veranschlagen einen Betrag zwischen 800 und 900 Mark. Doch der Staat zahlt derzeit 220 Mark Kindergeld für das erste Kind und 220 Mark für das zweite. Um sie zwanzig Jahre großzuziehen, sind gegenwärtig etwa 400000 Mark erforderlich, wenn man von einem monatlichen Unterhalt von zirka 800 Mark ausgeht, die zeitweiligen Einkommensverluste und daraus folgenden Rentenverluste hinzugerechnet.

»Längst hat die Bonner Regierung die Keimzelle der Gesellschaft an deren sozialen Rand katapultiert«, schreibt *Der Spiegel*. »Wer Nachwuchs großzieht und deshalb auf die Karriere verzichtet, erhält weniger Rente als Kinderlose, die ein Arbeitsleben lang verdient haben. Und für Familienpolitik wird nur noch ausgegeben, was bei der Verteilungsschlacht um die knappen öffentlichen Mittel übrigbleibt.« – »Eltern mit einem Durchschnittseinkommen von 60000 Mark und zwei Kindern«, sagt der Richter am hessischen Landessozialgericht Jürgen Borchert, »sind am Rande der Sozialhilfe angelangt.« Wo ein Arbeitnehmer mit 5000 Mark brutto pro Monat Frau und zwei Kinder ernähren muß, bleiben nach Abzug von Steuern, Sozialabgaben und Miete für den Lebensunterhalt nur noch 200 bis 300 Mark mehr übrig als bei einem Sozialhilfeempfänger.

»Wenn das Leben für Kinder schlecht ist, ist es auch schlecht für Eltern, egal ob sie es wahrnehmen oder nicht«, meint der Münchner Professor Gotthart Schwarz. Sein Kollege Wolff sagt, daß emotional und materiell unterversorgten Kindern nur dann geholfen werden kann, wenn bei der Entwicklung von Hilfen die Ursachen für Kindervernachlässigung als ein Zusammenhang von Lebensgeschichten und Lebensverhältnissen berücksichtigt werden.

Die Folgen manifestieren sich auf den verschiedensten Ebenen – der physischen wie der psychischen: Zur ersteren zählt der Hunger. Natürlich führt er nicht zu aufgeblähten Kugelbäuchen wie in Afrika. Aber: »Hunger haben die eigentlich immer«, meint die Jugendbetreuerin der evangelischen Kirchengemeinde von Becklemünd. »Das Mittagessen in der Kindertagesstätte ist für viele Kinder die einzige Mahlzeit des Tages.« Eine Erzieherin in einer Kita in der gleichen Stadt hat die Erfahrung gemacht, »wenn das Geld vom Sozialamt gekommen ist, gibt es zwei Wochen abends was zu essen, die anderen zwei Wochen nicht«.

Bei den Kindern in den Hungerzonen Afrikas geht es ums nackte Überleben, da bleibt kein Raum für die Frage nach ihrer weiteren Entwicklung. Das ist in Europa und in Deutschland anders. Was nichts daran ändert, daß es bei den armen Kindern hier zu großen Verzögerungen in der körperlichen Entwicklung kommt, Fachleute sprechen von einem psycho-sozialen Minderwuchs, sowie zu einer verminderten Lern- und Leistungsfähigkeit.

Bei einer repräsentativen Befragung von 3300 Jugendlichen im Alter von 11 bis 15 Jahren bewerteten gerade mal 30 Prozent der Kinder aus der untersten sozialen Schicht ihren Gesundheitszustand als »gut«. In der obersten Schicht waren es 46 Prozent der Kinder. Das soziale Herkunftsmilieu und die finanzielle Lage wirken sich auch auf die psychische Gesundheit der Kinder aus. Große Unterschiede gebe es im Selbstvertrauen, erklärten die Bielefelder Wissenschaftler Klaus Hurrelmann und Andreas Klocke. »Die Werte der Kinder verschlechterten sich in erschreckendem Maße.« Demnach gelte schon für Kinder die Formel: »Armut macht körperlich und seelisch krank.« Ein Glück, daß die Seele niemand sieht.

Sprach- und Hörstörungen, Auffälligkeiten in der Grob- und Feinmotorik, kohlrabenschwarze Zahnstümpfe, das sind die Kinder, mit denen die Erzieher heute zu tun haben. Eigentlich ist es längst erkannt und schon tausendmal beschrieben, welche fatalen Folgen die »emotionale Unterversorgung«, die fehlende Beschäftigung der Eltern mit ihren Kindern, hat. Aber die Vergeßlichkeit scheint groß zu sein. Es kommt zu Verzögerungen bei der Sprachentwicklung und zu einer eingeschränkten Fähigkeit der Kinder, Kontakte zu anderen Menschen zu knüpfen, Kinder ziehen sich zurück aus einer Welt, in der sie als Fremdkörper angesehen werden.

Die Erbärmlichkeit ihres Lebens erfahren die Kinder durch die Ausgrenzung. Kein Schwimmbad, kein Kino, keine Disco. »Überall«, erzählt ein zwölfjähriger Jugendlicher, »steht man daneben.« Für die Kinder der Armen werden die alltäglichsten Dinge zum unerreichbaren Luxus, sie werden mit ständigen Benachteiligungen konfrontiert. »Wir können uns nicht ausmalen, wie viele dieser zurückgestoßenen Kinder abends vor Kummer ihr Kopfkissen naß heulen«, sagt Winfried Hebold-Heitz vom Bundesverband der Jugendorganisation »Die Falken«. Die Benachteiligung bekommen die Kinder bereits in der Grundschule zu spüren. Klaus Bochem, kommissarischer Leiter der Grundschule in Becklemünd: »Die werden gehänselt und ausgegrenzt.«

Durchaus typisch für die Mißstände sind die Kinder von Arbeitslosen. Denn von Arbeitslosigkeit betroffen sind nicht nur jene, die einen Arbeitsplatz verloren haben, zirka vier Millionen je nach saisonalen Schwankungen, sondern auch alle Familienangehörigen. Bislang sind die Frauen und Kinder von Arbeitslosen, nicht selten alleinstehende arbeitslose Frauen, aber auch Eltern arbeitsloser Jugendlicher weder zahlenmäßig genau erfaßt, noch weiß man viel über die Auswirkungen der elterlichen

248

Arbeitslosigkeit. Man kann jedoch davon ausgehen, daß über 3,2 Millionen Kinder unter den Auswirkungen der Erwerbslosigkeit eines Elternteils leiden. Der Reutlinger Pädagogikprofessor Karl Zenke legte in einer Studie dar, daß die 1,3 Millionen Kinder in Arbeitslosenhaushalten in Deutschland zu psychischen und sozialen Auffälligkeiten neigen, unter Stigmatisierung in der Schule leiden, soziale Kontakte abbrechen und die Straffälligkeit zunimmt.

Die Kinder fühlen sich bestraft durch weitgehende Einschränkungen, deren Ursachen und Folgen sie kaum verstehen, denen sie auf jeden Fall ohnmächtig gegenüberstehen. Viele Kinder müssen zudem einen starken psychischen Druck ihrer Eltern aushalten, insbesondere ein zunehmend aggressives Klima in der Familie. Eine der Ursachen: Mit dem Arbeitsplatzverlust ist häufig eine Auflösung des bisherigen Tagesablaufs verbunden. Die bislang gehegte Kultur der Disziplin in Firma und Familie weicht einer neuen Situation, es entsteht die Desorganisation des Lebens. Nach den Erfahrungen von Arbeitslosen-Selbsthilfegruppen hat die allgemeine Hoffnungslosigkeit zur Folge, daß notwendige Besuche, wie die bei Behörden oder beim Arzt, ständig aufgeschoben werden. Es entsteht ein unregelmäßiger Tagesablauf, die Kinder erhalten unregelmäßig ihr Essen und gehen häufig sehr spät ins Bett. Sie sitzen lange vor dem Fernseher oder schauen Videofilme an, weil die Eltern den Überblick über zeitliche Abläufe verlieren.

Übermäßige Fürsorge, die aus Schuld- und Schamgefühl entspringt, wechselt mit Liebesentzug, so daß die Kinder sich nicht mehr an einem eindeutigen Erziehungsverhalten orientieren können. Die Unzufriedenheit beider Ehepartner führt zu vermehrten Streitigkeiten, vor allem über Geld- und Erziehungsangelegenheiten. Wutausbrüche bis hin zu massiven Auseinandersetzungen sind keine Seltenheit. Die Kinder, die Liebe und Anerkennung gerade in dieser Phase dringend benötigen, empfinden den arbeitslosen Elternteil als Versager und Zerstörer der bisherigen Familienidylle.

Ein für die Gesellschaft gravierendes Problem ist die Selbstisolation der Kinder. Sie brechen Kontakte zu Freunden ab, da sie diese nicht mehr mit nach Hause bringen wollen. Für Geburtstagsgeschenke, gemeinsame Unternehmen fehlt das Geld, selbst für nötigste Anschaffungen, zum Beispiel für Schulartikel, Einrichtungsgegenstände oder Bekleidung. Am Monatsende reicht es häufig nicht mehr aus, um genügend Lebensmittel einzukaufen.

Die Kinder sprechen mit einer erschreckenden Selbstverständlichkeit über körperliche Züchtigung, die sie von ihren Eltern erfahren. Kein Wunder, daß körperliche Gewalt auch unter Gleichaltrigen nicht nur zunimmt, sondern auch immer brutaler wird.

In einer Befragung wurde ermittelt, daß vor allem bei Kindern zwischen neun und 15 Jahren sich mit zunehmender Dauer der elterlichen Arbeitslosigkeit Symptome der Entmutigung und Resignation häufen. Aufgezählt werden Gammeln, Antriebslosigkeit, Mutlosigkeit. Die resignierende Haltung zeigte bereits eine andere Studie der Deutschen Hilfe für Kinder von Arbeitslosen:

»Die Resignation der Eltern ist auf die Kinder übergegangen. Das kann bis zu Zukunftsängsten führen. Charakteristisch ist das Erlebnis von Angst vor der Zukunft.« Mit der resignativen Stimmung passen sich die Kinder der Lebenssituation ihrer Eltern an, verlieren sie ihre Kindheit. Gleichzeitig zeigen die Kinder, daß sie die aus der elterlichen Arbeitslosigkeit erwachsenden häufigen Konflikte innerhalb der »Keimzelle Familie« nicht mehr verarbeiten können. Folgerichtig wächst der Prostest: Diebstähle, verstärkter Besuch von Spielhallen, Schuleschwänzen, Schwarzarbeit, Flucht in Drogen. Es entsteht ein Teufelskreis: Die Kinder versagen in der Grundschule, weil sie weder die emotionalen noch die materiellen Voraussetzungen für erfolgreiche schulische Leistungen haben. Aufgrund des Versagens werden sie ausgesondert, das bedeutet einen weiteren Verlust an Selbstwertgefühlen und vermehrte Diskriminicrung. Ohne Hauptschulabschluß sind ihre Arbeitsmarktchancen gleich null, nicht besser sieht es mit einem Ausbildungsplatz aus. Infolgedessen werden die Lebensperspektiven solcher Jugendlicher nicht viel anders aussehen als die ihrer arbeitslosen Eltern.

Je stärker der soziale Druck auf den Eltern lastet, um so ungefilterter wird der Druck an die Kinder weitergegeben. Da wird Kindern die Schädeldecke zertrümmert, Schläge mit der Peitsche oder dem Ledergürtel sind bereits humanere Folgen der Aggressionsentladung. Faustschläge, Fußtritte gegen Bauch und Gesäß, Kinder werden mit dem Kopf gegen Wände und Bettpfosten gestoßen oder auf den Boden und gegen den Ofen geschleudert, die Glieder gebrochen oder verrenkt, an Stuhl oder Bett gefesselt, andere müssen ihren eigenen Kot essen. Kinderschicksale: Der nackte Rücken ist von Striemen gezeichnet, der kleine Körper von Schlägen grün und blau.

Gewalt gegen Kinder scheint zu einem Volkssport zu werden. Allein in München wurden 1994 538 Fälle von schweren Kindesmißhandlungen registriert, eine Zunahme gegenüber dem Vorjahr um 26 Prozent. Um 23 Prozent, von 832 auf 1024, ist die Zahl der Vernachlässigungen angestiegen. Die Leiterin des Allgemeinen Sozialdienstes in München führt das Anwachsen der Gewalt in den Familien auf die Zunahme der Armut und Streßfaktoren zurück.

Rund 400000 Säuglinge, Kleinkinder, Schulkinder und Jugendliche, lauten die Schätzungen des Deutschen Kinderschutzbundes, werden jährlich so brutal geschlagen, daß sie körperliche Folgeschäden davontragen. Und mehr als 100 Kinder sterben Jahr für Jahr an den Folgen der elterlichen Aggressionen.

Ein anderer Fall. Da peitschte ein Mann mit einem Gartenschlauch derart hemmungslos auf seine siebenjährige Tochter ein, daß der Rücken mit blutroten Striemen übersät war. Eigentlich nichts Aufregendes, hätte dieser Fall nicht Rechtsgeschichte gemacht. Im November 1986 entschied der Bundesgerichtshof, daß die Züchtigung mit einem Gegenstand nicht pauschal zu verurteilen sei. In Absatz 2 des entsprechenden Gesetzes heißt es: »Entwürdigende Erziehungsmaßnahmen sind unzulässig.« Doch was »entwürdigend« ist, läßt sich ziemlich weit auslegen: »Eltern haben bei der Erziehung ihrer Kinder eine Befugnis zu maßvoller körperlicher Züchtigung. Allein die Verwendung eines Schlaggegenstandes erfüllt noch nicht das Merkmal der entwürdigenden Erziehungsmaßnahme.«

Gegen Prügeleien wandte sich sogar eine Bonner Regierungskommission, die 1990 zu dem Schluß kam, jegliche Form von Gewalt in der Familie müsse in klarer rechtlicher Weise mißbilligt werden. Auch die Justizminister der Länder hatten sich damals für eine absolut gewaltfreie Erziehung ausgesprochen, so wie es die UN-Kinderkonvention fordert. Aber es regten sich Widerstände. Vom Justizministerium in Bonn kam die Erkenntnis: »Ein Restbestand der Anerkennung körperlicher Züchtigung ist zulässig. Nicht jede körperliche Einwirkung ist entwürdigend, aber das muß die Rechtsprechung klären.«

»Nicht etwa die warnenden Stimmen erfahrener Pädagogen«, monierte die Zeitung *Die Woche*, »und Psychologen werden hierzulande als Orientierungshilfe angehört; nein, Juristen dürfen legitimieren, was in den meisten deutschen Elternköpfen noch ungebrochen ist: daß eine ordentliche Tracht Prügel schließlich noch niemandem geschadet hat.« Da nutzen die vielen Appelle wenig, auch keine Gesetzesvorschläge der Opposition, die die Prügelstrafe verbieten will, was vielleicht nicht viel hilft, aber zumindest ein politisches Signal wäre, um dieser Orgie der Gewalt in der Familie Schranken zu setzen.

Nach einer repräsentativen Umfrage aus dem Jahr 1988 haben zwei Drittel aller befragten Mütter und Väter ihr Kind körperlich bestraft. Es hat sich bis heute wenig geändert.

In den siebziger und achtziger Jahren standen Kindesmißhandlungen einmal auf der politischen Tagesordnung. Seit langem hört man nichts mehr darüber, so als sei es entweder kein Problem mehr, oder, was wohl eher zutrifft, der Abstumpfungsprozeß ist bereits ziemlich weit fortgeschritten. Wenn es hingegen um sexuell mißhandelte Kinder geht, die zudem, wie jüngst in Belgien aufgedeckt, bestialisch ermordet wurden, stoßen die publizistischen Geier auf die schrecklichen Schicksale. Ausnahmsweise reagieren die Politiker sehr schnell und vereinnahmen das Thema so lange, bis wieder der Alltag einkehrt – danach darf wieder in Ruhe mißhandelt werden. Daran hat man sich ja gewöhnt, schließlich leben die Kinder noch.

Vergessen wird, daß diese Kindesmißhandlungen die gesamte Persönlichkeit prägen. Wieviel Haß und Wut sich in der Kinderseele aufbaut, das weiß eine Familientherapeutin aus Frankfurt zu berichten. Zwanzig oder dreißig Jahre später, wenn diese Kinder Eltern geworden sind, geben sie das erfahrene Leid an ihre Kinder weiter.

Es ist eine nicht enden wollende Leidensspirale.

Die in breiten Kreisen der Bevölkerung entstehenden latenten Aggressionen gleichen einer Lawine, die alles mit sich reißt. Zuerst trifft es die Kinder, dann die Frauen, die zunehmend über Mißhandlungen von seiten ihrer frustrierten Männer berichten. Wollen sie flüchten, fehlen ihnen die finanziellen Möglichkeiten, wohin sollen sie überhaupt gehen? In die überfüllten Frauenhäuser, in irgendeine Notunterkunft, wie die junge Frau, die sich mit zwei Kleinkindern in eine städtische Wohnung im bayrischen Schwabach rettete? Abgerissene Tapeten, die Toilette vor der Tür, der einzige Wasseranschluß im Flur. »Wer hier gelandet ist, hat kaum eine Chance, noch irgendwo eine vernünftige Wohnung zu kriegen«, sagt ein Mitarbeiter des Jugendamtes. Und das ist für viele Schicksale noch nicht die Endstation. Früher oder später droht die Einweisung der Kinder in Heime, selbst wenn die Mutter da ist.

Die Aggressionen kumulieren insbesondere bei den Jugendlichen. Die stehen häufig vor dem Nichts, wenn sie die Schule verlassen. Die freie Berufswahl, einst eine der gepriesenen Freiheiten der Marktwirtschaft, ist heute Makulatur. Ihren Fähigkeiten und Möglichkeiten gemäße Berufswünsche sind in das Reich der Träume entrückt, da nur die wenigsten Jugendlichen sie sich erfüllen können. Politik und Wirtschaft sehen in den jungen Menschen nur einen Kostenfaktor. »Früher wußten Unternehmer«, schreibt *Metall*, die Zeitung der IG Metall, »was sie langfristig an gut ausgebildeten Arbeitnehmern hatten. Jetzt sollen die Jugendlichen schon während der Ausbildung Gewinne abwerfen.«

Sie werden schamlos um ihre Zukunft betrogen und nehmen es – bislang zumindest – hin. Im Herbst 1996 waren 117 000 junge Leute ohne Lehrstelle. Zählt man diejenigen rund 80 000 bis 130 000 hinzu, die nach erfolgloser Ausbildungsplatzsuche im

Schulbereich »parken«, oder diejenigen, die kurzfristige Jobs annehmen, sowie die 15 Prozent ohne abgeschlossene Berufsausbildung und die 178 000, die nach der betrieblichen Ausbildung arbeitslos gemeldet sind, so ist, das schätzte die *Süddeutsche Zeitung*, »fast jeder vierte Jugendliche ohne eine Ausbildung, wenn die Dunkelziffer der nicht statistisch registrierten Jugendlichen einbezogen wird«.

Insgesamt geht man davon aus, daß 1,2 Millionen bis 1,5 Millionen junge Menschen sich selbst überlassen sind. Damit wird jeder fünfte Jugendliche zwischen 15 und 25 Jahren zeitweilig oder länger zum gesellschaftspolitischen Schrott gezählt.

Mithin ist es vorgegeben, daß nicht nur in den Großstädten, sondern auch in der ländlichen Abgeschiedenheit gewaltsame Übergriffe gegen »Ausländer« längst zum Alltag gehören. Sie verdeutlichen nicht mehr und nicht weniger als die Kluft, die sich zwischen dem euphemistischen Bild vom »entschlossenen Einsatz« im Kampf gegen den Rechtsextremismus und den bescheidenen Arbeitsbedingungen der Sozialarbeiter in der Jugendhilfe auftut. Denn der Versuch, perspektivlosen, in ihrem Selbstwertgefühl verletzten jungen Menschen Hilfe anzubieten, scheitert an mangelndem Geld und fehlenden Stellen. Der Jugendhilfe, die gerade in diesen Konflikten eingreifen müßte, wird finanziell das Wasser abgegraben.

In einem breiteren gesellschaftlichen Kontext betrachtet, stellt die Gewaltbilanz der letzten Jahre eine doppelte Herausforderung für die Jungendhilfe dar: Unausweichlich wird sie mit der Frage konfrontiert, ob sie für den Umgang mit enttäuschten, haßerfüllten, gewaltbereiten Jugendlichen überhaupt ein Instrumentarium besitzt – und ist dadurch einem verstärkten Legitimationsdruck ausgesetzt. Zugleich gerät sie im Gefolge der Ereignisse von Hoyerswerda, Rostock, Mölln, Solingen und vor dem Hintergrund einer krisenhaften sozialpolitischen Entwicklung unter Handlungsdruck. Ohne über adäquate Mittel zu verfügen, soll sie, so wird erwartet, durch »Erziehung ausgleichen, was mit den Mitteln der Politik nicht in den Griff zu bekommen ist«. (Christian von Wolffersdorff in seinen Notizen zur Lage der Jugendhilfe in den neuen Bundesländern.)

»Willst du unsere Waffen sehen? Baseballschläger, Ninjas, Messer?« fragt ein junger Mann die Reporterin. Und die schreibt dann: »Das Wochenende steht bevor, und es ist Krieg zwischen der Clique aus Griesheim und der aus Nied. Wie lange das schon geht? Niemand weiß es genau.«

Was die Öffentlichkeit hingegen viel stärker empört als der Bandenkrieg in den sozialen Randlagen oder das »Aufklatschen« ausländischer Bürger, ist die steigende Kinder- und Jugendkriminalität. Dabei hat diese Entwicklung nicht erst seit kurzem begonnen, sondern ist eine zumindest seit Mitte der siebziger Jahre zu beobachtende Geschichte. Besorgt hatte man damals von der Wohlstandskriminalität gesprochen, wie der damalige Münchner Polizeipräsident Schreiber: »Unser Unbehagen heißt nicht Armut, sondern Begehrlichkeit. Die Begehrlichkeitskriminalität zielt auf eine ›leichte Eigentumsbildung‹.« Damals bildete sich sogar ein Kuratorium zur Bekämpfung der Wohlstandskriminalität, das nach einem stärkeren Repressionsinstrumentarium gegen Kinder und Jugendliche rief. Es gab aber auch andere Stimmen. Bereits 1977 meinte der seinerzeit amtierende Frankfurter Polizeipräsident: »Die Jugendlichen sind in ihrem Verhalten meist unberechenbar, neigen zu Aggressionen, tendieren zu brutalen Raubüberfällen und machen rücksichtslos von der Schußwaffe Gebrauch.« Auch in den siebziger Jahren waren Alkoholismus, Bandenbildung Folgen der trostlosen Lebenssituation von Kindern und Jugendlichen. Damals, 1977, stellte die Deutsche Richterakademie fest, daß etwa 50 Prozent der Mitglieder jugendlicher Banden keinen Arbeitsplatz haben. Was sich an dieser Entwicklung geändert hat, ist die im Vergleich zu den siebziger Jahren gestiegene Verelendung, die Perspektivlosigkeit und die durchgehende Erfahrung von Kindern und Jugendlichen, daß sie keine Zukunft mehr haben.

Knapp zwanzig Jahre später warnt der Vorsitzende der Deutschen Polizeigewerkschaft, GdP, vor »amerikanischen Verhältnissen, die in Deutschland drohen«. In der *Bild am Sonntag* sagte er, für 1996 sei mit einer Steigerungsrate bei der Kinder- und Jugendkriminalität von mehr als zehn Prozent zu rechnen. »Mehr Gewalt« – »Junge stach Freund tot« – »Wie können Kinder nur so brutal sein«, titeln die Boulevardzeitungen und: »Menschenleben sind ihnen egal.« Zwei Zwölfjährige bedrohen ein gleichaltriges Mädchen mit einem selbstgebastelten Flammenwerfer, um ihr die Jeans abzunehmen. Zwei Elfjährige raufen auf dem Schulhof, bis einer von ihnen ein Messer zieht und seinem Gegner in den Rücken sticht. Achtzig Prozent der Bundesbürger glauben, daß Jugendliche heute gewalttätiger sind als früher, das war das Ergebnis einer Umfrage im Auftrag der *Woche*. Als häufigste Ursache werden Arbeitslosigkeit und Armut genannt. Und die Kriminalstatistik korrespondiert nach Ansicht des Leiters des Kriminologischen Forschungsinstituts Niedersachsen, Christian Pfeiffer, »in frappierender Weise« mit den Daten der Sozialstatistik. Denn: Die »Armutsquote« unter Jugendlichen und Heranwachsenden sei zwischen 1987 und 1993 extrem gestiegen.

In den alten Bundesländern stieg die Zahl der Anzeigen wegen Raubdelikten bei den 14- bis 18jährigen in den vergangenen zehn Jahren um 148 Prozent, die wegen gefährlicher oder schwerer Körperverletzung hat sich statistisch gesehen mit 114 Prozent mehr als verdoppelt. Genauer betrachtet wurden 1984 0,08 Prozent aller 14- bis 18jährigen in Deutschland wegen Raubes angezeigt, 1994 waren es dann 0,21 Prozent – nur 0,14 Prozentpunkte mehr Jugendliche wurden also einer Straftat verdächtigt. Deutlich angestiegen ist dagegen die Zahl der einfachen Diebstähle: Sie ist fünfmal so stark gestiegen wie die der Gewaltdelikte. »Zugenommen haben die Straftaten, die Geld bringen«, versichert Christian Pfeiffer. Der Magdeburger Oberstaatsanwalt Klaus Breyman bestätigt, daß »der Ladendiebstahl, der Einbruch, der miese kleine Jackenräuber Konjunktur haben«. Gestohlen wird demnach häufig aus der Not heraus, um nicht im Abseits zu stehen. »Was fehlt mir, um das Leben zu erreichen, das mir vorschwebt, mir vorgegaukelt wird?« so der Bielefelder Jugendforscher Klaus Hurrelmann.

Was ist zu tun? Die Frage ist falsch gestellt, sagen Sozialpolitiker und Haushaltspolitiker. Es sollten sich Schulen, Polizei, Vereine, Kirchen und Politiker mit den Jugendlichen zusammensetzen und fragen: »Wie kann eine verläßliche Nachbarschaft entstehen, wo einer dem anderen traut? Das ist eine Aufgabe der gesamten Gesellschaft«, gibt der Kriminologe Pfeiffer zu bedenken.

Haushalts- und Ordnungspolitiker schielen vielleicht eher in die USA. Dort versucht die Regierung der Jugendkriminalität mit einem Drillprogramm Herr zu werden. Fast 30000 Schüler haben 1995 an den Kursen der Armee teilgenommen. Lernziele: Exerzieren, Militärgeschichte und Schießen. Die Verrohung des Individuums hat beim letzten Modell den Sieg davongetragen, und sie ist außerdem billig. Das vom Kriminologen Pfeiffer vorgeschlagene Modell verlangt hohe Sozialinvestitionen, die derzeit nicht finanzierbar sind. So wird wohl eine andere Form der Verrohung der Gesellschaft drohen, deren Gefahren für die zivile Demokratie bislang nicht einmal ansatzweise begriffen wurde. Begriffen wurde jedoch eines: Die Jugendlichen wenden sich von der Politik ab, sie haben das Interesse, sich am sozialen und politischen Leben zu beteiligen, verloren. Also verbleiben die Reichen weiter an den Schalthebeln der Macht.

... und die Alten

Zu Beginn der Ferienzeiten, verstärkt vor Weihnachten, ist in vielen deutschen Krankenhäusern ein Phänomen zu beobachten. Es werden erstaunlich viele Senioren eingeliefert, nicht weil sie krank sind, vielmehr haben die Kinder der Alten den Krankenwagen gerufen, weil sie Weihnachten ohne die gebrechlichen Eltern feiern wollen.

Alle Jahre wieder bitten viele deutsche Tageszeitungen um Spenden für die armen Alten, um Holz, um warme Socken, vielleicht um einen gebrauchten Fernseher. Alle Jahre wieder geraten einige der allerärmsten alten Menschen in den Genuß öffentlicher Mildtätigkeit. Die Wohlfahrtsverbände helfen bei der Suche nach denjenigen, die in zugigen Dachkammern hausen, und die Suche ist nicht besonders schwer. Zyniker meinen, die Alten hätten darunter zu leiden, daß sie überhaupt noch am Leben sind. Ein merkwürdiges Phänomen ist es schon. Weder spricht man in der Öffentlichkeit von der Armut der Kinder noch von jener der Alten; die Schwächsten der Gesellschaft werden gern totgeschwiegen. Das Elend im Alter ist für viele Menschen nichts anderes als der logische Abschluß ihres bisherigen Lebens.

Besonders von Armut betroffen sind zweifellos ältere Menschen und unter ihnen wiederum die Frauen. Die mangelnde Altersversorgung wird durch die bestehende Form der Hinterbliebenenrente, durch die geringe Bemessungsgrundlage der Rente als Folge vorhergegangener Lohndiskriminierung oder Ausfallzeiten durch die Kindererziehung forciert. Eine Altersstudie aus Nordrhein-Westfalen wirft ein erschreckendes Licht auf die Situation alter Frauen. Im bevölkerungsreichsten Bundesland gibt es über 400000 Rentner über 55 Jahre mit einem Einkommen, das unter 1000 Mark liegt. Davon sind 300000 Frauen.

Die *Frankfurter Allgemeine Zeitung* vertritt hingegen die Ansicht, man solle das »sozialpolitische Gewicht der Altersarmut nicht überzeichnen«. Zur Begründung führt sie an, daß die Anzahl der Sozialhilfeempfänger von 1980 bis 1989 auf 1,7 Millionen Personen sich nahezu verdoppelt habe, die Zahl der 65jährigen und älteren Sozialhilfeempfänger dagegen von über 140 000 im Jahr 1980 auf knapp 117 000 im Jahr 1989 zurückgegangen sei. Der Schluß liegt auf der Hand: »Die Altersarmut ist ein ständig zurückgehendes Problem.« Es ist ein Scheinargument, zumal bekannt ist, daß die wenigsten Alten, die Hilfe bitter nötig hätten, diese in Anspruch nehmen.

In Ostdeutschland stellt sich die Situation so dar: Professor Günter Manz vom Sozialwissenschaftlichen Forschungszentrum Berlin-Brandenburg hat in einer Studie über die Armut in Ostdeutschland herausgefunden: »Derzeit sind 50 Prozent der Altersrentner wegen ausstehender Tariferhöhungen mit wachsender Tendenz als arm anzusehen.« Unter marktwirtschaftlichen Bedingungen seien Altersrentner besonders armutsanfällig. Laut Manz bleibt für viele der zwei Millionen Ostrentner trotz steigender Renten die Armut bestehen, weil die Lebenshaltung schneller steigt als der nominelle Rentenanstieg.

Es sind die alten Menschen, die sich aus ihren Wohnungen schleichen und die Armenküchen der Stadt aufsuchen, um hier billig oder überhaupt etwas zu essen. Sie fügen sich in ihr Schicksal: »Was kann man noch groß für Ansprüche stellen« oder »Ich bin 80 Jahre, da ißt man weniger. Not leide ich nicht, wenn man sich einrichtet.« Alte Arbeitnehmer, die ihr Leben lang geschuftet haben, sie haben sich eingerichtet, es gelernt, mit der Bedürfnislosigkeit zu leben. Und nur die wenigsten nehmen Sozialhilfe in Anspruch. Eingeschüchtert sitzen sie auf den Bänken vor den Büroräumen der Sozialstationen, barsch werden sie aufgerufen, abgefragt. Viele andere wissen nicht, daß sie einen Rechtsanspruch auf Sozialhilfe haben und nicht auf die Gnade und Laune der Bürokraten angewiesen sind. Was sie erwarten, ist irgend etwas, um überleben zu können. Es ist kein Luxus: einen Zuschuß für die Heizung, Kleidungsstücke und Lebensmittel. Die Brosamen, die man ihnen übriggelassen hat, möchten sie nicht auch noch verlieren.

Aber nicht nur alte Arbeiter und Angestellte müssen hungern.

Im Alter verelenden immer mehr Menschen, die sich nicht genügend Geld zurücklegen konnten. Es sind die kleinen Unternehmer, die Handwerker, die es versäumt haben, sich entsprechend abzusichern. Meist waren ihre Einnahmen so gering, daß sie in Zeiten, als es ihnen relativ gutging, nichts sparen konnten oder wollten. Jetzt schildern die Zeitungen manchmal, insbesondere um die Weihnachtszeit, solche Schicksale in der Hoffnung auf eine milde Gabe – ein entwürdigender Abschluß für ein arbeitsreiches Leben.

Fazit: »Die aus dem Erwerbsleben ausgeschiedenen Menschen, wie chronisch Kranke, Behinderte oder Rentner, aber teilweise auch ältere Arbeitslose interpretieren ihre aktuelle gesellschaftliche Situation als einen irreversiblen Sozialabstieg, den sie nicht selbst verschuldet haben«, schreibt Walter Hanesch in seinem ersten gesamtdeutschen Armutsbericht. Einschneidend werden demnach gerade die soziale Ausgrenzung und die für die Älteren spürbaren Defizite in der sozialen Infrastruktur wahrgenommen.

Damit nicht genug. Jetzt gerät selbst die teilweise magere Versorgung im Alter in Gefahr, ausgehebelt zu werden. Die Rentenversicherung, zu Recht gerühmtes Paradestück deutscher Sozialpolitik, scheint nicht mehr finanzierbar zu sein. Zumindest hat das die Versicherungswirtschaft entdeckt. Mit großen Werbeaktionen propagieren die privaten Versicherungsunternehmen das Ende des Generationenvertrags, malen schreckliche Bilder der Armut im Alter an die Wand, wenn nicht die private Lebensversicherung abhilft. Ohne den Abschluß einer privaten Altersversorgung sei die materielle Versorgung nicht mehr gesichert, wird seit geraumer Zeit in aufwendigen Anzeigen verkündet. So kann man Angst schüren, um ein neues Marktsegment aufzubauen.

An Jonathan Swifts berühmtes Pamphlet (»Bescheidener Vorschlag, wie man verhindern könnte, daß die Kinder der Armen ihren Eltern zur Last fallen, und wie man sie dem Gemeinwohl nutzbar machen könnte«) erinnern die Sätze von Klemens Kappel, einem dänischen Bio-Ethiker von der Universität

Kopenhagen, und von Peter Sandoe, dem Vorsitzenden der dänischen Tierethik-Kommission:

»Nach unserer Auffassung scheint es ganz natürlich zu sagen, daß die Organe lebendiger Personen lebenswichtige Gesundheitsressourcen sind, die wie alle anderen lebenswichtigen Ressourcen gerecht verteilt werden müssen. Wir können uns daher gezwungen sehen, darauf zu bestehen, daß alte Menschen getötet werden, damit ihre Organe an jüngere, kritisch kranke Personen umverteilt werden können, die ohne diese Organe bald sterben müßten. Schließlich benutzen die alten Menschen lebenswichtige Ressourcen auf Kosten von bedürftigen jüngeren Menschen.«

Am Ende nur Fatalismus?

Es ist schon erstaunlich, daß die Proteste gegen die Verantwortlichen einer unsozialen und damit undemokratischen Politik, die durch Nichtwählen deutlich gemacht werden, daß dieses Potential der Ohnmächtigen verloren gegeben wird. Sie wählen nicht mehr und verweigern sich der Gestaltung der Zukunft, in der Begriffe wie Solidarität und Gemeinsinn zu hohlen Phrasen verkommen sind. Manchmal kümmern sich natürlich die Politiker um die Belange der Armen. Da haben bei den letzen Bundestagswahlen die Sozialdemokraten die Obdachlosen aufgefordert, ihr Wahlrecht wahrzunehmen. Es war zweifellos eine nette Geste. »Doch daß die Botschaft ihre Adressaten erreicht, ist eher unwahrscheinlich«, schreibt Thomas Kröter im Berliner *Tagesspiegel* etwas süffisant. Insbesondere angesichts des geringen Verbreitungsgrades von parteipolitischen Pressemitteilungen auf Parkbänken, in U-Bahnhöfen oder B-Ebenen der Großstädte. Die Prospekte reichen nicht einmal aus, um die Schlafplätze der Wohnungslosen auf dem Boden wenigstens gegen Nässe und Kälte abzusichern. Nun sind die Obdachlosen nicht unbedingt eine entscheidende Wahlklientel. Was das Beispiel aber deutlich macht, ist, daß jene nicht mehr wählen, die von der Politik nichts zu erwarten haben. Am wenigsten von der FDP. Deren Hamburger Vorsitzender Hans-Joachim Widmann will, daß die Bettler auf den Straßen, meist sind es die Obdachlosen, ihre erbettelten Groschen versteuern. »Ich bin dafür, daß die Polizei von den Bettlern die Personalien feststellt und ihnen umgehend ein Steuerbescheid über die hochgerechneten Einkünfte aus Bettelei zugestellt wird.«

Es wäre noch viel zu berichten – über die Existenznöte ausländischer Familien oder die der bäuerlichen Familien –, doch irgendwie wären es nur voyeuristische Fortschreibungen dessen, was bereits ausführlich dargestellt wurde. Man ist daher versucht, diesen Absturz in die Armut, der so viele treffen kann, diese sozialen und gesellschaftlichen Mißstände, als fatales Schicksal hinzunehmen. Die Strategie von Unternehmerseite, eine Schwächung der Solidargemeinschaft Gewerkschaften (Vorbild: USA, Großbritannien, Japan) zu erreichen, beleuchtet, mit welchen sozialen Konflikten früher oder später in Deutschland zu rechnen sein wird. Daher die süffisanten Reden von der Verpflichtung, daß die deutschen Arbeitnehmer mehr arbeiten müssen, dabei nicht vergessen sollen, den Gürtel enger zu schnallen, und ihre Ansprüche zurückschrauben müssen. Derartige Forderungen verfolgen ein Ziel: die Besitzstände der Vermögenden abzusichern. Dabei ist der inzwischen von vielen Menschen registrierte gesellschaftliche Umbruch so neu nicht. Er wurde bereits in den siebziger Jahren von den Wissenschaftlern Fröbel, Heinrichs und Kreye beschrieben »als die neue internationale Arbeitsteilung«. Das meint die Beziehung zwischen struktureller Massenarbeitslosigkeit in den hochindustrialisierten Ländern und der Industrialisierung der Entwicklungsländer. »Während die Industrieländer mit einer hohen Arbeitslosigkeit, Produktionsrückgängen, Überkapazitäten, Kurzarbeit und sozialem Elend konfrontiert werden, unternimmt das heimische Kapital durch expandierende Auslandsinvestitionen in der Dritten Welt erfolgreich den Versuch, die Verluste wieder wettzumachen.« Im Prinzip ist die heutige Entwicklung also lediglich eine schnellere Fortschreibung dessen, was seit langem zu beobachten ist.

Wie läßt sich dieser Absturz, die soziale Krise mitsamt dem Fetisch Globalisierung im Interesse der Menschen verhindern? Von Einzelmaßnahmen bis hin zu einem politischen Maßnahmenkatalog liegt vieles vor. Da wird, innerhalb des Systems, die soziale Grundsicherung von allen Parteien diskutiert. Sie soll allen Menschen das zum Leben in der Gesellschaft notwendige Minimum an Gütern und Dienstleistungen sichern. Mit der Einführung einer soliden Grundsicherung müßten aber zugleich beschäftigungspolitische Maßnahmen umgesetzt werden, damit durch das sozialstaatlich garantierte Grundeinkommen nicht Ausgrenzungen auf dem Arbeitsmarkt verfestigt werden. So kann durch den Ausbau von Beschäftigungsmöglichkeiten staatliche Wirtschaftspolitik ihren Beitrag leisten, damit diejenigen, die ein Einkommen aus geregelter Arbeit suchen, auf dem Arbeitsmarkt ihre Chancen erhalten. Menschen werden dadurch ermutigt, ihre Arbeitskraft in einer anderen Weise als durch den Verkauf gegen Lohn- oder Gehaltseinkommen zu nutzen. Gleichzeitig werden die Arbeitsmärkte entlastet, ohne daß die Betroffenen jedoch, im Unterschied zur strukturellen Arbeitslosigkeit, vom Arbeitsmarkt verbannt werden.»Denn ein Grundeinkommen«, so Matthias Möring-Hesse vom Oswald vom Nell-Breuning-Institut für Wirtschafts- und Gesellschaftskritik, »erlaubt ihnen bei einer entsprechenden Gleichverteilung des gesellschaftlichen Erwerbsvolumens ihren freiwilligen Verzicht auf Erwerbsarbeit jederzeit rückgängig zu machen und damit in selbstbestimmter Weise zwischen Erwerbsarbeit und anderen Tätigkeiten zu rotieren.«

Auch von den Grünen/Bündnis 90 und der PDS kommen inzwischen Vorschläge zur Ausgestaltung der sozialen Grundsicherung. Die Kernpunkte sind bei beiden Parteien die gleichen: Grundsicherung soll die Sozialhilfe ersetzen, genauer gesagt, die »laufende Hilfe zum Lebensunterhalt«. Anspruch auf Grundsicherung hat jede Person, die über kein ausreichendes Einkommen oder Vermögen verfügt, wobei die Grundsicherung deutlich über dem Niveau des jetzigen Sozialhilfe-Regelsatzes liegen muß.

Als Richtschnur gilt die von der Europäischen Union verwendete Armutsgrenze, die bei 50 Prozent des durchschnittlichen Nettoeinkommens liegt. Das wären in Deutschland gegenwärtig zirka 1250 Mark pro Person. Dazu käme die volle Übernahme der Mietbelastungen. Wer Rente, Arbeitslosengeld oder -hilfe bezieht und damit unterhalb des Grundsicherungsniveaus liegt, der bekäme den entsprechenden Differenzbetrag von der Rentenversicherung beziehungsweise der Bundesanstalt für Arbeit ausgezahlt. Aber eine zukunftsfähige soziale Grundsicherung kann sich nicht darin erschöpfen, von Armut betroffene Menschen zu alimentieren. Es müssen Mittel bereitgestellt werden, die es den Menschen ermöglichen, am kulturellen und sozialen Alltag teilnehmen zu können. Schließlich müssen alle Personen mit legalem Aufenthaltsstatus diesen Zugang zur Grundsicherung haben.

Beschäftigungsaufbau und Selbsthilfetätigkeit dürfen nicht bestraft, sondern müssen gefördert werden. »Einzige Auflage«, so Dorothee Winden in der *Tageszeitung*, »für den Bezug von Grundsicherung ist die Verfügbarkeit auf dem Arbeitsmarkt – soweit nicht Erwerbsunfähigkeit oder Alter dagegen sprechen.« Dies ist auch bei den Grünen nicht mehr umstritten. Sie verknüpfen die Grundsicherung zudem mit der Arbeitsmarktpolitik: Sie kann in arbeitsmarktpolitische Initiativen eingebracht werden und soll soziale und ökologisch nützliche Arbeit außerhalb des Erwerbssektors absichern. Die Sozialdemokraten fordern ebenfalls eine soziale Grundsicherung, die bei ihnen jedoch stufenweise einzuführen wäre, nämlich zuerst für ältere Menschen und für Arbeitslose. Die Grundsicherung würde unabhängig vom Versicherungsstatus des Bedürftigen gezahlt und 31 Prozent des durchschnittlichen Nettolohnes betragen. Alleinstehende und Familien mit Kindern bekämen Zuschläge, gezahlt würden auch die Wohnungskosten.

Aber wie das alles finanzieren? Die Grünen wollen die Grundsicherung durch eine Erhöhung der Grundsteuer und der Erbschaftssteuer, also zu »Lasten der Vermögenden«. Die PDS will die Hälfte der Summe (155 Milliarden Mark schätzt sie die Kosten) durch intensive Bekämpfung der Steuerhinterziehung und Wirtschaftskriminalität aufbringen. Und deren Schaden wird auf mindestens 250 Milliarden Mark pro Jahr geschätzt. Billiger ist das Modell der SPD. Die Einführung der sozialen Grundsicherung für Rentner und Invaliden würde rund vier Milliarden Mark kosten, kämen die Arbeitslosen hinzu, wären das weitere zehn Milliarden Mark. Finanziert werden soll es bei der SPD durch Kürzungen bei Subventionen.

»Bürgergeld« heißt die Grundsicherung bei CDU und FDP. Die CDU will das Bürgergeld aufkommensneutral gestalten. Der Haken besteht darin, daß die Schwelle, ab der das Bürgergeld ausgezahlt wird, von der Regierung festgelegt wird und damit je nach Kassenlage variabel ist. Bei leeren Kassen also kein Bürgergeld. Und die CDU hofft mit dem Bürgergeld zugleich Druck auf Niedriglöhne ausüben zu können. »Ein durch das Negativsteuer-Konzept gewährleistetes Existenzminimum erhöht die Chancen der Tarifpolitik zur Flexibilität auch für Personen, die weniger leistungsfähig und produktiv sind«, heißt es in einem Papier der Christlich-Demokratischen Arbeitnehmer (CDA). Auch die FDP hat ihr Modell. Sie möchte die beitragsfinanzierten Versicherungsleistungen, wie Renten-, Kranken- und Arbeitslosenversicherung in das Bürgergeld einbeziehen. Ihr Ziel ist es, mittelfristig die gesetzlichen Pflichtversicherungen auf eine Grundsicherung herunterzufahren, auf der eine leistungsorientierte private Versicherung aufbaut, die dann erst den Zugang zu kostenintensiver Gesundheitsversorgung erlaubt. Dahinter steckt nicht mehr und nicht weniger als »die Zerschlagung des Sozialversicherungssystems«, kritisiert die Christlich-Demokratische Arbeitnehmerschaft.

Kritik an diesem Modell äußern unter anderem Arbeitsloseninitiativen. »Zum Bürgergeld der FDP gehört wie die Pelle zur Wurst das Bild einer zunehmenden Zahl von Fußkranken und Lahmen, die die leistungsorientierte High-Tech-Gesellschaft ausspuckt und deren Lebensenergie für good-jobs nicht mehr taugt, aber für die bad-jobs im Haushalt, im Dienstleistungssektor oder bei der Privatisierung durchaus noch produktiv zu mobilisieren sei. Für den nicht ausreichend qualifizierten, für den die notwendigen Fähigkeiten nicht besitzenden und für den nicht ausreichend belastbaren Menschen macht das Bürgergeld eine schlichte Rechnung auf. Entweder läßt er sich durch das niedrige Bürgergeld zur Erwerbsarbeit anreizen und erwirbt sich durch den Nachweis seiner Nützlichkeit die Protektion des leistungsfähigen Steuerzahlers, oder aber er wird zum Unbrauchbaren, Belastenden – und die soziale Brutalität des wirtschaftsliberalistischen Leistungsträgers läßt sich nicht mehr in zivilen Bahnen zügeln.« (Verband der Arbeitsloseninitiativen)

Doch ist mit diesen punktuellen Maßnahmen die radikale Veränderung der Gesellschaft unter dem Diktat der Globalisierung aufzuhalten, zumal die Frage der Finanzierung der Grundsicherung so lange nicht geklärt ist, wie das herrschende Steuersystem die Besitzenden hegt und pflegt?

Als Alternativen zu dem glamourösen Triumphmarsch des Kapitals stehen weder ein attraktives politisches Modell, ja nicht einmal eine verständliche gesellschaftliche Utopie zur Debatte. Fast jeder arrangiert sich mit diesem System, das ja immerhin der Hälfte der Bevölkerung auch in Zukunft materiellen Wohlstand bescheren wird. Die sozialen und politischen Verwerfungen dieser Entwicklung müßten jedoch jedem auffallen.

Plädoyer für einen neuen Gesellschaftsvertrag

Um was geht es bei politischen und wirtschaftlichen Lösungen angesichts der sozialen Krise? Es geht heute darum, den sozialen und demokratischen Standard nicht ab-, sondern weiter auszubauen. Denn es steht wohl für jeden fest, daß bürgerliche Grundrechte nicht nur durch die politische Macht der Privilegierten begrenzt werden, sondern auch »durch wirtschaftliche Schwäche vieler, denen sie durch Gesetz und Verfassung versprochen werden«, so der liberale Soziologe Ralf Dahrendorf. Und Michael Schneider stellt in der Zeitschrift *Freitag* die Frage: »Wie können wir die Grundwerte der Demokratie noch verteidigen, wenn die Ökonomie dabei ist, die Demokratie aufzufressen?«

In ihrem Manifest »Solidarität am Standort Deutschland« warnen 135 Sozialwissenschaftler: »Mit der wachsenden gesellschaftlichen Spaltung besteht zunehmend die Gefahr, daß die Bundesrepublik ihren demokratischen Standard verliert und in ihrer zivilen Entwicklung blockiert wird.«

Derweil regt sich allenfalls Widerstand auf individueller Ebene. Religiöse und politische Sekten sprießen aus dem fruchtbaren Boden der gesellschaftlichen Unzufriedenheit. Entweder findet man das Heil der Welt irgendwo im Universum oder auf der Mutter Erde, bei der von Menschenhand geknüppelten Pflanzen- und Tierwelt. Jeder hat seine absolute Ausschließlichkeit für die Strategien der minimalen Lebensbewältigung gefunden. Das ehrt vielleicht das Subjekt, fördert jedoch nicht unbedingt eine politische demokratische Alternative zu den gegebenen Zuständen. Das gilt auch für die zumindest in Europa erkennbaren rechtsextremen Heilsbringer. Vielleicht ist es nur eine Frage der Zeit, bis sie in Deutschland wieder nachhaltigen Erfolg mit ihren gefährlichen Heilsbotschaften einsammeln.

»Es ist doch eine Bankrotterklärung einer Gesellschaftsordnung, in der die Fähigkeit, immer größere Werte in immer kür-

zerer Zeit zu produzieren, nicht zu wachsendem gesellschaftlichen Reichtum und der Entfaltung menschlicher Persönlichkeit, sondern zu massenhafter Arbeitslosigkeit, menschlicher
Entwurzelung und sich ausdehnender Armut führt«, schreiben
kritische Wirtschaftswissenschaftler vom Verein Sozialökologi-
sche Wirtschaftsforschung in München. Nicht nur ihnen ist klar,
daß das neoliberalistische System für keines der sozialen und
ökologischen Probleme einen Lösungsansatz bietet. Es muß also
ersetzt werden. Der Markt müsse demnach sozial und politisch
reguliert werden, um die Entwertung von Arbeit und Natur zu
verhindern. »Dazu gehört zum Beispiel die Kontrolle der wirtschaftlichen Macht der Banken und des international vagabundierenden unproduktiven Geldkapitals. Eine Umsatzsteuer
auf die größtenteils spekulativen Geld- und Finanztransfers an
den Finanzmärkten würde Milliarden in die Staatskassen
schwemmen und zudem die Spekulation wirksam eindämmen.«
    Derartig Ungebührliches zu fordern kann in München übri-
gens schnell das Finanzamt auf den Plan rufen. Das sah sich
bemüßigt, im Oktober 1995 dem Verein der kritischen Wirtschaftswissenschaftler die Gemeinnützigkeit abzuerkennen. Der
Grund: Die Ausarbeitung und Verbreitung antikapitalistischer
Wirtschaftsanalysen stellten eine Beeinflussung der politischen
Meinung dar. »Die Förderung politischer Zwecke gehört jedoch
nicht zu den gemeinnützigen Zwecken, und der Verein kann deshalb auch nicht als gemeinnützig anerkannt werden.«
    Was hat der Verein gefordert? Jede soziale und ökonomische
Reformpolitik muß scheitern, wenn sie sich nicht eine demokratische Kontrolle des Finanzkapitals (Banken, Versicherungen,
Investmentfonds) zum Ziel setzt und letztlich auch durchficht.
»Wenn sie [die Reformpolitik] nicht eine weitere Akkumulation
von Geldkapital in den Händen weniger stoppt und durch massive Besteuerung des Top Segments der Geldvermögensbesitzer
(jene 10 Prozent, die über mehr als die Hälfte des Geldvermö-
gens herrschen) eine Umverteilung von oben nach unten durch-
setzt«, scheitert jede Reformpolitik. Aber nur dadurch ist zu
erreichen, daß Geld für private und öffentliche Nachfrage mobi-
lisiert wird. »Nur dadurch ist zu verhindern, daß immer größere

Eigentumsansprüche der Geldkapitalisten auf das künftige Sozialprodukt Platz greifen und die güterwirtschaftliche Produktion immer mehr ersticken.« (lsw – sozial-ökologische Wirtschaftsforschung München e. V.)

Diese Einsicht deckt sich mit der vieler kritischer Gewerkschafter und Politiker, ob von den Grünen oder der SPD. In der Frankfurter Erklärung gegen kriminelles Wirtschaften, die von Gewerkschaftern, wie dem DGB Hessen, Wirtschaftswissenschaftlern und Kriminologen Ende Oktober 1996 veröffentlicht wurde, heißt es:»Im Gegensatz zur herrschenden Politik neoliberaler Deregulierung, die das Kapital von allen gesellschaftlichen Zwängen zur sozialen, ökologischen und demokratischen Rücksichtnahme entbinden soll, ist die Regulierung ökonomischer Prozesse notwendig. Umgehend könnten beispielsweise die Gewerbeaufsicht genauso verbessert werden wie die Betriebs- und Steuerprüfung. Notwendig ist vor allem die Demokratisierung der Betriebe und die Ausweitung der überbetrieblichen Mitbestimmung, an der neben Gewerkschaftsvertretern auch Repräsentanten der lokalen Behörden und Vertreter von Bürgerinitiativen beteiligt sind. Dadurch wird die Wahrscheinlichkeit erhöht, daß Unternehmen den Bruch von Gesetzen nicht mehr bei ihren Investitionsentscheidungen einkalkulieren können.«

Darüber hinaus wird gefordert, daß mehr Möglichkeiten demokratischer Einflußnahme der Gesellschaft auf Unternehmensentscheidungen mit dem Ziel betrieben werden, daß die Kapitalanlage und Kapitalverwertung in gesellschaftlich nützlichen, sozial und ökonomisch verantwortbaren Bereichen stattfindet.

Der Ausweg, so sehen es immer mehr Bürger, kann nur in einer Konzentration der ökonomischen Kräfte auf soziale und ökologischen Ziele liegen. Das gilt auch für die gesellschaftliche Bewertung von Sozialleistungen.»Sie dürfen im öffentlichen Bewußtsein nicht länger die Rolle des schädlichen Kostenverursachers spielen«, meint Charles Pauli, »sondern müssen als wesentlicher Bestandteil einer zukunftsorientierten Gesellschaft und eines zukunftsorientierten Dienstleistungssektors verstanden werden.«

Was hinter allen diesen Forderungen steht, die bislang keine politische Mehrheit gefunden haben, ist die Notwendigkeit, mit der Logik vom »Weltmarkt« zu brechen und sich dem marktfundamentalistischen Dogma entgegenzustellen, nämlich der Demontage des Sozialstaats.

Das »Diktat des Weltmarkts« droht zur technokratischen Diktatur über die Menschen zu führen. Ein führender Manager eines bedeutenden deutschen Elektrokonzerns brachte es auf einer Betriebsversammlung einmal so zum Ausdruck. »Was wir uns an Arbeitszeit, an Löhnen, an Sozialleistungen noch leisten können, das entscheidet der Weltmarkt.« Das heißt, das Recht auf menschenwürdige Existenz, auf soziale Sicherheit, Menschenwürde, das Recht auf Frieden und intakte Umwelt wird bewußtem menschlichem Handeln entzogen und dem Spiel des Weltmarktes überlassen. Diese Logik bedeutet die totale Unterordnung der menschlichen Gesellschaft unter die Marktlogik. Was da auf der Bühne des vielgepriesenen Weltmarktes verklärt aufgeführt wird, beruht in Wahrheit auf dem bewußten Handeln wirtschaftlicher Mächte und resultiert aus den Macht- und Profitinteressen der multinationalen Unternehmenseinheiten. Die Akkumulation des Kapitals, das Wachsen und Gedeihen multinationaler Konzerne hat anscheinend Vorrang vor dem sozialen und kulturellen Überleben der Menschen und der Natur. »Unter dem Deckmantel der Freiheit des Marktes vollzieht sich eine noch nie dagewesene Konzentration von Kapital, Technologie und Machtkontrolle«, heißt es in einem Positionspapier der katholischen Friedensbewegung Pax Christi. Die Folgerung: Gerechtigkeit kann nicht dem Markt überlassen werden, sondern muß politisch erkämpft und durchgesetzt werden. »Gefordert sind andere politische und wirtschaftliche Weichenstellungen sowie nationale und internationale Regelungen, nach denen wirtschaftliche Macht demokratisch kontrolliert und begrenzt werden kann.«

National ist das kaum lösbar, obwohl entsprechende politische Impulse auch von Deutschland ausgehen könnten. Europa könnte dabei aber ein Gegengewicht zur Globalisierung bilden, mit dem Vorbild der Sozialstandards, die nicht abgebaut, son-

271

dern weiter aufgebaut und gesichert werden. Warum keine entsprechende europäische Sozialcharta, die die Rahmenbedingungen des Kapitals kontrolliert und die sozialen Netze weiter ausbaut, die sich nicht an dem amerikanischen Modell orientiert? Bekanntlich ist es häufig nur eine Ausrede, daß man sich der Globalisierung ohnmächtig ergeben muß, weil man den Sozialstaat als negativen Standortfaktor annimmt, wobei genau des Gegenteil der Fall ist.

Dabei spielen in Zukunft die Gewerkschaften eine bedeutende Rolle. Auf sie als eine der wenig übriggebliebenen Solidargemeinschaften kommen wesentliche Aufgaben zu, die über die Tarifpolitik und Absicherung der Rechte der Arbeitnehmer hinausgehen. Die Gewerkschaft braucht, fordert Oscar Negt, ein zweites Standbein. »Denn ein wachsender Teil von Interessen und Erwartungen, die mit Gewerkschaften verknüpft sind, sind mittlerweile außerbetrieblichen Ursprungs: Erwartungen an das Schul- und Erziehungssystem, die zentrale Lebenszusammenhänge betreffen, Probleme der sozialen Solidarität, Lösungsvorschläge für ökologische Fragen und schließlich die Situation der Bürger- und Menschenrechte.« Von den mehr oder minder globalen Barrieren gegen das Diktat der Globalisierung mit seinen verheerenden Folgen für die Menschen abgesehen, gibt es demnach auch innerhalb des derzeitigen politischen Systems Möglichkeiten der Veränderung im Sinne der Mehrzahl der Bevölkerung.

»Es geht darum, den Entwurf einer neuen Wirtschaftsordnung zu formulieren und diesen gegen den Widerstand derjenigen, die am heutigen System ohne Rücksicht auf Verluste satt verdienen, politisch voranzubringen und gesetzlich umzusetzen«, fordert der Bremer Wirtschaftswissenschaftler Klaus Haefner. Er bezieht sich unter anderem auf den Artikel 14 des Grundgesetzes, wonach Eigentum verpflichtet. »Dieses Ziel muß dazu führen, daß das reichlich vorhandene Sach- und Geldvermögen, von dem sich heute ein großer Teil in der Hand weniger befindet, im Rahmen einer Neuen Wirtschaftsordnung einen deutlichen Beitrag für das Gemeinwohl aller liefert. Das bedeutet für die Neue Wirtschaftsordnung explizit eine Abkehr von einem nur an

Kapitalrendite und Kapitalakkumulation orientierten Spätkapitalismus.«

Es sind viele Schritte, die zu gehen wären, wenn sie denn politisch gewollt wären. Das gilt auch für folgenden Vorschlag:»Um in Deutschland in dieser Zeit ausreichend Arbeitsplätze zu schaffen, müssen die privaten und öffentlichen Investitionen zunehmen«, fordert Hans Matthöfer.»Amerikanische und andere Untersuchungen zeigen nämlich eine eindeutig positive Beziehung zwischen öffentlichen und privaten Investitionen. Es ist falsch, in einer wirtschaftlichen Lage, in der durch die vorhergehende Umverteilung von unten nach oben die Nachfrage, die Beschäftigung und damit das Steueraufkommen sinken, in den öffentlichen Haushalten die Ausgaben für Investitionen zu kürzen.«

Die Verminderung der öffentlichen Investitionen ist nach der Umverteilung von unten nach oben der zweite wichtige Grund für die wirschaftlichen und sozialen Probleme nicht nur in Deutschland. Selbstverständlich ist es leichter, bei den Investitionen in der öffentlichen Infrastruktur (Bildungs- und Forschungsaufgaben, Innovations- und Technikförderung, berufliche Aus-, Fort- und Weiterbildung, Wohnungs- und Städtebau, Schulen, Jugendzentren, im Gesundheitswesen, öffentlichen Verkehrsmitteln, Kindergärten, Altenheimen) zu sparen, weil die nachteiligen Auswirkungen einer solchen Politik nicht sofort, sondern nur sehr langsam und mit starker Verzögerung erkennbar werden. Es ist deshalb leichter, weil die alternativen Konzepte derzeit politisch nicht durchzusetzen sind.

Außerdem könnten für Millionen ausgegrenzter Menschen Selbsthilfe und Kooperation notwendig fürs Überleben werden. Da gibt es zunehmend Ideen, vom Car-sharing bis zum Tauschhandel, Genossenschaftsbanken, die traditionellen Formen genossenschaftlichen Wirtschaftens, Konsumgenossenschaften, Wohnungsgenossenschaften und andere Formen genossenschaftlicher Produktionsgesellschaften, bis hin zu entsprechenden Banken. Alles setzt natürlich die Gemeinschaftsfähigkeit der Menschen voraus – und diese Fähigkeit ist vielen ausgetrieben worden. Konkurrenzneid, Machtgelüste, Egoismus – sie ha-

273

ben die Wirtschafts- und Lebensordnung geprägt, und das ist nicht ohne Folgen für die Individuen geblieben.

Es ist ein Weg, genau wie der, eine Vernetzung der kritischen Bewegungen mit ihren alternativ-gesellschaftlichen Ansätzen anzupeilen.

Es entwickeln sich innerhalb des derzeitigen politisch gewählten Systems eine Vielzahl von einzelnen Lösungsmöglichkeiten. Doch noch werden sie allenfalls in kleinen politischen Zirkeln diskutiert, ohne daß sie offensiv politisch plakatiert werden. Dabei geht es um die Zukunft des Sozialstaates. »Es geht um die Entscheidung, welches gesellschaftliche Leitbild Anerkennung und Mehrheiten findet. Im Grundsatz stellt sich die Alternative zwischen dem liberalen Konkurrenzmodell und seinem Prinzip der Durchökonomisierung aller Lebensbereiche und dem Modell einer Gesellschaft, die an der Idee von Chancengleichheit, sozialer Gerechtigkeit und sozialem Ausgleich festhält. Diese Alternativen im Hinblick auf die Zukunftsgestaltung in der politischen Argumentation zuzuspitzen und das Leitbild einer solidarischen Gesellschaft offensiv zu vertreten und inhaltlich für den Sozialstaat und seine Gestaltungs- und Entwicklungsmöglichkeiten und seine positiven Rückwirkungen auf die ökonomischen und politischen Grundlagen der Gesellschaft zu überzeugen, bleibt die wichtigste, aber auch schwierigste Aufgabe einer auf die Gesellschaftsgestaltung orientierten Sozialpolitik.« (Prof. Gerhard Bäcker: Der Sozialstaat. Überforderung der öffentlichen Finanzen und Negativfaktor im Standortwettbewerb. 5. ISW-Forum, 22. Februar 1996 in München)

Dem ist nichts hinzuzufügen. Die Zukunft wird zeigen, ob genügend Widerstand gegen den weiteren Abbau des Sozialstaates und damit der Demokratie zu mobilisieren ist.

Nachwort

In diesem Buch ging es darum, die Vernetzung zwischen sozialer Lage in Deutschland, der Wirtschaftskriminalität und der Globalisierung aufzuzeigen, zwischen staatlichen Entscheidungen und subjektiven Erlebnissen des Bürgers. Es sind Beschreibungen, die verständlich machen sollen, wer ein Interesse an dem Abbau des demokratischen Sozialstaates hat, wer profitiert und wer zu den Leidtragenden gehört – und das möglichst wenig abstrakt. Denn es geht heute sicher nicht darum, eine Verelendungstheorie aufzuwärmen, sondern darum, wie eine demokratische Gesellschaft, Schritt für Schritt, ihr Wesen verändert hin zu einer kalten Geldgesellschaft, in der die Masse der Bevölkerung nicht zu den Profiteuren gehört.

Wie ein Ertrinkender kämpft der demokratische Sozialstaat, der bislang in Europa so einmalig war, ums Überleben. Gilt es nun wirklich, von ihm Abschied zu nehmen, um sich dem europäischen Standard oder gar dem globalen Standard anzunähern? Wenn das so gedacht ist – und Bundeskanzler Kohl sprach es im November 1996 anläßlich der Haushaltsdebatte im Bundestag so aus –, dann könnte man auch gleich die Verfassung, die immer noch, was den europäischen Standard angeht, eine bemerkenswerte Spitzenstellung einnimmt, dem niedrigeren weltweiten Standard anpassen. Oder denkt mancher bereits daran, selbst die Verfassung als Investitionshemmnis zu verändern?
  Das Gerede von der Nivellierung der Systeme, um im internationalen Konkurrenzkampf mitzuhalten, ist Unsinn.
  Vielmehr ergibt es Sinn, politisch dafür zu kämpfen, daß zwar nicht am deutschen Wesen Europa genesen, aber soziale Standards, die Freiheitsrechte und Menschenwürde aller Bevölkerungsteile sichern, europaweit durchgesetzt werden. Endlich einmal könnte von Deutschland aus ein positiver Zugzwang auf andere europäische Regierungen ausgeübt werden – was nicht

275

unbedingt mit größenwahnsinnigen Phantasien zu tun hat, sondern eher dem Streben der europäischen Bürger nach Gerechtigkeit entspricht. Ist das alles utopisch? Die Berliner Ökonomin Gabriela Simon sagt dazu: »Die Utopie einer demokratischen Gegenmacht gegen die kalte wirtschaftliche Logik der globalen Märkte ist die zeitgemäße Übersetzung der Utopie einer sozial gerechten Gesellschaft.«

Alle Organisationen einer Zivilgesellschaft, also die Gewerkschaften, Kirchen, Frauen-, Menschenrechts- und entwicklungspolitischen Organisationen, Umweltorganisationen und sogenannte Nicht-Regierungsorganisationen, sind hier aufgerufen. Noch stehen sie, wie es scheint, auf verlorenem Posten. Makaber ist dagegen die herrschende Politik nicht nur in Deutschland, die dabei ist, daß dem Ertrinkenden heftig auf den Kopf geschlagen wird, damit er möglichst bald und endgültig untergeht.

Es mag ja vielleicht etwas Exotisches für sich haben, daß im türkischen Ostanatolien häufig ganze Dörfer samt Einwohnern von den Großgrundbesitzern zum Kauf angeboten werden. Dies auch in Deutschland übersteigt jedoch ein wenig das Vorstellungsvermögen über die Macht des Geldes und die Ohnmacht der Bürger. Es war im schönen idyllischen Dorf Lieberberg in Brandenburg. 350 Menschen leben in der Gemeinde. Das Dorf, ein ehemaliges Rittergut, besteht aus 200 Einzelgebäuden, darunter 47 Ein- und Mehrfamilienhäuser. Bis zum Jahr der großen Wende, 1989, gehörte es der DDR-Staatspartei SED. Danach ging es in den Besitz der PDS über, die den Ort schließlich an eine im Jahr 1992 pleite gegangene Firma weiterverkaufte. Seitdem war es im Besitz der Nachfolgeorganisation der Treuhand. Und die bot es im Herbst 1996 zum Verkauf an, mit allem was zu veräußern war, also samt Menschen. Von feudalistischen Verhältnissen sprach man daraufhin, als der »Verkaufsschlager« bundesweit bekanntwurde. Dabei ist hier doch nur eines offenkundig geworden, was sonst in der Anonymität verdeckt bleibt: Die Menschen und ihre Heimat sind eine Ware geworden, die man je nach Verkaufswert hin- und herschieben kann. Es zeigt aber auch – und das unterscheidet es wiederum von den ostana-

tolischen Dörfern, die samt Menschen verkauft werden –, daß
man sich wehren kann.

Wer wehrt sich aber vehement gegen die Flut von weiteren
Einschnitten in das soziale und kulturelle Netz der demokratischen Gesellschaft, die, so scheint es, gerade in den kalten
Novembertagen des Jahres 1996 unaufhaltsam ansteigt? Als einzelne Meldungen in den Tageszeitungen fallen sie kaum noch
auf – in ihrer gesamtgesellschaftlichen Wirkung werden sie, sollten sie durchgesetzt werden, das Bild dieser Republik einschneidend verändern. Da liegen Pläne des Bundesbauministers Klaus
Töpfer in der Schublade, wonach die Sozialmieten bis zum Jahr
2005 abgeschafft werden sollen und nur noch die Gesetze des
freien Marktes gelten. Gravierende Mieterhöhungen gerade für
junge Familien und jene, die über ein normales Einkommen verfügen, werden die Folge sein. Der Bundesfinanzminister will
künftig Arbeitslosengeld, Krankengeld, Nachtarbeitszuschläge
und Sonntagszuschläge versteuern, um die Haushaltslöcher zu
stopfen. »Wer wenig hat, soll viel geben«, so kritisiert Severin
Weiland in der *Tageszeitung* diesen Vorschlag aus dem Hause
von Minister Waigel. Dafür werden die Löcher der existentiellen
Lebenssicherung um so größer. Da sie jedoch ein individuelles
Schicksal sind, treibt das niemanden auf die Barrikaden. Und
wer wenig hat oder, besser gesagt, wer mit immer weniger auskommen muß, der muß auch damit leben, daß seine Überlebens-
chancen geringer werden. Eine Entwicklung, die nicht nur auf
Einzelfälle beschränkt bleibt, wenn das Gesundheitssystem weiter abgebaut werden wird.

Rehabilitation – nein, danke: die Bundesversicherungsanstalt
für Angestellte (BfA) streicht jedes dritte Klinikbett in den
Rehabilitationszentren. Geschätzt wird, daß als Abfallprodukt
dieser Sparmaßnahme auch gleich 25 000 Arbeitsplätze in den
Rehabilitationskliniken verlorengehen. Gleichzeitig warnen die
Frühförder- und Beratungsstellen vor »fatalen Folgen«, sollten
die Krankenkassen künftig per Satzung die Kostenerstattung für
Heilmittel wie Logopädie, Ergotherapie und Krankengymnastik
komplett streichen. »Eine Verarmung der Eltern« und ein
»Zweiklassensystem« befürchten zum Beispiel Hilfezentren in

Hessen: »Die Eltern können es sich nicht mehr leisten, mehrere tausend Mark im Jahr für Therapie aus eigener Tasche zu zahlen«. Doch die Lebenschancen für Kinder mit Behinderungen werden durch die Kürzungen allemal gefährdet werden – Proteste hin Proteste her. »Wenn du arm bist, mußt du früher sterben«, lautete denn auch eine Schlagzeile in der *Süddeutschen Zeitung*, nachdem der Bundestag Mitte November 1996 die Neuordnung der Krankenversicherung beschlossen hatte. Dieser Satz »Wenn du arm bist, mußt du früher sterben« kam übrigens von Klaus Kirscher, dem gesundheitspolitischen Sprecher der SPD, einem eher zurückhaltenden Politiker. Und den bemerkenswerten Satz äußerte er, weil er in Deutschland »amerikanische Verhältnisse« heraufziehen sieht. Tatsache ist, daß immer mehr Bürger mit einem höheren Teil ihres Einkommens für ihre Gesundheit aufkommen müssen und damit das schon knappe Einkommen weiter aufgezehrt werden wird.

Krebsfrüherkennung – ade; Altenpflege nur noch ein Traum. Die Horrormeldungen finden kein Ende, auch am Ende dieses Buches nicht. Dabei würde man gerne etwas anderes hören und lesen. Wenn schließlich selbst Ärzte auf die Straße gehen, weil deren Existenz nicht mehr gesichert ist, ganz zu schweigen von der Versorgung der Kranken –, dann stimmt vieles nicht mehr in diesem Land.

Und das alles sind nur Mosaiksteine, die, wenn sie einmal zusammengefügt werden, eine andere Republik ergeben. Eine Republik, die die meisten Bürger so nicht wollen. Denn, so Hans-Peter Dürr, Professor am Münchner Max-Planck-Institut für Physik und Mitglied im Club of Rome: »Für unsere langfristige und ökologische Zukunftsfähigkeit ist uns die Möglichkeit versperrt, die steigende Arbeitslosigkeit und die Standortfrage durch weiteres materielles Wirtschaftswachstum und eine noch größere Beschleunigung der Wirtschaftsprozesse zu lösen.« Dürr ist nicht der einzige, der davon überzeugt ist, daß das unerbittliche Wettrennen der verschiedenen Länder und Ländergruppen um Marktvorteile letztlich für die Menschen wie für den Planeten ruinös sein wird. Für ihn ist es Wettsägen an dem Ast, auf dem wir alle sitzen. Er fordert vehement, daß der Mensch und seine natürlichen Bedürfnisse wieder in den Mittelpunkt des wirtschaftlichen Interesses und der gesellschaftlichen Entwicklung rücken müssen.

Das ist notwendiger denn je, wenn es richtig ist, was Jeremy Rifkin in seinem bemerkenswerden Buch: »*Das Ende der Arbeit – und ihre Zukunft*« schreibt: »Bald wird die Wirtschaft kaum noch menschliche Arbeitskräfte brauchen. Ob dieser Weg in einen sicheren Hafen führt oder ob ein schrecklicher Abgrund auf uns wartet, dies wird davon abhängen, wie gut wir uns auf das postmarktwirtschaftliche Zeitalter vorbereiten, das der Dritten Industriellen Revolution folgen wird.«. Es ist kein grausames Schreckgespenst, daß in dem Moment, da das Ende einer befriedigenden Arbeit droht, das auch das Ende unserer Zivilisation bedeuten wird.

Rifkin hofft, daß es »aber auch eine breite soziale Veränderung in Gang setzen und zu einer Wiedergeburt unserer Menschlichkeit führen wird«. Immerhin bleibt trotz allem Pessimismus auch dieser Satz von ihm wahr: »Die Zukunft liegt in unseren Händen.«

PIPER

Jürgen Roth
Der Sumpf

Korruption in Deutschland. Mit einem Nachwort von
Heinke Salisch MdEP. 334 Seiten. Geb.

Jürgen Roth, profilierter Fernsehjournalist, beschäftigt sich seit
Jahren mit dem Thema. Seine Erkenntnisse trägt er in diesem Buch
zusammen und macht so die Gefahr deutlich, die unserem
politischen System durch Korruption droht. Es handelt sich eben
nicht mehr um Einzelfälle, sondern um ein System auf allen Ebenen
von Politik, Verwaltung und Wirtschaft. Roth weist in konkreten
Einzelfällen nach, wie weit die Degradierung der öffentlichen Moral
bereits fortgeschritten ist und wie hart die Anti-Korruptions-
Staatsanwälte kämpfen müssen. Besonders brisant: Jürgen Roth
zeigt die Verbindungen zur Organisierten Kriminalität auf,
die so entstehen. Er beläßt es aber nicht bei der Aufzeichnung von
Skandalen. Roth macht deutlich, wie dies mit dem härter werdenden
sozialen Umverteilungskampf in Deutschland zusammenhängt und
wie Politik und Wirtschaft umdenken müssen.

PIPER

Jürgen Roth/Marc Frey
Die Verbrecher-Holding

Das vereinte Europa im Griff der Mafia. 436 Seiten. Kt.

In Berlin liefern sich russische Mafiaorganisationen blutige Banden-
kriege – mit Toten und Verletzten. Chinesische Triaden sickern aus
England und Holland kommend in die Bundesrepublik, aber auch
nach Österreich und in die Schweiz ein, organisieren das illegale
Glücksspiel, fordern ihren Landsleuten Schutzgelder ab. Seit
langem schon besteht das kriminelle Geflecht der sizilianischen
Mafia, Camorra und Sacro Corono Unità in den alten Bundesländern – nun erobern sie auch den Osten Deutschlands. Es gibt
kaum ein kriminelles Geschäft, an dem sie nicht beteiligt sind.
Die Autoren haben in Europa, Südamerika und den USA recher-
chiert, um die internationalen Machenschaften der Syndikate auf-
zudecken, herauszufinden, wo die »Köpfe« der kriminellen Kraken
sitzen. Sie nennen Hintermänner, zeigen die Methoden der hemmungslosen Gewalt, die das Organisierte Verbrechen mitten in
Europa anwendet – damit ihm endlich entschlossen entgegengetreten werden kann, bevor es zu spät ist.

PIPER

Marc Frey
Die Akte Schneider

397 Seiten. Geb.

Der Mann hinterließ mehrere Milliarden Mark Schulden, als er am Gründonnerstag 1994 seiner Wahlheimat Königstein im Taunus den Rücken kehrte: Dr. Jürgen Schneider legte die größte Pleite seit Kriegsende hin. Neben vielen hundert Mitarbeitern und Handwerkern waren vor allem Banken die Geschädigten. Die Geldinstitute, besonders der Hauptgläubiger Deutsche Bank, hatten dem Investor bereitwillig jahrelang Kredite in Millionenhöhe gegeben und dabei offensichtlich nicht bemerkt, daß sein Imperium auf Sand gebaut war.

Wer Schneider alleine für die Katastrophe verantwortlich machen will, denkt zu kurz. Die Banken haben nicht nur leichtfertig das Geld ihrer Kunden und Aktionäre dem Großinvestor hinterhergeworfen, manche taten es sogar, ohne die vorgeschriebene Sorgfalt walten zu lassen oder – schlimmer noch – wider besseres Wissen. Den Banken ist es zu verdanken, daß Schneider ein immer größeres Rad drehen durfte.

Der Buchautor und Fernsehjournalist Marc Frey beschreibt in »Die Akte Schneider« den Aufstieg und Untergang des einst größten privaten Immobilienbesitzers Deutschlands. Detailliert zeigt Frey, mit welchen Methoden Schneider seine Immobiliengeschäfte betrieben hat, wer ihm dabei half, und wer dabei verdiente.

PIPER

Werner Rings
Raubgold aus Deutschland

Die »Golddrehscheibe« Schweiz im Zweiten Weltkrieg. Mit einem aktuellen Nachwort von Mario König. 243 Seiten. Kt.

Während des Zweiten Weltkriegs schafften die Nazis Gold im Wert von Milliarden Schweizer Franken von Deutschland in die Schweiz. Die Nationalbank wandelte dort das Gold in Devisen um, mit denen das Deutsche Reich seine Kriegskasse auffüllte.

Der Journalist Werner Rings enthüllt einen Skandal, dessen Ausmaß erst jetzt richtig ans Licht kommt: Das Gold, das die Deutschen im besetzten Belgien, in Frankreich konfiszierten oder ihren jüdischen Opfern raubten, wurde von den Schweizer Bankern zu Geld gemacht. Damit hat die neutrale Schweiz mit dazu beigetragen, daß die Macht und die Kriegsmaschinerie der Nazis so lange nicht zum Erliegen kam.

Die Rolle der Schweiz und ihrer Banken im Zweiten Weltkrieg steht heute im Brennpunkt des internationalen Interesses. Dieses exakt recherchierte und brillant geschriebene Buch lüftet eines der meistgehüteten Geheimnisse der letzten fünfzig Jahre.

PIPER

Brigitte Hamann
Hitlers Wien

Lehrjahre eines Diktators. 652 Seiten. Geb.

Brigitte Hamann auf Spurensuche in Hitlers Wien. Niemand hat bisher eine derartige Fülle von zeitgenössischen Quellen ausgewertet. Die Autorin ist damit zu der Expertin für Hitlers frühe Jahre in Wien geworden. Ihr Buch ist die umfassende Biographie des jungen Hitler und zugleich das Porträt einer Stadt, die ihm verhaßt war und in die er 1938 als Triumphator zurückkehren sollte.

»Die Lektüre des Buches ist ein erstaunliches Erlebnis: Unbewußt ertappt sich der Leser zunächst dabei, Verständnis für das schmächtige Bürschchen aufzubringen, das sich mittellos in einer Großstadt wie Wien durchs Leben schlagen muß, einer Stadt, die der Einwanderung aus dem Osten kaum Herr wird – die Ernüchterung bleibt aber nicht aus. Brigitte Hamann entfaltet das Soziogramm der Habsburg-Metropole, beschreibt die Bevölkerungsschichten (Österreicher, Deutsche, Slawen, Ungarn, Ruthenen, Böhmen u.a.), eruierte die Mietpreise und Lebenshaltungskosten, sogar Hitlers Monatseinkommen, führt uns das Leben in dieser Stadt plastisch vor Augen … Als deprimierendes Fazit bleibt der Gedanke, daß nichts, aber auch gar nichts von Hitlers politischen Wahnvorstellungen ein Eigenprodukt war. Nicht nur in diesem Sinn war Hitler der größte Betrüger dieses Jahrhunderts.«
Süddeutsche Zeitung

PIPER

Heiko Haumann
Geschichte Rußlands

736 Seiten mit 78 Schwarzweißabbildungen. Leinen

Die über 1000 Jahre russischer Geschichte bieten Stoff für mindestens ebenso viele Dramen: die Besiedelung nach Osten, mit der das unendlich weite Land erobert wurde, der allmähliche Zusammenschluß unter den späteren Zaren, der Versuch, das riesige Reich zentralistisch zu regieren, die glanzvolle Epoche der großen Kaiser wie Peter oder Katharina, die Erstarrung in den Feudalgesellschaften, schließlich der Sturz der alten Ordnung und die Herrschaft des Kommunismus…

Heiko Haumann nimmt die Herausforderung an, die in einem solchen Stoff steckt. Der Historiker erzählt hier die Geschichte, bringt seine wissenschaftlichen Erkenntnisse ein in eine große Darstellung Rußlands. Es geht nicht nur um die »große Politik«, sondern ebensosehr auch um das alltägliche Leben, um den harten Alltag von Bauern, Leibeigenen, kleinen Gutsbesitzern. Haumann stellt dar, wie das riesige Land von einer winzigen Oberschicht regiert wurde, und beschreibt den Weg zu den Revolutionen von 1917 und wie das Land »sowjetisiert« wurde. Heiko Haumann ist damit die seltene Synthese zwischen geschichtlicher Darstellung und farbiger historischer Erzählung gelungen. Gerade jetzt, wo Rußland für Europa immer wichtiger wird, setzt sein Werk Maßstäbe für die Beschäftigung mit der Geschichte dieses Landes.

PIPER

François Furet
Das Ende der Illusion

Der Kommunismus im 20. Jahrhundert.
Aus dem Französischen von Karola Bartsch, Eliane Hagedorn,
Christiane Krieger und Barbara Reitz. 724 Seiten. Leinen.

François Furet, der prominenteste französische Historiker der
Gegenwart, analysiert den Kommunismus im 20. Jahrhundert,
seine Ideen, seine Wirkungen und sein Scheitern – gleichzeitig ist
dieses Buch ein Nachruf der besonderen Art auf unser Jahrhundert.

»Kein Zweifel, über dieses brisante Buch wird man noch lange
diskutieren. Zumal es sich keineswegs um ein Pamphlet mit über-
spitzten Thesen handelt, sondern um eine erstaunlich durch-
komponierte, elegant formulierte Analyse, deren große Vorbilder
Hannah Arendt und Raymond Aron, aber auch George Orwell und
Arthur Koestler sind.«
Die Zeit

.